人文社科
高校学术研究论著丛刊

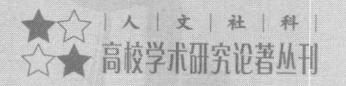

大学英语教学方法理论与实践新探

张朝霞 周晓琴 杨丽娟 著

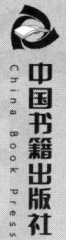

中国书籍出版社

图书在版编目 (CIP) 数据

大学英语教学方法理论与实践新探 / 张朝霞, 周晓琴, 杨丽娟著 . -- 北京 : 中国书籍出版社, 2020.11
ISBN 978-7-5068-8118-0

Ⅰ. ①大… Ⅱ. ①张… ②周… ③杨… Ⅲ. ①英语 – 教学法 – 高等学校 Ⅳ. ① H319.3

中国版本图书馆 CIP 数据核字（2020）第 226623 号

大学英语教学方法理论与实践新探

张朝霞　周晓琴　杨丽娟　著

丛书策划	谭　鹏　武　斌
责任编辑	吴化强
责任印制	孙马飞　马　芝
封面设计	东方美迪
出版发行	中国书籍出版社
地　　址	北京市丰台区三路居路 97 号（邮编：100073）
电　　话	（010）52257143（总编室）　　（010）52257140（发行部）
电子邮箱	eo@chinabp.com.cn
经　　销	全国新华书店
印　　厂	三河市德贤弘印务有限公司
开　　本	710 毫米 × 1000 毫米　1/16
字　　数	347 千字
印　　张	19
版　　次	2021 年 10 月第 1 版
印　　次	2021 年 10 月第 1 次印刷
书　　号	ISBN 978-7-5068-8118-0
定　　价	92.00 元

版权所有　　翻印必究

目 录

第一章 导 论 ……………………………………………………… 1
  第一节 大学英语教学的内涵 ………………………………… 1
  第二节 大学英语教学的具体问题分析 ……………………… 6
  第三节 大学英语教学的发展历程回顾 ……………………… 9
  第四节 大学英语教学的具体内容与原则 …………………… 11

第二章 大学英语教学实践开展的理论依据 …………………… 18
  第一节 语言本质理论 ………………………………………… 18
  第二节 语言学习理论 ………………………………………… 29
  第三节 需求分析理论 ………………………………………… 41

第三章 大学英语教学的常见方法 ……………………………… 47
  第一节 交际教学法与分级教学法 …………………………… 47
  第二节 任务型教学法与个性化教学法 ……………………… 52
  第三节 全身反应教学法与支架式教学法 …………………… 63
  第四节 自然教学法与产出导向式教学法 …………………… 70

第四章 大学英语听说教学的方法与实践 ……………………… 77
  第一节 大学英语听说教学简述 ……………………………… 77
  第二节 大学英语听说教学的原则 …………………………… 89
  第三节 大学英语听说教学的方法 …………………………… 92
  第四节 大学英语听说教学的实践 …………………………… 95

第五章 大学英语读写教学的方法与实践 ……………………… 100
  第一节 大学英语读写教学简述 ……………………………… 100
  第二节 大学英语读写教学的原则 …………………………… 113
  第三节 大学英语读写教学的方法 …………………………… 116
  第四节 大学英语读写教学的实践 …………………………… 120

第六章　大学英语词汇与语法教学的方法与实践 …………………… 129
第一节　大学英语词汇与语法教学简述 ………………………… 129
第二节　大学英语词汇与语法教学的原则 ……………………… 132
第三节　大学英语词汇与语法教学的方法 ……………………… 134
第四节　大学英语词汇与语法教学的实践 ……………………… 139

第七章　大学英语翻译与文化教学的方法与实践 …………………… 143
第一节　大学英语翻译与文化教学简述 ………………………… 143
第二节　大学英语翻译与文化教学的原则 ……………………… 164
第三节　大学英语翻译与文化教学的方法 ……………………… 166
第四节　大学英语翻译与文化教学的实践 ……………………… 171

第八章　大学英语网络教学的方法与实践 …………………………… 176
第一节　大学英语网络教学简述 ………………………………… 176
第二节　大学英语网络教学实施的必要性 ……………………… 206
第三节　大学英语网络教学的特征与原则 ……………………… 212
第四节　大学英语线上线下混合式教学模式 …………………… 217

第九章　大学英语生态教学的方法与实践 …………………………… 224
第一节　大学英语生态教学简述 ………………………………… 224
第二节　大学英语生态教学的模式 ……………………………… 245
第三节　大学英语生态教学中的生态失衡现象 ………………… 255
第四节　大学英语生态教学的优化与重构 ……………………… 258

第十章　大学英语教学评价的方法与实践 …………………………… 273
第一节　相关概念与理论基础解析 ……………………………… 273
第二节　大学英语教学评价体系的构建 ………………………… 281
第三节　大学英语教学评价方法的创新 ………………………… 287

参考文献 ……………………………………………………………………… 291

第一章 导 论

当前,随着经济快速发展,国与国交往日益紧密,英语已经成为人们广泛使用的一种语言。当然,中国要想与他国交往,必然需要借助英语这一工具。因此,现如今人们对英语非常重视。要想不断提升国民的英语水平,改善大学英语教学的质量和水平显然是一项重要的内容。在我国的高等教育中,大学英语教学的地位非常重要,当前的大学英语教学不仅用于传播英语知识,还承担着培养英语实用型人才的责任。本章作为开篇,首先对大学英语教学的内涵、具体问题、发展历程、具体内容与原则展开分析。

第一节 大学英语教学的内涵

大学英语教学是我国高等教育的一门重要课程,而这门课程的内容与社会需要、国家需要、学生需要有着紧密的关系。对于大学英语教学的内涵,可以从多个层面来理解与把握。

一、英语教学的界定与作用

作为一项活动,教学贯穿整个人类社会的生产与发展过程中。也就是说,教学在原始社会就产生了,只不过原始社会将教学与生活本身视作一回事,并不是将教学视作独立的个体存在。但是,随着社会的不断发展,教学逐渐独立出来,成为一个单独的形态存在,并对人们的生产生活产生着重要的影响。由于角度不同,人们对教学概念的理解也不同,因此这里从常见的几个定义出发进行解释。

有人认为教学即教授。从汉字词源学上分析,"教"与"教学"有着不同的解释,但是在我国教育活动中,人们往往习惯从教师的角度对教学的概念进行解释,即将教学理解为"教",因此"教学论"其实就等同于"教论"。

有人认为教学即学生的学。有些学者从学生"学"的角度对教学进行界定,认为教学是学生基于教师的指导,对知识进行学习的过程,从而发展学生自身的技能,形成自身的品德。

有人认为教学即教师的教与学生的学。有人将教学视作教师的教与学生的学,即教师与学生将课程内容作为媒介,为了实现共同的目标,彼此共同参与到活动中。也就是说,教学不仅包含教,还包含学,教与学是同一过程的两个方面,彼此相辅相成、不可分割。教学的根本目的在于促进学生的进步和发展。因此,这一观点是对前面两个观点的超越。

有人认为教学即教师教学生学。对于这一观点,其主要强调的是教师指导学生"学习",即教师"教学生学",而不是简单的"教师教与学生学"这一并列的概念。也就是说,这一观点强调教师要教会学生学习,重视对学生学习方法的传授,让学生学会自主学习。

英语教学的作用有很多,可以概括为如下几点。

第一,英语教学是以有目的、有计划的组织形式进行知识经验的传授,这有助于教学活动保证良好的节奏与秩序,从而提升教学的效果。各项规章制度对教学行为进行规范,使教学活动更具有整体性与系统性,避免随意与凌乱,最终使教学变成一个专业性极强的特殊活动。

第二,英语教学研究者考虑知识的构成规律,经过科学的选择,将内容按照逻辑顺序编纂成教材,英语教师根据这样的教材进行教学,有助于学生认识世界,这要比学生自己选择知识更具有优越性。

第三,英语教学是教师在精心安排与引导的过程中进行的,其可以避免学生自身学习的困难,帮助他们解决具体的问题。同时,英语教师会选择最优的方式展开教学,这保证了学生学习的每一步都能顺利开展。

第四,英语教学不仅仅是为了传授知识,其要完成全方位的任务,既包含知识的获得、能力的提升,又包括个性特长的发展、品德的完善,这种全方位的发展只有通过英语教学才可以实现。

综上所述,可以将英语教学概括为:教师依据一定的英语教学目的与教学目标,在有计划的系统性的过程中,借助一定的方法和技术,以传授和掌握英语知识为基础,促进大学生整体素质发展的教与学相统一的教育活动。

二、大学英语教学的本质特点

(一)有目的、有计划的活动

说教学具有计划性、目的性,主要在于教师是为了让学生获得知识与技能,实现多层面的发展。在教学活动中,教师需要从教学任务与教学目的出发,将课程内容作为媒介,通过各种方法、手段等引导学生进行交往与交流,促进学生的全面发展。

（二）具有系统性与计划性

这种系统性主要体现在其制订者的工作中,如教育行政机构、教研部门和学校的教学管理者等的工作。大学英语教学的计划性指的是对英语基础知识的计划性教学,如大学英语语音、词汇、语法、写作、阅读等具体知识和技能的传递。

（三）教师教与学生学的统一活动

前面通过对教学的定义进行介绍可知,无论就哪个角度而言,人们都不能否认教学活动是"教"与"学"的过程,并且二者是相互制约、相互依赖的关系。在课堂中,教师的教离不开学生的学,学生的学自然也离不开教师的教,因此二者是同一过程的两个层面。正如王策三在《教学论稿》中所说:"所谓教学,乃是教师教、学生学的统一活动;在这一活动中,学生掌握自身需要的知识与技能,同时促进自己身心的发展。"

需要指明的是,大学英语教学并不是教与学的简单相加,而是教师指导学生学习的过程,是二者相统一、相结合的过程。要想保证教与学的统一,不能片面地强调只有教或者只有学,也不能片面地简单相加,而应该从学生自身的学习规律与身心发展特点出发,进行教与学的活动。从这一点来说,教师教学能否成功的关键是学生的学。

（四）教师与学生以课程内容作为媒介的活动

也就是说,在教师教与学生学之间,课程内容充当中介与纽带的作用。师生围绕这一纽带开展教学活动。因此,大学英语课程内容是教学活动能否开展的必要条件。

（五）一种人际交往活动

也就是说,大学英语教学的本质是人与人之间的交往,是一种重要的社会活动,其体现了一般的人际交往与语言交际的特征。这一交往活动就表现为师生之间围绕共同的目标、共同的话题展开对话与合作,从而使学生不断提升自身的表情达意能力,提高自身的文化意识与情感态度,促进自身学习策略的进步与发展。

（六）本质在于建构意义

大学英语教学活动的目的在于促进学生的全面发展，实际上这一目的实现的过程就是学生不断建构知识意义的过程，即学生对原有知识与经验进行重组，对新知识的意义加以建构的过程。在实际的学习中，学生只有将新旧知识的意义结合起来，才能真正地学好知识、掌握知识。

（七）需要采用合理的方法与技术

大学英语教学经过深厚的历史积淀，形成了大量有效的教学方法。现代科学技术，尤其是信息技术的发展，为大学英语教学提供了可以借助的多种教育技术。

三、大学英语教学的主要目的

（一）为了迎合社会发展趋势

在当今大时代背景下，国与国之间的交往日益频繁，这就要求高校学生应该努力学习语言与文化知识，获取语言与文化技能。世界是一个地球村，经济全球化使得交际呈现多样性，因此在大学英语教学中，教师除了让学生提升自身的语言能力，还应该提升自身的跨文化交际能力，应对交际中出现的各种变化。另外，随着多元社会的推进，要求交际者应该具备一定的合作能力与意识，无论是生活在什么样的文化背景中，都应该为社会的进步努力，树立自己的文化意识，用积极的心态去认识世界。可见，大学英语教学中的跨文化交际教学将英语的价值充分地体现出来，学生对跨文化交际知识的学习也与社会的发展相符，是中西方文化交流不断推进的必由之路。

（二）为了满足社会对英语人才的需求

时代不同，社会对英语人才的需求必然也存在差异性，因此大学英语教学的模式也必然存在差异。近些年，随着全球化的推进，国与国之间的交往更为紧密，这就需要英语发挥中介与桥梁的作用。英语运用得是否流利、准确，直接影响着交际的开展。因此，21世纪对英语人才的需求更大、要求更高。因此，开展大学英语教学显得更为必要，与21世纪的社会需求相符,也有助于培养出高标准的英语人才。

(三)是实现素质教育的必然要求

现如今,我国对于素质教育非常推崇。作为一门基础课程,大学英语教学也是素质教育,乃至文化素质教育的重要项目。大学英语教学是实现素质教育的一个重要工具,也可以说是一个主要渠道。这是因为大学英语教学除了知识传授外,还有文化素质与文化思维的培养,这与跨文化教学的要求有异曲同工之妙。因此,在教学中,教师必须将语言与文化的关系处理好,引入西方国家文化,汲取其中的有利成分,发扬我国的文化。

1. 培养学生的文化感知力

注重跨文化交际研究,教师在大学英语教学中有意识地向学生传授一些文化背景知识,可以使学生更全面地了解西方国家的实际情况,进而能在适当的场合使用准确的语言表达自己的观点。此外,教师不断向学生介绍一些英语文化背景知识和文化传统,可以让学生明白不同的文化、不同的语言具有不同的表达习惯和方式,可以提高学生对不同文化的感知力,增强跨文化交际意识和能力。

2. 培养学生对文化的敏感性

对大学英语教学的任务而言,除了要进行英语基本知识和技能的传授,还必须培养并增强学生对中西方文化差异的敏感性。对于这项能力,学生可以在课堂上借助教师对中西方文化差异的讲解和跨文化交际的研究而达到这一目的。

如果在大学英语课堂组织的对话活动中,教师仅关注学生在语音、词汇和语法的准确性上,却忽视文化的差异性,就不利于学生语言运用能力的增强,使学生无法准确灵活地使用语言。例如:

A:You look so pretty today.

B:No. I don't think so.

对于这组对话,其语音、语法、词汇均没问题,但是如果考虑到中西方不同的文化习惯,这种回答对英美人来说是难以理解的,因为这不符合英语社会的文化性常规。假如教师在英语教学中以此为切入点,比较中西方的文化差异,学生就能在潜移默化中提高对文化差异的敏感性,进而在今后的英语交际中也能特别注意。

（四）有利于发展学生的批判性思维

在新的时代背景下,大学英语教学应该不断培养学生的批判性思维,让学生对本国文化加以反思,然后采用多元文化的有利条件,对文化背后的现象进行假设,确立自己的个人文化观念。

（五）有利于帮助学生树立多元文化意识

对世界文化多样性的了解,有助于人们建立多元文化的意识与观念。不同文化产生的背景不同,是不能相互替代的。基于全球化的视角,各个文化群体之间的交流也日益频繁,因此需要对异质文化予以理解与尊重,努力避免在交际过程中出现冲突。在新的时代背景下的大学英语教学中,教师应该努力培养学生积极理解不同文化,让他们对自身文化有清晰的了解,同时以正确的心态对待他国文化,应对世界的多元化。

（六）有利于为学生创造学习异域文化的机会

当中西方两种文化进行接触与了解时,不可避免地会遇到碰撞的情况,并且很多时候也会感到不适应。因此,大学英语教师应该帮助学生避免这一点,让他们有更多的机会了解异域文化,提升自身的文化适应力。

第二节　大学英语教学的具体问题分析

随着社会对大学英语教学的关注,大学英语教学取得了可喜的成绩。但是,受一些主客观因素的影响和制约,目前我国的大学英语教学存在着很多的问题,只有对这些问题有清楚的认识与把握,才能采取有针对性的措施,从而不断提升大学英语教学的质量和水平。本节就对这些问题展开探讨。

一、受"应试教育"的制约严重

在传统教学模式中,应试教育是一个基本的目标,其主要目的是让学生成功通过考试。例如,在大学阶段,学生特别注重四、六级考试成绩,因为在他们看来,通过四、六级考试,就能够顺利毕业。但是,这样的考试就失去了英语教育的作用,也很难提升学生的英语实际应用能力。

二、教材选择方面存在弊端

从很大程度上而言,教材决定课程的教学内容与方法,因此无论对于什么课程来说,教材的选择与运用都非常重要,当然大学英语教学也不例外。

但是,在我国当前的大学英语教材上,内容多是注重文字与争论,忽视了实用性。虽然当前我们也引入了大量的国外教材,但是这些教材与我国的教学需要并不完全适应。因此,我国的教材仍旧存在明显的弊端。

三、师资水平参差不齐

在大学英语教学中,教师是重要的组成因素,起着重要的引导作用。因此,教师素质高低与学生英语学习的积极性有着直接的关系。但当前,很多学校的师资力量紧张,并且师资水平也存在差异,导致大学英语教学存在明显的师资问题。

四、信息化教学效率低下

在信息技术飞速发展和广泛覆盖的背景下,有学者提出将教育信息化与传统教学理念相融合,这一理念的提出对教育行业的未来发展开拓了新的领域。近年来,很多研究人员在如何提升现代教育技术的实效性方面开展了众多研究工作,取得了一定的成果,但是问题仍然显著地摆在我们面前,表现在以下两个方面。

(一)学校方面

第一,现代教育技术的应用管理不足。学校领导是学校教学工作展开的主要影响因素,因此他们关系着现代技术在英语教学中的应用和实施。近年来,我国现代教育技术发展快速,但是不可否认,很多学校领导还是将学生文化成绩的提升放在学校工作的重要位置上,有些学校领导为了实现学生的"高分数",甚至放弃了英语教学创新活动的开展。

第二,学校难以引进专业的信息化人才。传统的英语教学模式已经使得英语不再是曾经的香饽饽,这给英语教学的前进之路造成了不小的障碍。当前,在发展信息化教学的过程中,需要认真探讨出符合时代发展的教学模式,包括信息化教学的指导思想、信息化教学师资队伍、信息化教学方法等。但是,由于种种主观因素和客观因素,一些专业的信息化人才不愿意走上学校的教学岗位,这也就直接制约着英语教学的信息化进程。

第三,教师的现代教育技术应用能力不足。虽然大部分教师对现代教育技术在提升英语教学效果方面的作用充分肯定,但在教学实践过程中采用多媒体教学的教师只占据一部分,这可能在很大程度上是因为教师对现代教育技术的应用操作流程不熟悉或者迫于教学目标的压力等。如果教师不在英语教学中使用现代教育技术,便无法在教学新模式中汲取新的知识和技能,更无法开展高效的教学实践工作。

(二)学生方面

学生对信息技术的掌握,在很大程度上影响着他们的英语知识学习和运用的效率。教学是针对整个学生群体而言的,英语教学信息化的高效实施,需要每一位学生的积极参与和配合。在教师减少传统教学手段而增加现代教学手段的使用频率时,学生应该以一种欢迎的态度面对这种情况,这更有利于教师开展信息化教学工作。然而现实中,很多学生习惯了传统的面授教学方式,而不适应当前的各种教育技术。

五、中国文化缺失

为满足国家"开放"和"引进"战略对外语人才的需求,各层次外语教育过度倚重语言的工具性学习。长期以来,社会上已经形成了过分重视分数高低、忽略对学生德育培养的倾向,忽略人文教育。大学英语教学内容中人文性教育内容较少,导致了英语教学中的人文教育失去了内容支撑。并且,外语教学仅仅围绕英语能力所代表的西方文化的学习,中国文化相关内容长期处于被忽视状态。在应试教育目标的指挥棒下,教师的中国文化意识薄弱,将培养学生的英语应用能力看作唯一目标。另外,从人才培养的角度来看,我国师范类高校英语专业学生缺乏中华文化的学习,对中国传统文化缺乏系统的了解,这直接造成了英语教师的中国文化修养的缺乏以及中国文化教学能力的低下。培养出色的国际化外语人才的前提是教师首先要具备足够的中国文化素养。

第三节　大学英语教学的发展历程回顾

经过不断的发展，我国的大学英语教学取得了一定的成绩。大学英语教学在教与学上都取得了明显的进步，在教学理论、内容、方法、实践等层面更是变化较大。随着社会的不断进步，社会各界对大学英语教学提出了更深层次的要求，因此我们有必要从整体上论述一下大学英语教学的改革与发展。本节就对大学英语教学的发展情况进行回顾。

一、20世纪五六十年代

每个教育政策的颁布都与国家政治和经济发展的状况有着直接的联系，英语教育也是如此，其与国家在科技、外交及外贸等方面的发展有着密切关系。例如，我国在20世纪50年代倡导"向苏联学习"的口号，使得这一时期俄语在我国非常流行，而英语却没有得到足够的重视。于是，在中华人民共和国成立之前，不少英语教师纷纷学习俄语，这种情况持续到20世纪80年代初。渐渐地，我国英语教师数量急剧下降，各个高校也意识到问题的严重性，于是要求改学俄语的教师重新学习和教授英语。但是，因为教师们长时间学习和研究俄语，英语教育技能基本遗忘，所以多数教师已经没有能力担当英语教学的重任。

二、20世纪七八十年代

20世纪70年代末，我国正处在百废待兴的社会背景下，英语教学真正进入起步发展阶段，并且备受广大人民群众的关注，英语的重要性再次凸显。这一时期的英语教育者都积极投身英语教育事业，但是因为广大教育者的公共英语教学经验较少，加上一些其他客观上的因素，这一过程遇到了不少障碍。这一时期我国的公共英语教学主要有两种倾向。

（一）专攻科技英语

确切地说，在1966年之前，我国的大学毕业生似乎并不大熟悉英语，三四年的大学教育并没有向他们传授一定量的英语知识，这就使得他们的英语能力较差。对此，外语界提出了一个最方便、快捷的学习英语的建议,即大学生可以在大学阶段专攻科技英语。于是,这一时期突然涌现了不少科技英语方面的名词,如"机械英语""电工英语""农业机械英语"等。然而,因为当时的科技英语教材编写得过于仓促、系统性不强,科技术语复杂难懂,加之学生的英语基础薄弱,使得科技英语教学的效果并不理想,最终完全消失在人们的视野。

（二）倾向听说领先

改革开放的推进使得我国与国外在教育、文化及贸易方面的交流日益频繁。于是,英语教学开始强调"听说领先",目的是更好地与外国人进行各种交流往来,以吸取国外先进的科技、文化,推动我国社会的发展与进步。然而,"听说领先"的建议似乎仅能解决与外国人的日常会话问题,而无法与外国人进行深入的交流,所以这一倾向也很快不了了之。

三、20世纪90年代

20世纪90年代,我国的英语教学得到了快速发展,迎来了我国第一个"英语热"的时期。全国上下大范围地开展规模较大的英语轮训活动,很多英语教学理论也逐渐被英语教学接受,所以这一时期的英语教师在教学水平、理论水平等方面都得到了巨大提升。这一时期,我国提出了一个重要方针——"发展是硬道理"。

四、21世纪至今

在21世纪的今天,英语这门世界通用的语言越来越显示出它的重要性。2003年,在《大学英语课程教学要求(试行)》已基本成型的情况下,教育部在北京交通大学召开了英语教学改革研讨会,该会议的主要内容如下。

（1）大力推进英语教学改革的原因。之前的英语教学大纲是以阅读为主的,兼顾听说。如今,要将培养学生的英语综合应用能力特别是听说能力放在首位。

（2）如何推进英语教学改革。英语教学改革的目的得到明确后,下面就要对改革的手段加以明确。

第四节 大学英语教学的具体内容与原则

在大学英语教学中,为了对教学活动进行合理的安排,保证课堂教学的高效率、高质量,教师应该把握具体的教学内容、掌握一些基本的原则。这些内容与原则不仅与大学英语教学的规律相符,也是教师处理教材、选择教学方法的重要参考,同时还是教师对教学动向进行把握、对教学效果加以评估的重要方针。因此,本节就来具体分析大学英语教学的内容与原则。

一、大学英语教学的内容

(一)教授语言知识

众所周知,想要掌握一门语言,必须熟悉这门语言的语音、语法、词汇、语篇、句法、功能等知识,这对于英语学习而言同样也不例外。大学生掌握英语这门语言的前提就是学习这些知识,将这些基础知识牢牢把握好,并在此基础上提升自身的语言综合运用能力。英语与汉语作为两种存在鲜明差异的语言,中国学生必须要形成英语思维,并利用英语思维学习英语,如此才能取得事半功倍的效果。

(二)教授语言技能

大学生在学习英语的过程中,掌握英语基础知识是关键,同时还要在语言知识的基础上掌握更多的语言技能,包括听、说、读、写、译。其中,听力技能的掌握可以帮助学生识别、分析、理解话语含义,提升自身的听力能力。口语技能的掌握主要是为了提升自身的语言输出以及表达思想的能力。阅读技能主要在于培养自身的辨认、理解语言知识内容的能力。写作技能是让大学生可以利用书面表达来输出自己的思想、表达自己的看法。翻译技能则是学生英语综合运用能力的一种体现,不仅涉及语言知识的输入,而且涉及语言知识的输出。

听、说、读、写、译是高校学生综合运用能力的基础,通过这五项技能的训练,可以保证学生在具体的实践中做到得心应手。

（三）教授文化知识

语言与文化密不可分，学习一门语言，必然离不开对该门语言背后的文化的学习。一旦语言教学离开了文化教学的底蕴，那么这种语言教学也就不再具有思想性和人文性的特点了。所以，教师在教授学生学习英语的过程中，一定要引导学生了解语言背后的文化知识，如英语所在国家的地理、人文、习俗、生活、社会、风土、人情等。

在具体的教学中，教师有两点需要引起注意。首先，教师讲授文化知识需要依据学生的心理发展以及认知能力，在此基础上循序渐进地导入文化知识，逐步培养大学生的文化素养，拓宽他们的眼界。其次，教师引入西方文化知识时要有选择性，不能盲目引入，避免学生形成崇洋媚外心理。

（四）传达情感态度

情感态度指兴趣、动机、自信、意志和合作精神等影响学生学习过程和学习效果的相关因素，以及在学习过程中逐渐形成的祖国意识和国际视野。保持积极的学习态度是英语学习成功的关键。教师应在教学中不断激发、强化学生的学习兴趣，并引导他们逐渐将兴趣转化为稳定的学习动机，以使他们树立自信心，锻炼克服困难的意志，认识自己学习的优势与不足，乐于与他人合作，养成和谐和健康向上的品格。通过英语课程的学习，增强祖国意识，拓展国际视野。

（五）提升文化意识

语言学习与文化意识的形成是相辅相成的。语言有丰富的文化内涵。在英语教学中，文化是指所学语言国家的历史地理、风土人情、传统习俗、生活方式、文学艺术、行为规范、价值观念等。接触和了解英语国家文化有益于对英语的理解和使用，有益于加深对本国文化的理解与认识，有益于培养世界意识。在教学中，教师应根据学生的年龄特点和认知能力，逐步扩展文化知识的内容和范围。

二、大学英语教学的基本原则

作为通用型语言，英语的作用不言而喻。但是，在具体的大学英语教学中，存在着种种弊端，因此这就要求大学英语教学应该坚持一定的原则。大学英语教学原则是从大学英语教学的任务与目的出发,基于教学理论的指导,经过长期实践总结出来的教学经验。这些教学原则是教师对教材进行处理、选用科学的教学方法、提升自身教学质量的指南针。

(一)思想性原则

英语教学要从学生的实际出发,根据学生身心发展的特点和学生的认知规律,紧贴学生生活选取教学材料、设计教学活动。教学材料和教学活动不仅要有利于学生学习语言知识,形成语言技能,又要有利于学生健康性格和健全心理的形成与发展。

思想性原则还要求教师把文化意识渗透在开展爱国主义教育和增强世界意识之中,使学生了解外国文化的精华和中外文化的异同;还要有利于引导学生提高文化鉴别能力,树立民族自尊心、自信心和自豪感,促进学生形成正确的人生观和价值观。

(二)可行性原则

英语教学中的教学设计是为课堂教学所做的系统规划,要真正成为现实,必须具备两个可行性条件:一是符合主客观条件,二是具有可操作性。

符合主客观条件是教师实施教学设计的重要条件,主观条件是指教师应考虑学生的年龄特点、已有知识基础及生活经验;教师只有遵循学生的认知规律,尊重学生身心发展的特点,立足学生的生活经验和学习基础,在综合分析的基础上进行教学设计,才能增加设计的针对性,更具有实效性。如果教学设计背离了学生的年龄特点,超出了学生的认知能力范围和脱离了生活实际,是不可行的。

客观条件是指教师进行教学设计需要考虑教学设备、地区差异等因素。教师首先要了解学校所处的地域环境和教学条件、学生的学习能力等客观因素,了解学校能够提供什么样的教学设施。教学的环境和条件、学生的学习能力是教师进行教学设计的重要参考。如果教师不考虑教学的客观条件,只凭自己的主观设计,不考虑地域学生的差异,把目标拔得太高,教学设计也是无法落实的。

具有可操作性是教学设计应用价值的基本体现。教学设计的出发点是为指导教学实践,并且是指导具体的教学实践,而不是理想化地设计作品。教师的教学设计要在教学实践中检验,去验证设计的理念是否正确,方法是否恰当,学习效果是否满意,这样才能体现教学设计指导教学的作用。

(三)趣味性原则

英语教学的目标是要培养学生综合运用语言的能力和学习英语的兴趣。英语教学不仅要符合学生的知识、认知和心理发展水平,还要充分考虑学生的兴趣、爱好、愿望等学习需求,紧密联系学生的实际生活,设计生动活泼、形式多样、趣味性强的学习活动,创设愉快的语言运用情境,引导学生积极参与,提高学生的学习兴趣,加强其学习动机。例如,根据不同学段学生的年龄特征,设计不同的任务型教学,创设不同的情境,采用不同形式的教学媒体,使课堂教学生动活泼。

(四)互动性原则

根据生态的基本观点,任何事物都处于一定的关系中,学校是教育生态系统的子系统,在学校这个子系统中,教师与学生作为其中的两个因子相互作用与交往。教师与学生之间是一种以学生最终的发展为目的而联系在一起的共生关系。教学过程中信息的传递是相互的、双向的。教师与学生之间的互动只有保持相对平衡性、有序性,他们才能有效发挥各自的作用,进而实现和谐统一的发展。如果教师和学生之间的互动被打破,那么教育要素之间的平衡也会被打破,这不仅会损害师生自身的发展,也会损害整个学校甚至整个教育的发展。师生之间的交流与沟通是一种连续不断的过程,在不断的动态变化发展中寻找平衡点。教师不断提高自身的教学水平与理论水平,从而应用到实践教学中,促进学生的可持续发展。学生获得的成绩也体现了教师的价值,并且是对教师的一个鼓励。因此,在大学英语教学中,师生之间是一种相互依存、共同发展的关系。

(五)系统性原则

英语教学的设计是一项系统工程,系统中的各要素相当于子系统,既相对独立,又相互依存、相互制约,组成一个有机的整体。教学设计各子系统的排列具有程序性的特点,即各子系统有序地构成等级结构排列,而且前一子系统制约、影响着后一子系统,而后一子系统依存并制约着前一子系统。一个规范的教学一般由教材分析、学情分析开始,根据分析结果,确定教学目标。

从形式上看,教材分析、学情分析和教学目标是相对独立的,但又是相互依存的。学情制约着教学目标,教学目标的制订建立在学情分析的基础上,彼此之间存在着内在的逻辑关系,它们之间的逻辑性是保证前后各要素相互衔接的前提。在这种逻辑的基础上,一旦教学目标明确了,教学重点、教学难点就能够确定了。

重点、难点是教师选择教学方法的重要指标和依据,它在一定程度上决定了教师选择什么样的方法突出重点、突破难点,以实现教学目标。所以,教学设计的程序是无法随意改变的,教学设计中教师应遵循其程序的规定性及联系性,确保教学设计的系统性和科学性。

(六)情境性原则

课堂教学环境对于教学活动的顺利展开有着很大的影响。大学生的注意力集中水平有限,大学英语教师更应该注意课堂教学环境的建设。一般来说,课堂教学环境分为人文环境、语言环境、自然环境。

(1)人文环境。人文环境主要通过师生之间的情感交流与互动氛围体现出来,它是一种隐形的环境。大学生缺乏人际交往经验,所以大学英语教师应该在营造人文环境方面起着主导作用。教师要通过倡导师生之间的平等交流以及采用歌曲、游戏、表演等方式,来营造一种自由、开放的人文环境,打开学生的心灵,促进学生的英语学习。

(2)语言环境。根据认知发展心理学,大学生需要借助具体事物来辅助思维,他们不容易在纯粹语言叙述的情况下进行推理,他们只能对当时情境中的具体事物的性质与各个事物之间的关系进行思考,思维的对象仅限于现实所提供的范围,他们可以在具体事物的帮助下顺利解决某些问题。语言与认知的发展是相互促进的。个体语言能力是在个体与环境相互作用的过程中逐渐发展起来的。语言环境对于外语学习非常重要,而中国学生没有现成的语言环境,因此大学阶段的英语教学应该创设具体、直观的语言情境。为此,教师要充分利用与开发电视、录像、录音、幻灯等教学手段,设计真实的语言交流,使学生在运用语言的过程中学习并掌握语言。

(3)自然环境。课堂教学的自然环境主要指课堂中教学物品、工具的呈现方式。其一,要求让教师与学生之间进行更加亲近的交流,教师应该设置开放的桌椅摆放方式,应该摒弃那种教师高高在上、学生默默倾听的桌椅摆放方式。其二,要求教室的布置应该取材于真实的生活场景,这不仅拉近了学生对课堂教学的距离,也使得学生更容易理解英语,还有助于创造英语语言交流的环境。

（七）融合性原则

所谓融合性原则,即教师在英语教学中要重视文化的导入与渗透。学生对文化的了解,可以促进他们对语言知识的掌握。同时,学生掌握语言知识又可以促进他们对中西方文化的了解。因此,在大学英语教学中必须要对学生进行文化导入。具体来说,文化导入主要有如下几点方法。

（1）比较。有比较就有结果。只有在比较中,事物的特性才会表现得更加明显。经过了不同的历史轨迹,中西方国家在长时间的历史积淀中形成了不同的文化。因此,在文化教育中,教师可以通过母语文化与英语文化的明显比较,让学生更加深刻地认识母语文化与英语文化。在跨文化交际中,学生也因此提高自身的文化敏感性,会更加重视文化对于交际的影响,从而减少甚至避免文化差异引起的交际冲突。例如,问别人的行程和年龄在中国是很正常的,但是在西方确是对隐私的侵犯。

（2）外教。外教不仅可以提升学生的英语学习兴趣,还能够促进学生跨文化交际的提高。外教作为异域文化的成员,比较能够引起一些学生的好奇心,这些学生在与外教接触和交流的过程中增强了对英语口语表达的信心,还能收获课堂上学不到的社会文化背景知识,能真正提高英语文化敏感度与英语交际能力。另外,学校可以定期利用外教组织英语角,这样就为学生创造了纯正地道的英语环境,有助于学生英语听力与口语能力的提高。

（八）开放性原则

大学英语教学的一个重要特征就在于开放性,其体现为如下两个层面。

第一,教学资源的开放性。大学英语教学资源不仅来自教材,还源于大学生的课外生活。当然,教学资源都是经过筛选的,选择的依据就是师生之间的知识交流、情感传递。换句话说,教学主体在日常生活中进行生活体验,并不断总结经验教训,然后积极构建出相关的知识,真正实现课堂教学知识在生活中的运用。

第二,教学主体的开放性。在大学英语教学中,教师与学生不断地重复信息传递与信息接收的过程,进行着持续的互动交流,教师与学生有着巨大的差异性,主要体现在生活阅历、知识水平、情感态度等层面。教师会无意识地将自己的知识水平、生活阅历、情感态度等带入实际教学活动中,同时学生根据自身发展特点有选择性地吸收。因此,伴随着课堂教学活动的是教师与学生之间的信息流动。

(九)形成性评价原则

　　形成性评价是课堂教学中由教师和学生共同参与和实施的评价活动,其目的是促进学生学习,实现教学目标。教师要根据教学目标的要求,采取有效的信息收集和反馈方式,及时观察和了解学生的学习进程和学习困难,把握课堂教学目标的落实,为下一步调整教学目标、改进教学方法、提高教学效率提供依据。

　　形成性评价应坚持激励原则,教师对学生在学习过程中的表现、学习态度、学习行为以及学习效果应及时地给予肯定,充分肯定学生的进步,鼓励学生继续努力。教师还应积极指导学生评价自己的学习行为和学习结果,引导学生参与展现自己学习进步的各种评价活动,获得成就感,增强自信心,有效调控学习过程。

第二章 大学英语教学实践开展的理论依据

大学英语教学实践的开展必然建立在一定的理论基础上。只有以合理的、科学的理论作为指导,大学英语教学实践才能顺利开展,才能真正地有理可循。具体来说,大学英语教学需要以语言本质理论、语言学习理论、需求分析理论等理论作为指导,本章就对这些理论展开分析。

第一节 语言本质理论

大学英语教学的目的在于指导教师如何教授学生学好英语,其主要内容就是语言,因此必然会涉及人们如何认识语言的本质、如何认识语言活动。当前,很多学者从多个角度对语言本质理论展开研究,下面就一些学者的观点进行分析。

一、言语行为理论

奥斯汀(Austin)的言语行为理论首次将语言研究从传统的句法研究层面分离出来。奥斯汀从语言实际情况出发,分析语言的真正意义。言语行为理论主要是为了回答语言是如何用之于"行",而不是用之于"指"的问题,体现了"言则行"的语言观。奥斯汀首先对两类话语进行了区分:表述句(言有所述)和施为句(言有所为)。在之后的研究中,奥斯汀发现两种分类有些不成熟,还不够完善,并且缺乏可以区别两类话语的语言特征。于是,奥斯汀提出了"言语行为三分说",即一个人在说话时,在很多情况下,会同时实施三种行为:以言指事行为、以言行事行为和以言成事行为。

首先是表述句和施为句。

其一,表述句。以言指事,判断句子是真还是假,这是表述句的目的。通常,表述句是用于陈述、报道或者描述某个事件或者事物的。例如:

桂林山水甲天下。

He plays basketball every Sunday.

在以上两个例子中，第一个是描述某个事件或事物的话语；第二个是报道某一事件或事物的话语。两个句子都表达了一个或真或假的命题。

换句话说，不论它们所表达的意思是真还是假，它们所表达的命题均存在。但是，在特定语境中，表述句可能被认为是"隐性施为句"。

其二，施为句。以言行事是施为句的目的。判断句子的真假并不是施为句表达的重点。施为句可以分为显性施为句和隐性施为句。其中，显性施为句指含有施为动词的语句，而隐性施为句则指不含有施为动词的语句。例如：

I promise I'll pay you in five days.

I'll pay you in five days.

这两个句子均属于承诺句。它们的不同点是：第一个句子通过动词 promise 实现了显性承诺；而第二个句子在缺少显性施为动词的情况下实施了"隐性承诺"。

总结来说，施为句主要有如下几个特点。

第一，主语是发话者。

第二，谓语使用一般现在时第一人称单数。

第三，说话过程包含非言语行为的实施。

第四，句子为肯定句式。

隐性施为句的上述特征并不明显，但能通过添加显性特征内容进行验证。例如：

学院成立庆典现在正式开始！

通过添加显性施为动词，可以转换成显性施为句：

（我）（宣布）学院成立庆典现在正式开始！

通常，显性施为句与隐性施为句所实施的行为与效果是相同的。

其次是言语行为三分法。奥斯汀对于表述句与施为句区分的不严格以及其个人兴趣的扩展，很难坚持"施事话语"和"表述话语"之间的严格区分，于是提出了言语行为的三分说：以言指事行为、以言行事行为和以言成事行为。指"话语"这一行为本身即以言指事行为。指"话语"时实际实施的行为即以言行事行为。指"话语"所产生的后果或者取得的效果即以言成事行为。换句话说，发话者通过言语的表达，流露出真实的交际意图，一旦其真实意图被领会，就可能带来某种变化或者效果、影响等。

言语行为的特点是发话者通过说某句话或某些话，执行某个或某些行为,如陈述、道歉、命令、建议、提问和祝贺等行为。并且,这些行为的实现还可能给听话者带来一些后果。因此,奥斯汀指出,发话者在说任何一句话的同时应完成三种行为:以言指事行为、以言行事行为和以言成事行为。例如:

我保证星期六带你去博物馆。

发话者发出"我保证星期六带你去博物馆"这一语言行为本身就是以言指事行为。以言指事本身并不构成言语交际,而是在实施以言指事行为的同时,包含了以言行事行为,即许下了一个诺言"保证",甚至是以言成事行为,因为听话者相信发话者会兑现诺言,促使话语交际活动的成功。

二、交际理论

(一)言语交际

语言是人们进行交际的重要因素之一。语言跨越了人们的心理、社会等层面,与之相关的领域也很多。对语言进行研究不仅是语言学的任务,也是心理学、社会学等学科的任务和内容。因此,语言与交际关系的研究具有明显的跨学科性。

人具有很多特征,如可以制作工具、可以直立行走、具有灵巧的双手等,但是最能够将人的本质特征反映出来的是人的语言。人之外的动物也可以通过各种符号来进行信息的传递,如海豚、蜜蜂等都可以传递信息,但是它们所传递的信息只能表达简单的意义,它们的"语言"是不具备语法规则的,也不具有语用的规则。

人们往往通过语言对外部世界进行认识与理解。语言具有分类的功能,通过分类,人们可以对事物有清晰的了解与把握。人们的词汇量越丰富,他们对外部世界的认识就越清晰、越精细。

1. 言语交际的过程

人们在进行言语交际的过程中,往往会存在一个信息取舍的过程。下面通过图2-1来表达言语交际的具体过程。

在图2-1中,A代表的是人们生活的无限世界,B代表的是人类的听觉、视觉、嗅觉、味觉、触觉这五种感官所能触碰到的部分,如眼睛可以触碰到光线的刺激,耳朵可以触碰到20~2万周波声。另外,当这些感官不能处理多个信息的时候,在抓住一方时必然会对另一方进行舍弃。不过,还存在一些不是凭借五感来处理的,而是通过思维和感觉的部分。例

第二章　大学英语教学实践开展的理论依据

如,平行的感觉、时间经过的感觉就属于五感之外的感觉。人们在头脑中进行抽象化的思维,有时候与五感的联系不大。

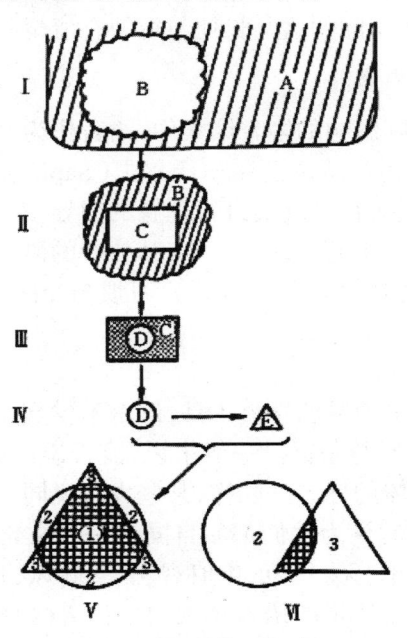

图 2-1　言语交际的过程

（资料来源：陈俊森、樊葳葳、钟华,2006）

C 代表的是五感可以碰触的范围中个人想说、需要注意的部分。D 代表的是个人注意的部分中用语言能够传达出来的部分,这里也具有一定的抽象性。例如,人的知觉是非常强大的,据说可以将 700 万种颜色识别出来。但是,与颜色相关的词汇并不多。就这一点来说,语言这一交际手段是相对贫弱的。同时,语言具有两极性,简单来说就是中间词较少。尤其是语言中有很多的反义词,如善—恶,是很难找到中间词的。我们这样想一下,我们通过打电话来告诉对方如何系鞋带,通过广播来教授舞蹈等,E 代表的是对方获取的信息,到了下面的第 V 阶段,是 D 和 E 的重叠,在重叠的部分,1 是指代能够传递过去的部分,2 与 3 是某些问题的部分,其中 2 是指代不能传递过去的部分,3 是指代发话人虽然并未说出,但是听话人自己增加了意义。在跨文化交际过程中,由于不同人的世界观、价值观不同,因此完全有可能形成Ⅵ的状况。

总之,从图 2-1 中我们不难看出,从 A 到 E 下降的同时,形状的大小也在缩小,这就预示着信息量也在逐渐变小。这里面就融入了抽象的意义。在阶段Ⅰ中,人的身体如同一个过滤器；在阶段Ⅱ中,人的思维、精神等如同一个过滤器;到了阶段Ⅲ,语言就充当了过滤器。这样我们不难发现,言语交际不仅有它的长处,也具有了它的短处。为了更好地展开交际,就需要对言语交际的这一长处与短处有清楚的认识。

2. 言语交际的内容

在对跨文化交际影响的多个因素中,语言作为文化的重要表现,是跨文化交际的一大障碍。从萨丕尔—沃尔夫(Sapir-Whorf)假设中我们不难发现,语言是人们对社会现实进行理解的向导,对人们的感知和思维有着重要的影响。无论是何种语言,都有其独特的语音、词汇、语法、语言风格等。对一门外语进行学习,对其语言习惯与交际行为的了解有着十分重要的意义。

(1)言语调节

语言并不是一个简单的交流工具,语言不仅是文化的载体,它还是个人和群体特征的表现与象征。一般来说,能否说该群体的语言是判断这个人是否属于该群体的标志。同样,某些人都说同一语言或者同一方言,那么就可以很自然地认为他们都源自同样一种文化,他们在交流时也会使用该群体文化下的行为规范、价值观念、交际风格,因此也会让彼此感到非常轻松。正因为所说的语言体现出发话人的身份,而且人们习惯与说自己语言的人进行交流,因此学外语的热潮无论在国内还是国外都很高,人们都想得到更多群体的认同。不仅如此,语言还标志着一个民族的文化独立与主权,其对于一个国家民族而言是非常重要的。统一的语言是民族、群体间的黏合剂,其有助于促进民族的团结。更为有趣的一点是,人们对其他民族语言如此地崇尚,往往会产生爱屋及乌的想法,对说这种语言的外国人会不自觉地流露出亲近与欣喜之情。

语言具有的这种个人身份与凝聚力预示着言语调节的必然性。所谓言语调节,又可以称为"交际调节",即人们出于某种动机,对自己的语言行为与非语言行为进行调整,以求与交际对象建构所期望的社会距离。一般而言,发话人为了适应交际对象的接受能力,往往会迎合交际对象的需要与特点,对自己的停顿、语速、语音等进行稍微的调整。

常见的言语调节有妈妈言语、教师言语等,就是妈妈、教师等为了适应孩子或者学生的认知与知识水平而形成的一种简化语言。这属于一种趋同调节的现象,有助于更好地进行交流,达到更好的交流效果。当然,与趋同调节相对,还存在趋异调节,其主要目的是维持自己文化的鲜明特征与自尊,对自己的语言与非语言行为不做任何的调整,甚至夸大与交际对象的行为,这种现象的产生正是由于语言作为文化独立象征以及个人

第二章 大学英语教学实践开展的理论依据

身份而造成的。或者说,趋异调节的产生可能是因为发话人不喜欢交际对象,或者为了让对方感受未经雕饰或者原汁原味的语言。总之,无论是趋同调节,还是趋异调节,都彰显了发话人希望得到交际对象的认同,通过趋同调节,我们希望更好地接近对方;通过趋异调节,我们希望能够保持一定的距离。因此,理想的做法应该做到二者的结合,不仅要体现出自己向往与对方进行交际的愿望,还要保证一种健康的群体认同感。

需要指出的是,在影响言语调节的多个因素中,民族语言活力有着非常重要的影响作用。所谓民族语言活力,即某一语言的社会经济地位,以及说这种语言的人数与分布情况等。如果一种语言的活力大,那么对社会的影响力也较大,具有较广的普及率,政府与教育机构也会大力支持,人们也会更加青睐。这是因为人们会将说这种语言的人与语言本身的活力相关联,认为这些人会具有较高的声望,所以愿意被这样的群体接受与认同。

在跨文化交际中,言语调节理论证明了跨文化交际与其他交际一样,不仅是为了交流信息与意义,更是一个个人身份协商与社会交往的过程。来自不同文化的交际双方在使用中介语进行交流时,还需要注意彼此的文化身份与语言水平,以便于进行恰当的调节。

(2)交际风格

在言语交际中,交际风格是非常重要的层面。著名学者威廉·古迪孔斯特和斯特拉·廷图米(William Gudykunst & Stella Ting-Toomey)论述了四种不同的交际风格,即直接与间接的交际风格、详尽与简洁的交际风格、以个人为中心与以语境为中心的交际风格、情感型与工具型的交际风格。

第一,在表达意图、意思、欲望等的时候,有人会开门见山,有人却拐弯抹角;有人直截了当,有人却委婉含蓄。美国文化更注重精确,美国英语的运用在很大程度上与这一点相符。从词汇程度上来说,美国人常使用 certainly, absolutely 等这样意义明确的词汇。从语法、句法上来说,英语句子一般要求主谓宾齐全,结构要求完整,并且使用很多现实语法规则与虚拟语法规则。从篇章结构上来说,美国英语往往包含三部分:导言、主体与结论,每一段具有明确的中心思想,第一句往往是全段的主题句,使用连词进行连接,保证语义的连贯。与之相对的是中国、日本的语言,常用"可能""或许""大概"这些词,篇章结构较为松散,但是汉语中往往形散神不散,给人回味无穷的韵味。

英汉语言的差异,加上受个人主义与集体主义的影响,导致了英美人与中国人交际风格的差异。中国文化强调和谐性与一致性,因此在传达情感与态度以及对他人进行评论与批评时,往往比较委婉,喜欢通过暗示的手法来传达,这样是为了避免难堪。如果交际双方都是中国人,双方就会理解,但是如果交际对象为英美人,就会让对方感到误解。因此,从英美人的价值观标准上来说,坦率表达思想是诚实的表现,他们习惯明确地告知对方自己的想法,因此直接与间接的交际风格会出现碰撞。

第二,不同的交际风格有量的区别,即在交流时应该是言简意赅,还是详细具体,或者是介于二者间的交际风格。威廉·古迪孔斯特和斯特拉·廷图米在对其他学者的研究结果进行研究的基础上指出,中东的很多国家都属于详尽的交际风格,北欧和美国基本上属于不多不少的交际风格,中国、日本等亚洲国家属于简洁的交际风格。这是因为阿拉伯语言本身具有夸张的特点,这使得阿拉伯人在交际中往往会使用夸张的语言来表达思想和决心。例如,客人在表达吃饱的时候,往往会多次重复"不能再吃了",并夹杂着"向上帝发誓"的话语,而主人对 no 的理解也不是停留在表面,而认为是同意。中国、日本作为简洁交际风格的代表,主要体现在对沉默、委婉的理解上。中国人认为"沉默是金",并认为说话的多少同地位有着密切的关系。一般来说,中国的父母、教师属于说教者,子女、学生属于听话者。美国文化中反对交际中的等级制,主张平等,因此子女与父母、学生与教师都享有平等的表达思想的机会。

第三,威廉·古迪孔斯特和斯特拉·廷图米提出了以个人为中心—以环境为中心的交际风格。以个人为中心的交际风格是采用一些语言手段,对个体身份加以强化;以环境为中心的交际风格是运用语言手段,对角色身份进行强化。这两种交际风格的差别在于,以环境为中心的交际风格是运用语言将社会等级顺序进行反映,将这种不对等的角色地位加以彰显;以个人为中心的交际风格是运用语言将平等的社会秩序加以反映,对对等的角色关系加以彰显。同样,在日语中,存在着很多的敬语和礼节,针对不同的交际对象、交际场合、角色关系等,会使用不同的词汇、句型,并且人际交往也非常正式。如果是在一个非正式的场合,日本人往往会觉得不自在,在他们看来,语言运用必然与交际双方的角色有着密切的关系。与中国、日本的文化存在鲜明对照的是英语,英美文化推崇直率、平等与非正式,因此他们在使用语言进行交际时往往使用那些非正式的称呼或者敬语,这种交际风格表达的是美国文化对民主自由的推崇。

第四,中西方交际风格的差异还体现在情感型—工具型的区别上。情感型的交际风格是以信息接收者作为导向,要求接收者具备一定的本能,对信息发出者的意图要善于猜测与领会,要能够明白发话人的弦外之音。另外,发话人在信息发送的过程中,要观察交际对方的反应,及时地

第二章 大学英语教学实践开展的理论依据

改变自己的发话方式与内容。因此,这样的言语交际基本上是发话人与听话人之间信息与交际关系的协商过程。相比之下,工具型的交际风格是以信息发出者作为导向,根据明确的言语交际来实现交际的目标,发话人明确地阐释自己的意图,听话人就很容易理解发话人的言外之意,因此与情感型的交际风格相比,听话人的负担要轻很多。可见,工具型的交际风格是一种较为实用的交际风格。

显然,上述几种交际风格是相互关联与渗透的,它们是基于不同的文化价值观建立起来的,其中影响力最大的是集体主义与个人主义的差异,其在社会的各个领域都得以贯穿,并从很大程度上决定中西方文化的不同。

（二）非言语交际

言语交际是通过语言来展开交际的,而非言语交际是通过非言语交际行为展开交际的。非言语交际是言语交际的一种辅助手法,是往往被人们忽视的手法。但是,非言语交际在英汉交际中起着十分重要的作用,甚至有助于实现言语交际无法实现的效果。非言语交际包含多个层面,如体态语、副语言、客体语言等。

对于非言语交际行为,中外学者下了不少的定义,有的定义比较简单,如将非言语交际定义为不通过语言来传递信息。有的定义比较具体,如非言语交际是不用言辞进行表达、被社会共知的人的行动与属性。这些行动和属性是由发出者有目的地发出或被看成有目的地发出、由接收者有意识地接收的过程,或者有可能进行反馈,或者非言语交际行为是在一定的环境下,那些语言因素外的对发出者与接收者有价值的其他因素。这些因素可以是人为形成的,也可以是环境形成的。

对于非言语交际的范围,分类的方式有多种,一般来说主要包含如下几类。

1. 体态语

体态语又可以称为"身体语言",其由美国著名的心理学家伯得惠斯特尔（Birdwhistell）提出。在伯得惠斯特尔看来,他认为身体各部分的器官运动、自身的动作都可以将感情态度传达出去,这些身体机能所传达的意义往往是语言不能传达的。体态语包含身姿、姿势等基本姿态,微笑、握手等基本礼节动作,眼神、面部动作等人体部分动作等。

所谓体态语,即传递交际信息的动作与表情,也可以理解为,除了正式的身体语言之外,人体任何一个部位都能传达情感的一种表现。由于人体可以做出很多复杂的动作与姿势,因此体态语的分类是非常复杂的。

体态语包括眼睛动作、面部笑容、手势、腿部姿势等。

(1)眼睛动作

眼睛是人类重要的器官,其是表情达意的重要组成部分,如愤怒时往往"横眉立目",恋爱时往往"含情脉脉"等。在不同的情况下,眼睛也反映出一个人不同的心态。当一个人眼神闪烁时,他往往是犹豫不决的;当一个人白别人一眼时,他往往是非常反感的;当一个人瞪着他人时,他往往是非常愤怒的等。

之所以眼睛会有这么多的功能,主要是因为瞳孔的存在。一些学者认为,瞳孔放大与收缩,不仅与光感有关,还与个体的心理活动有着密切的关系。当人们看到喜欢的东西或者感兴趣的事物时,他们的瞳孔一般会放大;当人们看到讨厌的东西或者不感兴趣的事物时,他们的瞳孔一般会缩小。瞳孔的改变会无意识地将人的心理变化反映出来,因此眼睛是人类思维的投影仪。

既然眼睛有这么大的功能,学会读懂眼语是非常重要的,同时要注意不要读错。例如,到他人家做客,最好不要左顾右盼,这样会让人觉得你心不在焉,甚至心术不正。

(2)面部笑容

笑在人的一生中非常重要。当人不小心撞到他人时,笑一笑会表达一种歉意;当向他人表达祝贺时,笑一笑更显得真挚;当与他人第一次见面,笑一笑会缩短彼此的距离。可见,笑是人类表情达意不可或缺的语言之一。

笑可以划分为多种,有大笑、狂笑、微笑、冷笑,也有轻蔑的笑、自嘲的笑、高兴的笑、阴险的笑等。当然,笑也分真假,真笑的表现一般有两点:一种是嘴唇迅速咧开,一种是在笑的间隔中会闭一下眼睛。当然,如果笑的时间过长,嘴巴开得缓慢,或者眼睛闭的时间较长,会让人觉得这样的笑容缺乏诚意,显得非常虚假和做作。当然,笑也有一些"信号"。

其一,突然中止的笑。如果笑容突然中止,往往有着警告和拒绝的意思。这种笑会让人觉得不安,会希望对方尽快结束话题。但是,如果一个人刚开始有笑意,之后突然板着脸,这说明他比较有心机,是那种难缠的人。

其二,爽朗的笑。这是一种真诚的笑,给人一种好心情的笑,一般会露出牙齿、发出声音,这种笑会让对方觉得你是一个很好相处的人,很容易信任与亲近你。

其三,见面开口笑。这种笑是人们日常常见的,指脸上挂着微笑,具有微笑的色彩,这种微笑具有礼节性,可以使人感到和蔼可亲。无论是见到长辈、小辈,还是上级、下属,这种笑都是最为恰当的笑。但需要指出的一点是,在笑的过程中要更为谨慎,其不是一见面就哈哈大笑,这会让人感觉莫名其妙,它是一种谨慎的、收敛的笑。

其四,掩嘴而笑。这种笑是指用手帕、手等遮住嘴的笑。这种笑常见于女性,显得较为优雅,能够将女性的魅力彰显出来。

另外,由于文化背景的差异,不同国家的人对笑的礼仪也存在差异。在大多数国家,笑代表一种友好,但是在沙特阿拉伯的某一少数民族,笑是一种不友好的表现,甚至是侮辱的表现,往往会受到惩罚。

(3)手势

手是人体的重要部分,在表达情意的层面作用非凡。大约在人类创造了有声语言,手势也就诞生了。手是人们传递情感的行之有效的工具之一。一般情况下,手势可以传达的意思有很多,高兴的时候可以手舞足蹈,紧张的时候可能手忙脚乱等。当一个人挥动手臂时,往往是表达告别之意,当一个人挥动拳头时,往往是表达威胁之意。握手这样一个日常生活中普遍的动作,也能够将一个人的个性表达出来。第一种类型是大力士型,其在与他人握手时是非常用力的,这类人往往愿意用体力来标榜自己,性格比较鲁莽。第二种类型是保守型,这类人在与他人握手时往往手臂伸得不长,这类人性格较为保守,遇到事情时往往容易犹豫。第三种类型是懒散型,这类人与他人握手时,一般指头软弱无力,这类人的性格比较悲观懒散。第四种类型是敷衍型,这类人与他人握手是例行公事,仅仅将手指头伸给对方,给人一种不可信赖的感觉,这类人做事往往比较草率。还有一种是标准的握手方式,即与他人握手时应该把握好力度,自然坦诚,不流露出任何矫揉造作之嫌。

(4)腿部姿势

在舞会、晚会、客厅等场合,人们往往会有抖腿、别腿等腿部动作,这些动作虽然没有意义,但是它们在传达某种信息。因此,腿在人们的表情达意过程中有着非常重要的作用。对腿的动作的了解是人们了解内心的一种有效途径。当你坐着等待他人到来时,往往腿部会不自觉地抖动,以表达紧张和焦虑之情。当心中想拒绝别人或者心中存在不安情绪时,往往会交叉双腿。

2. 副语言

一般来说,副语言又可以称为"伴随语言""类语言",其最初是由语言学家特拉格(Trager)提出的。他在对文化与交际的过程进行研究时,搜集整理了一大批心理学与语言学的素材,并进行了归纳与综合,提出了一些适用于不同情境的语音修饰成分。特拉格认为,这些修饰成分可以自成系统,是伴随着正常交际的语言,因此被称为"副语言"。具体来说,其包含如下几点要素。

（1）音型(voice set),指的是发话人的语音物理特征与生理特征,这些特征使人们可以识别发话人的年龄、语气等。

（2）音质(voice quality),指的是发话人声音的背景特点,包含音域、音速、节奏等。例如,如果一个人说话吞吞吐吐,没有任何的音调改变,他说他喜欢某件东西其实意味着他并不喜欢。

（3）发声(vocalization),其包含哭声、笑声、伴随音、叹息声等。

上述三类是副语言的最初内涵,之后又产生了停顿、沉默与话轮转换等内容。

3. 客体语

所谓客体语,是指与人体相关的服装、相貌、气味等,这些东西在人际交往中也有着非常重要的作用。从交际角度而言,这些层面都可以传达非言语信息,都可以将一个人的特征或者文化特征彰显出来,因此非言语交际是一种非常重要的媒介手段。

（1）相貌

无论是西方文化还是中国文化,人们对于自己的相貌都非常看重。但是在各国文化中,相貌评判的标准也存在差异,有共性,也有个性。例如,汤加认为肥胖的人更美,缅甸人认为妇女脖子长更美,美国人认为苗条的女子更美,日本人认为娇小的人更美等。

（2）饰品

人们身上佩戴的饰品本身并没有什么意义,但是出现在不同的场合,就是一种媒介和象征。例如,戒指戴在食指上代表求婚,戴在中指上代表恋爱中,戴在无名指上代表已婚。这些作为一种约定俗成的代码,人们不可以弄错。

一般来说,佩戴耳环是妇女在交际场合的一种习惯。当然,少数的青年人也会佩戴耳环,以彰显时尚。男子佩戴一只耳环表示有大丈夫的气息,但是佩戴两只耳环表明他是一名同性恋者。

三、会话含义理论

要想了解会话含义,首先需要弄清楚什么是含义。从狭义上说,有人认为含义就是"会话含义",但是从广义角度上说,含义是各种隐含意义的总称。含义分为规约含义与会话含义。格赖斯认为,规约含义是对话语含义与某一特定结构间关系进行的强调,其往往基于话语的推导特性产生。

会话含义主要包含一般会话含义与特殊会话含义两类。前者指发话者在对合作原则某项准则遵守的基础上,其话语中所隐含的某一意义。例如:

(语境:A 和 B 是同学,正商量出去购物。)

A: I am out of money.

B: There is an ATM over there.

在 A 与 B 的对话中,A 提到自己没钱,而 B 回答取款机的地址,表面上看没有关系,但是从语境角度来考量,可以判定出 B 的意思是让 A 去取款机取钱。

特殊会话含义指在交际过程中,交际一方明显或者有意对合作原则中的某项原则进行违背,从而让对方自己推导出具体的含义。因此,这就要求对方有一定的语用基础。

提到会话含义,就必然提到合作原则,其是对会话含义的最好的解释。合作原则包括下面四条准则。

其一,量准则,指在交际中,发话者所提供的信息应该与交际所需相符,不多不少。

其二,质准则,指保证话语的真实性。

其三,关系准则,指发话者所提供的的信息必须与交际内容相关。

其四,方式准则,指发话者所讲的话要清楚明白。

第二节　语言学习理论

语言学习理论的形成和发展是建立在人们最初对儿童母语习得研究的基础上的。之后,人们开展了外语教学的研究,这一方面的研究与语言学习理论有着密切的关系。当前,这一领域中出现了很多学习理论,本节就重点对这些理论展开论述。

一、行为主义学习理论

行为主义学习理论源自著名生理学家巴甫洛夫（Ivan Pavlov）的"条件反射"这一概念。受巴甫洛夫的影响，很多学者对行为主义理论展开了分析和探讨，重要的学者主要有如下两位。

美国著名的心理学家华生（(John Broadus Watson）创立了行为主义学习理论。20世纪初期，他提出了采用客观手段对那些可以直接观察到的行为进行研究与分析。在他看来，人与动物是一样的，任何复杂的行为都会受到外界因素的制约与影响，并往往需要通过学习才能将某一行为获得，当然在这之中，一个共同的因素——刺激与反应是必然存在的。基于此，华生提出了著名的"刺激—反应"理论，这一著名的行为主义心理学公式可以表示如下。

S-R，即 Stimulus—Response

美国学者斯金纳在华生行为主义学习理论的基础上进行了深入的研究与探讨。在斯金纳看来，人们的言语及言语中的内容往往会受到某些刺激，这些刺激可能来自内部的刺激，也可能来自外部的刺激。通过重复不断地刺激，会使得效果更为强化，使得人们学会合理利用语言相对应的形式。在这之中，"重复"是不可忽视的。

行为主义学习理论在实际教育中的应用普遍可见。例如，在课堂教学中，对于认真听讲的学生，教师会不吝表扬，这部分学生受到激励后会保持认真听讲的态度与行为，而不认真听讲的学生为了可以受到表扬，也会转变学习态度，认真听讲。事实上，让上课不认真的学生变得认真是教师表扬上课认真听讲的学生的主要目的。

下面简要归纳行为主义学习理论的基本观点。

第一，学习是刺激与反应的联结。

第二，学生的学习过程是尝试错误的渐进过程。错误在学习中难免会出现，对此要正确看待。

第三，表扬、批评等强化手段是影响学习的重要因素。

二、认知主义学习理论

认知主义学习理论认为，学习个体本身会对环境产生这样或那样的作用，大脑的活动过程能够向具体的信息加工过程转化。布鲁纳、苛勒、加涅和奥苏贝尔等是认知主义学习理论的主要代表人物。

第二章　大学英语教学实践开展的理论依据

人要在社会上生存，必然要与周围环境互相交换信息，作为认知主体的人也会与同类发生信息交换的关系。人是信息的寻求者、形成者和传递者，从一定意义上来讲，人的认识过程也就是信息加工的过程。

认知学习理论的基本观点为，在外界刺激和人内部心理过程的相互作用下才形成了人的认识，而不是说只通过外界刺激就能形成人的认识。依据这个理论观点，可以这样解释学习过程，即学生从自己的兴趣、需要出发，将所学知识与已有经验利用起来对外界刺激提供的信息进行主动加工的过程。

从认知学习理论的基本观点来看，教师不能简单地将知识灌输给学生，而要将学生的学习动机激发出来，对学生的学习兴趣进行培养，使学生能够将已有的认知结构和所要学的内容联系起来。学生的学习不再是被动消极的，而是主动选择与加工外界刺激提供的信息。

认知主义学习理论认为，在影响学生学习的因素中，学生自身已有的认知结构具有非常重大的影响，在教学中应将教学内容结构直观地展示给学生，让学生对各单元教学内容之间的相互关系有深入的了解。

三、建构主义学习理论

建构主义学习理论认为个体与外部环境的交互作用使得知识得以产生，人们会从自己的已有经验出发来理解客观事物，每个人对知识都有自己的理解和判断。维果斯基、皮亚杰等是建构主义学习理论的主要代表人物。

建构主义学习理论认为，学生是在一定情境下，通过自己的主观参与，同时借助他人的帮助，通过意义建构的方式而获得知识的，而不是通过教师传授得到知识的。

建构主义教学理论也要求教师在学生主动建构意义、获取知识的过程中起到帮助和促进的作用，而不是给学生简单灌输和传授知识。因此，在教学过程中，教师首先要转变教育思想，改革教学模式。学生是在一定的学习环境下获取知识的，学生在获取知识的过程中需要主观努力，也需要他人帮助，而且也离不开相互协作的活动。建构主义学习理论要求有利于学生获取知识的学习环境应具备情境创设、协作、会话、意义建构四项基本属性或要素。下面具体分析这四个基本要素。

（一）情境

学习环境中必须要有对学生意义建构有利的情境。在建构主义学习环境下，教师要基于对教学目标的分析与对学生建构意义的情境创设问题的考虑而设计教学过程,并在教学设计中把握好情境创设这个关键环节。

(二)协作

在学生的整个学习过程中都离不开协作,如学生搜集与分析学习资料、提出和验证假设、评价学习成果及最终建构意义等都需要不同形式的协作。

(三)会话

在协作过程中,会话这个环节是不可或缺的。学习小组要完成学习任务,必须先通过会话来商讨学习的策略。学习小组成员之间协作学习的过程也是相互不断会话的过程,在这个过程中,学生的学习资源包括智慧资源都是共享的。

(四)意义建构

学习过程的最终目标就是意义建构。建构的意义指的是事物的本质、原理以及事物与事物之间的内在联系。帮助学生在学习中建构意义,就是帮助学生深刻理解学习内容反映的事物的本质、原理及其与其他事物之间的内在联系。

四、二语习得理论

除了对第一语言习得的关注,心理语言学对第二语言习得也非常注重。所谓第二语言习得,即人们第二语言的形成与发展的过程,其与第二语言学习有所不同,各有侧重。

(一)二语习得理论简述

二语习得理论于20世纪六七十年代形成,主要对二语习得的过程与本质进行研究,描述学生如何对第二语言进行获取与解释。对于这一理论的研究,学者克拉申(Krashen)做出了巨大贡献,并提出五大假设。

1. 习得—学得假说

所谓习得,指学生不自觉地、无意识地对语言进行学习的过程。所谓学得,即学生自觉地、有意识地对语言进行学习的过程。"习得"与"学得"的区别如表2-1所示。

第二章　大学英语教学实践开展的理论依据

表 2-1　语言的习得与学得的不同

	习得	学得
输入	自然输入	刻意地获得语言知识
侧重	语言的流畅性	语言的准确性
形式	与儿童的第一语言习得类似	重视文化知识的学习
内容	知识是无形的	知识是有形的
学习过程	无意识的、自然的	有意识的、正式的

（资料来源：何广铿，2011）

2. 自然顺序假说

克拉申提出的这一假说主要强调语言结构的习得是需要一定的顺序，即根据特定的顺序来习得语法规则与结构。当然，这也在第二语言习得中适用。例如，克拉申常引用的词素习得顺序如图 2-2 所示。

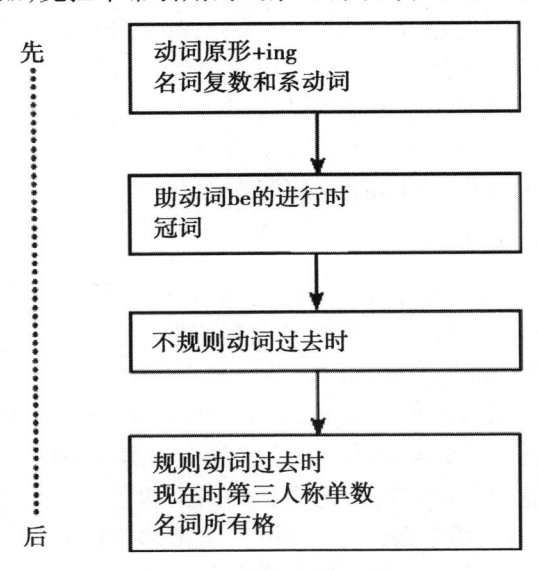

先
↓
动词原形+ing
名词复数和系动词
↓
助动词 be 的进行时
冠词
↓
不规则动词过去时
↓
规则动词过去时
现在时第三人称单数
名词所有格
↓
后

图 2-2　词素习得顺序图

（资料来源：何广铿，2011）

由图 2-2 可知，将英语作为第二语言习得过程中，人们对进行时的掌握是最早的，过去时是比较晚的，对名词复数的掌握是比较早的，对名词所有格的掌握是比较晚的。

3. 监控假说

克拉申的监控假说区分了习得与学得的作用。前者主要用于输出语言,对自己的语感加以培养,在交际中能够有效运用语言。后者主要用于对语言进行监控,从而检测出是否运用了恰当的语言。

同时,克拉申认为学得的监控是有限的,受一些条件的影响和制约,具体归纳为如下三点。

第一,需要时间的充裕。

第二,需要关注语言形式,而不是语言意义。

第三,需要了解和把握语言规则。

在这些条件的制约下,克拉申将对学生的监控情况划分为三种。

第一,监控不足的学生。

第二,监控适中的学生。

第三,监控过度的学生。

4. 输入假说

克拉申的输入假设和斯温(Swain)的输出假设是从两个不同的侧面来讨论语言习得的观点,都有其合理成分,都对外语教学有一定的启示。输入假说的内容主要有以下几点。

其一,与习得有着紧密关系而非学得。

其二,掌握现有的语言规则是前提条件。

其三,$i+1$ 模式会自动融入理解中。

5. 情感过滤假说

"情感过滤"是一种内在的处理系统,它在潜意识上以心理学家们称之为"情感"的因素阻止学习者对语言的吸收,它是阻止学习者完全消化其在学习中所获得的综合输入内容的一种心理障碍。

克拉申的情感过滤假说是指在第二语言习得中,将情感纳入进去。也就是说,自尊心、动机等情感因素会对第二语言习得产生重要影响。

克拉申把他的二语习得理论主要归纳为两条:习得比学习更重要;为了习得第二语言,两个条件是必须的:可理解的输入($i+1$)和较低的情感过滤。

(二)二语习得理论对英语教学的启示

1. 二语习得理论对外语能力发展方式的启示

语言能力发展一直是二语习得研究关注的重要命题。自 20 世纪 60 年代以来,二语习得界试图回答的问题包括如下几方面。

第二章　大学英语教学实践开展的理论依据

（1）外语能力是什么？
（2）外语能力是如何发展的？
（3）外语能力发展的特点是什么？
（4）哪些因素导致了外语能力的发展？

经过几十年的发展，学界对于这个问题有了大致的结论：对于在课堂环境中的外语学习者而言，其外语能力要得到发展，通常需要具备以下几个条件。

（1）外语学习中必须要有足够的可理解性输入

克拉申（1982）认为外语能力的发展需要具备两个必要条件：首先是学习者内在的语言学习机制，这明显受到了乔姆斯基的语言天生论的影响；另一个条件便是充足的可理解性输入，并且他认为这是学习者获得语言知识的唯一方式。当然，对于克拉申而言，语言输入并不是随机的、无序的，因为粗调语言输入（roughly tuned input）对于学习者而言可能太难或者太容易，进而影响学习者的外语发展。

因此，合适的语言输入需要充分考虑并切合学习者当前的语言认知水平，并且遵循自然语言习得顺序。他假设学习者当前的语言水平为 i，那么可理解性输入水平就被定义为"i + 1"。通俗来说，可理解性输入就是指"学习者垫垫脚就能够得着"的输入，是一种精心调校好的语言输入（finely-tuned input）。

虽然克拉申的理论针对的是在目的语环境下的第二语言的自然习得，但是其对于外语环境下的语言学习同样具有重要的意义，对外语教学和学习有很多启示。比如，外语教学中要重视学习者的现有认知水平，在教学材料的遴选上要充分予以考虑；外语教学应该充分遵循循序渐进的原则，这符合一般的教育学和心理学原则。

（2）语言能力的发展必须以语言使用为前提

语言能力的发展必须以语言使用为前提，语言输出为语言能力的发展提供了强大的驱动力。语言输出并非语言学习的结果，而是语言学习的过程。要使学习者成功地习得语言，仅仅依靠语言输入是不够的，还要迫使学习者进行大量的语言输出练习（pushed output），这便是学者斯温所提出的可理解性输出（comprehensible output）。

不难看出，这是对可理解性输入的有效补充，斯温并未否定语言输入对于二语习得的重要作用，她只是认为可理解性输出是对前者的重要补充，在学习者的外语学习中扮演着重要角色。

语言输出的各种功能也得到了大量实证研究的支持。虽然语言输出在语言能力发展中的重要性无可厚非，但是语言能力发展的驱动力可能不止这些,还有其他的因素在发挥作用,意义协商便是其中之一。

(3)语言使用必须基于交际

语言使用必须基于交际,以意义为导向,并且语言使用者有足够的注意力关注到语言形式。因为只有在语言使用中,才能真正地实现语言的形式、意义和功能的有效整合,才能真正促成语言能力的发展。语言使用要以意义为导向,就必须要有大量的互动,互动的形式可以多种多样,可以在同伴间进行,也可以是师生间开展。

在语言输出的过程中实现了互动,使用者就能进行意义协商,促发互动调整,有效地把输入、学习者的内在能力尤其是选择性注意和输出三者联系起来。通过协商,学习者会注意到自己的语言知识和目的语语言知识之间的差异,明晓自己语言知识的欠缺和不足。可以说,意义协商启动学习的发生,接下来的语言输入是学习者语言知识内化的必要条件,进一步确认或者拒绝先前的语言假设。同时,通过意义协商,语言教学过程能够实现重形式教学(focus on form),即在意义先导的情况下,将学习者的注意力转移到语言形式上去,在交际中学习和内化语言形式,实现语言形式、功能和意义的结合,促进语言能力的发展。

(4)语言能力的发展需要大量的负面证据

语言能力的发展需要大量的负面证据(negative evidence),需要外界的反馈(feedback)和提醒。外语能力的发展绝非一蹴而就、一帆风顺。学习者从一开始便是磕磕绊绊,不断地在试验自己的语言假设,可以说语言能力发展就是学习者不断确认和否定自己语言假设的过程,而在这个过程中,反馈的作用无可取代。当学习者在语言使用的过程中出现了使用错误时,同伴或教师如果能够及时给予提醒或更正,将有助于学习者在实现交际功能时关注到自己的语言形式,注意到自己的语言形式与目的语语言形式的差异,实现语言知识的内化。

对于反馈作用的认识是伴随互动假说而生的,近三十年来一直是二语习得研究的热门话题。相对而言,口语反馈的作用已经得到了认可:大量的研究表明,在外语学习者进行口语交际过程中,采用恰当的反馈形式,如重铸(recast)、请求重复等手段,可以显著提升学习者的语言表达能力,并促发语言习得。对于书面语反馈,仍然存在争议,争议的焦点在于书面写作对于提升学习者的写作能力和促进二语习得是否存在作用。

虽然多数研究表明,采用恰当的书面反馈形式,如"间接标示错误+适当解释",能够促使学习者注意到问题所在,并改善后续书面写作的准确性,促发二语习得,但是,由于研究方法论上的问题以及研究设计中的可重复性问题,这一结构还是受到了挑战。这个争论仅仅存在于研究层

第二章 大学英语教学实践开展的理论依据

面,在现实的教学层面,它几乎不存在。我们可以得出这样的结论,即适当的反馈能够将学习者的注意力聚焦于某些特定的语言形式,促进其语言能力的发展。

另外,除了上述四个因素以外,语言教育学界对于语言能力发展也有一些其他的重要结论。比如,语块在语言习得中发挥着重要作用,甚至有学者依此提出基于语言使用的语言习得观(usage-based language acquisition)。还有学者指出语言习得包括两个部分,一部分是分析性习得,另一部分为整体性习得。又如,语言能力的发展存在巨大的个体差异,语言学能、情感态度、动机、母语水平等都影响第二语言能力的发展。

总之,由于外语学科的特性,相比其他学科而言,外语学习在认知上的挑战不大;外语学习或教学中的认知成分只是为了更好地促进外语学习者的语言能力发展。根据最新的学习理论,外语学习的认知目标不再局限在知识、技能上,语言能力作为一项综合性能力,得到了更为宏观的定义。

2. 二语习得理论对英语情感态度发展的启示

众所周知,人类既具备认知能力,也具备情感能力。学习者在外语学习过程中会受到诸多情感因素的影响,这是不言自明的。但是长久以来,语言学习的认知方面颇受重视,而情感学习则频频受到误解。比如,早期对于学习者焦虑的研究,主要聚焦于教师的教学对于学习者的影响,把教师职业素养的缺失当成是学习者焦虑的来源;后来,对于情感的考虑又变成了动机和思想品德的混合物,如我国的课程标准明确把情感态度定义为动机、祖国意识和国际视野等。

斯特恩(Stern,2000)指出外语学习中情感的重要性不低于认知学习。那么究竟什么是外语学习和教学中的情感呢?情感具有普遍性,易于感觉而难以定义。在日常生活中,人们也会经常谈及个人情感,所以广义的情感是指制约行为的感情、感觉、心情、态度等。但是,具体到外语学习和教学中,所谈及的情感主要有动机(motivation)、焦虑(anxiety)、抑制(inhibition)、外向/内向(extroversion/introversion)以及自尊(self-esteem)等。

情感态度在外语学习中发挥着重要的作用。情感态度是外语学习的动力源泉。情感态度也会随着外语水平的提升而不断得到增强。从认知心理学的角度来说,情感之所以作用于外语学习,主要是因为其与人类的记忆有着千丝万缕的联系。情感态度在外语学习中发挥着重要作用,外语教学中理所当然要强调情感学习。因此,我国的英语课程标准都将在各个级别中设定英语学习中的情感目标,这体现了对情感学习的重视,从历史的角度来看,这是一个巨大的进步。

虽然情感学习非常重要,但是在实际的教学过程中不能误解甚至曲解情感的性质与作用,需要用科学、客观的态度来审视外语学习中的情感态度问题。

第一,外语教学所关心的情感态度与日常生活中谈及的道德迥异,所以不宜夸大外语教学对于学习者的道德培养的作用。学习者的道德情操是在日常生活的点点滴滴中积累起来的,而并不是外语教学的直接结果。当然外语教师可以以身作则,以自己的实际言行影响着学习者,但这并不意味着外语教学本身的效用。换句话说,外语教学中的情感态度只是作用于学习者的语言学习,外语教学本身无力去发展学生的道德情操。

第二,情感是个整体,与学习密不可分。这一特性便意味着不宜将情感态度分级,并以此来评估学习者。不能说低年级的学习者在情感态度上就弱于高年级的学习者,实际上往往相反。此外,情感态度是个动态且易变的概念,也正因为如此教学才有了空间,设定情感目标也有理论基础。本质上来说,真正重要的是情感态度发展的过程,而不是结果。学习者正是在这个过程中获取了语言能力发展的动力。所以,在外语教学过程中,不宜静态地、刻板地看待学习者的情感态度。

（1）动机

影响外语学习的情感因素很多,其中最为重要的两个是动机和焦虑。动机(motivation)研究最初始于教育心理学,是指学生为了满足某学习愿望所做出的努力。二语习得和外语教学界从20世纪70年代开始逐步深入研究动机对于外语学习的影响,我国外语学界则是从20世纪80年代才开始引入动机这一概念,但真正的实证研究则是从20世纪90年代才开始逐步展开的。

通常认为,学习者的动机程度和其学业水平是高度相关的;后来,甚至有研究在这二者之间建立了因果关系模型。动机可以有不同的分类方法。一般认为,动机可以分为两类,即工具型动机和融入型动机。前者指学习者的功能性目标,如通过某项考试或找工作。后者指学习者有与目的语文化群体结合的愿望。

除了以上两类外,还有结果型动机(即源于成功学习的动机)、任务型动机(即学习者执行不同任务时体会到的兴趣)、控他欲动机(即学习语言的愿望源自对付和控制目的语的本族语者)。对于中国学习者而言,证书动机是中国学生的主要动机。

学生的学习动机是可塑的;激发学生内在动机是搞好外语教学的重

第二章 大学英语教学实践开展的理论依据

要环节;个人学习动机是社会文化因素的结果。这个发现对于中国各个层次的英语学习者都是如此,也可以解释国内近些年来的英语"考证热"。值得一提的是,无论是工具型动机,还是融入型动机,都会对外语学习产生重要的影响,所以动机类型并不那么重要,重要的是学习者动机的水平。

此外,也有学者将动机分为内在动机和外在动机。内在动机(intrinsic motivation)是指学习者发自内心对于语言学习的热爱,为了学习外语而学习外语;而外在动机(extrinsic motivation)则是由于受到外在事物的影响,学习者受到诸如奖励、升学、就业等因素的驱动而付出努力。这一分类与前一分类有相似之处,但是不可以将二者等同,它们是从不同方面考察动机这一抽象概念的。

在对待动机这一问题时应该注意:动机种类多样,构成一个连续体,单一的分类显得过于简化;另外,动机呈现出显著的动态特征,学习者的动机类型可能随着环境与语言水平的变化而发生变化。比如,一名学习者最初表现出强烈的工具型动机,认为学好英语是考上大学、找到好工作的前提;但是随着其英语水平的不断提升,他开始逐渐接受英语及其附带的文化,想要去国外读书甚至是移民英语国家,这时他的动机类型就变为融入型动机了。

近年来国内对于动机的研究表明,中国英语学习者的动机类型以工具型动机为主,并且动机与学习策略、观念之间的关系较为稳定。另外,学习成绩与动机水平之间呈现出高度相关。这些研究发现对于外语教学具有启示作用:外语教学中应该重视学生的动机培养,培养方式可以多种多样,如开展多样的英语活动、提高课堂的趣味性、鼓励学生课外阅读等。

(2)焦虑

焦虑是影响语言学习的又一重要情感因素,是指一种模糊的不安感,与失意、自我怀疑、忧虑、紧张等不良感觉有关。语言焦虑的表现多种多样,主要有回避(装出粗心的样子、迟到、早退等)、肢体动作(玩弄文具、扭动身体等)、身体不适(如腿部抖动、声音发颤等)以及其他迹象(如回避社交、不敢正视他人等)。这些是学习者在学习过程中,尤其是在课堂环境中常见的现象。

学生在语言课堂上担心自己能否被他人接受、能否跟上进度、能否完成学习任务,这种种担心便成了焦虑的来源。焦虑可以分为三类,即气质型焦虑、一次型焦虑和情景型焦虑。

其一,气质型焦虑是学习者性格的一部分,也更为持久。这类学习者不仅仅在语言课堂上存在焦虑,在日常生活中的很多场合都会表现出不安、紧张等情绪。

其二,一次型焦虑是一种即时性的焦虑表现,持续时间短,并且影响较小,它是气质型和情景型焦虑结合的产物。

其三,语言学习中更为常见的是情景型焦虑,这是由于具体的事情或场合引发的焦虑心理,如考试、课堂发言、公开演讲等。

可以说,焦虑是一种正常的心理现象,任何个体都存在一定程度的焦虑心理,外语学习者自然不会例外。产生焦虑的原因也会多种多样,但是总结起来无非有以下几点:首先,学生的竞争心理与生俱来,学习者一旦发现自己在与同伴的竞争中处于劣势,便容易产生焦虑不安的心理;另外,焦虑心理也与文化冲击有关。外语课堂上传授的文化知识对于母语文化本身便是一种冲击,学习者也会因为担心失去自我、失去个性而产生焦虑。总体而言,焦虑会表现为用外语交流时不够流畅、不愿用外语交流、沉默、害怕考试等。

长久以来,焦虑一直被视为外语学习的一个障碍,这是一种误解,是对焦虑作用的误读。焦虑最初是运动心理学的重要研究内容,研究将运动员按照焦虑水平分为三类,即低气质型焦虑、中气质型焦虑和高气质型焦虑,然后比较三类运动员的运动成绩,结果发现中等气质型焦虑的运动员成绩最好。

可见,焦虑也是有积极的、促进的作用的。后来焦虑成为教育心理学的研究对象,发现了同样的规律。焦虑就其作用而言也可分成两大类:促进型和妨碍型。前者激发学生克服困难,挑战新的学习任务,努力克服焦虑感觉,而后者导致学生用逃避学习任务的方式来回避焦虑的根源。

这种划分方式有一定的道理,也获得了部分实证研究的证实,但是我们应该明确焦虑并不是非此即彼的,焦虑之所以会产生不同的作用主要是因为焦虑程度的问题:过高的焦虑会耗费学习者本来可以用于记忆和思考的精力,从而造成课堂表现差、学习成绩欠佳;而适当的焦虑感会促发学习者集中自己的注意力资源,汇聚自己的精力,从而构成学习的强大动力。

但是,焦虑水平的测量现在还是个难题,虽然已有一些研究工具,如外语课堂焦虑量表(Foreign Language Classroom Anxiety Scale, FLCAS),但是最新的研究表明该量表实际测量的是学习者的语言技能和学习技能自我效能的个体差异,而并不是二语学习的焦虑。

因此,在外语教学中,对于学习者的焦虑要区别对待。焦虑水平过高的学生需要疏导,晓之以理,并通过日常细微的成绩变化来逐步缓解紧张的心理状态,化压力为动力;同时,要让学习者知道适度焦虑的益处,外语学习中需要有一定的紧迫感,一定水平的焦虑会有助于外语水平的提高。

情感学习是外语学习的重要组成部分,情感学习与内容学习互为补充、相得益彰。所以,完整的外语学习和教学理论应该既重视学生的认知发展,也关注学生的情感发展,情感发展是认知发展的基础和动力,是长久发展的动力源泉。

第三节 需求分析理论

需求分析理论对英语学习策略具有重要的指导意义。学习策略的选择只有以需求分析为基础,才能提高其有效性。因此,本节就对需求分析理论进行概述,主要内容涉及需求分析的内涵、对象、内容、过程、启示几个层面。

一、需求分析理论概述

需求分析有广义与狭义之分。广义的需求分析是指学习者除了自身的学习需求,还需要考虑单位、组织者、社会等其他方面的需求。狭义的需求分析则仅涉及学习者个人自身的学习需求。

在国外,学者理查兹等(Richards et al.)认为:"需求分析是了解语言学习者对语言学习的需求,并根据轻重缓急的程度安排学习需求的过程。"概言之,需求分析主要是为了了解学习者学习语言的原因、需要学习语言的哪些方面以及学到何种程度等内容。

在国内,学者陈冰冰认为:"需求分析是通过访谈、内省、观察、问卷等方式对学习者的学习需求进行的调研,这种方法已经广泛应用于教育、经贸、服务、制造等行业中。"

在语言教育领域中,最早出现的需求分析是针对专门用途英语展开的。在专门用途英语的学习中,学习者的学习需求主要表现在为了达到某些目标所需求的语言知识、语言技能而展开学习。后来,随着高校英语教学的深入发展,"需求"的应用范围越来越广泛,涉及语言、教材、情感等方面的人的需求、愿望、动机等。①

二、需求分析的对象、内容

需求分析的对象与内容在不同的分类标准的影响下会有所不同。下面进行具体分析。

（一）需求分析的对象

需求分析的对象包括以下四个方面。

第一，学习者。这主要包括学生以及其他有学习需求的学习者。

第二，观察者。这方面主要包括教师、教学管理人员、助教、语言项目的相关领导等。

第三，需求分析专家。这主要是指专业人员或者具有丰富经验的大纲设计教师等。

第四，资源组。这方面指的是能够提供学习者信息的人，如家长、监护者、经济赞助人等。

（二）需求分析的内容

一直以来，众多学者对需求分析展开了研究，不同学者对这方面的研究存在不同视角，自然所得出的成果也存在差异。同样，对于需求分析的内容，不同学者也提出了不同的看法。

1. 哈钦森和沃特斯的观点

学者哈钦森和沃特斯（Hutchinson & Waters,1987）认为，需求分析包括目标需求、学习需求两个方面。其中，目标需求指的是学习者在目标情景中所能掌握的可以顺利使用的知识、技能。另外，这两位学者又进一步将目标需求分为必备需求、所缺需求、所想需求。学习需求指的是学生为了掌握所需要掌握的知识内容所进行的一切准备活动。

2. 布朗的观点

学者布朗（Brown,2001）认为，学习需求在内容上可以分为以下三大类，他认为这种分类方式可以有效缩小需求分析的调查范围。

---

① 程晓堂，孙晓慧.英语教材分析与设计[M].北京：外语教学与研究出版社，2011：38-39.

（1）形式需求与语言需求。

（2）语言内容的需求和学习过程的需求。

（3）主观需求和客观需求。

3. 伯顿和梅里尔的观点

伯顿（J. K. Burton）和梅里尔（Merrill）认为，需求分析涉及如下六大层面。

（1）预期需求，即将来的需求。

（2）表达需求，即个体将感到的需求进行表达的需求。一般来说，这可以采用多种形式，可以是座谈，可以是面谈，还可以是观察等，便于对方提取信息，从而对表达需求予以确定。

（3）标准需求，即学习者个体与群体的现状与既定目标间存在的某些差距。

（4）感到的需求，即个体感受到的需求。

（5）相比需求，即通过对比找到个体与其他个体的差距，或者同类群体之间的差距。

（6）批判性实践的需求，即一般不会轻易发生，如果发生那么必然会导致某些严重的结果的一种需求。

4. 布林德利的观点

布林德利（Brindley,1989）认为，需求主要包含如下两大层面。

（1）主观需求，即学习者学习语言的情感、对语言学习的认知层面的需求，包含对语言学习的态度、是否持有自信心等。

（2）客观需求，即学习者性别、年龄、背景、婚姻状况、当前的语言水平、当前从事的职业等各方面的信息。

三、需求分析的过程

（一）制订计划

需求分析的第一步就是制订计划，这一步非常关键。首先，制订计划要对需求分析的时间加以确定，具体来说包含三个阶段：课前阶段、课初阶段、课中阶段。然后，对需求分析的对象进行确定，其涉及教师、学生、文献等。最后，对研究方法加以涉及，并确定采用何种技术进行数据的收集。当然，在其中应该确定需求分析由哪些人进行参与。

（二）收集数据

在进行需求分析的过程中，可以运用工具和程序，对数据与资料进行收集。一般来说，数据收集的方式可以是观察得到的，也可以是案例分析得到的，还可以是访谈或者调查得到的，除此之外还可以是测试、观摩等。在实际的操作中，我们可以具体问题具体分析，从不同的因素加以考量，这样才能保证调查结果更为准确、科学。

（三）分析数据

分析数据就是对数据展开排列和优化，从而形成结论。在分析的过程中，应该采用合理的数据分析方法，并且与自身的研究目的相一致。

分析方法存在差异，那么研究方法也存在差异，这时候可以从整体上对学生的需求加以满足，如在测试结果分析中，对及格人数的百分比进行分析，并研究单向技能通过率的平均值；在问卷结果分析中，对各个选项的人数与百分比进行计算。

（四）写分析报告

需求分析的最后一个环节就是写分析报告，在这一阶段，可以总结需求分析的对象、过程以及学习的目标，基于数据分析的结果，用简要的图表或者文字将结果表达出来，并提出合理的建议。

根据上面的介绍，可以将需求分析的过程具体到十个步骤，如图 2-3 所示。

此外，在需求分析的过程中，还需要注意一些问题。科恩等人（Cohen et al.）在 *Research Methods in Education* 一文中指出了开展需求分析应注意的问题。

（1）特定的环境中需求的含义。
（2）现实问题或当前需求的实质。
（3）需求的严重性及程度。
（4）需求的动机、起因。
（5）需求的预报。
（6）需求或问题的统计指标、数据。
（7）需求或问题的种类、范围、规模，需求分析开展的余地及复杂性如何。

第二章　大学英语教学实践开展的理论依据

（8）需求所包含的子项目及其子成分。

（9）需要优先考虑或重点考虑需求分析中的哪些方面。

（10）需求未给予重视可能产生什么样的后果。

（11）需求给予关注后可能会有什么样的结果。

总之,需求分析的过程需要遵循有效性、可靠性、可用性的原则。需求分析的反馈结果可以为今后学生的学习和课程的设置提供一定的指导和理论依据。

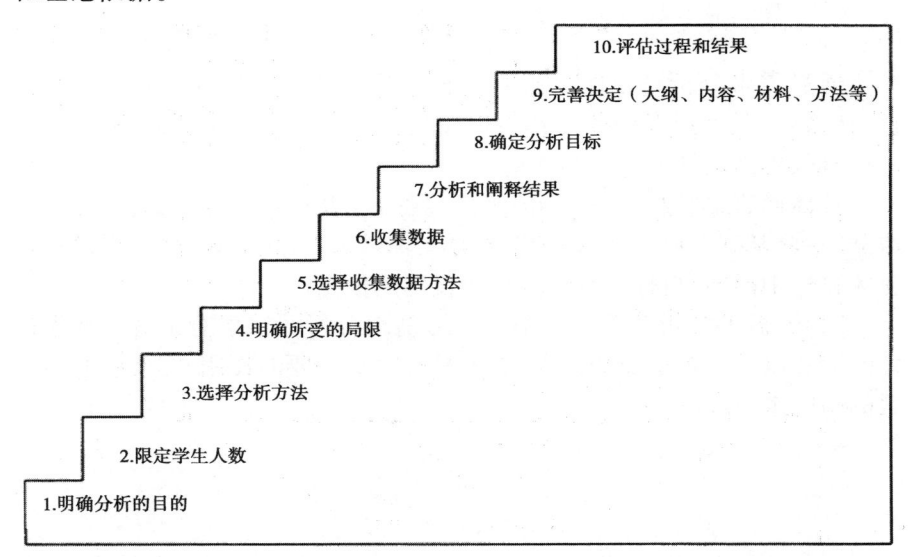

10.评估过程和结果

9.完善决定（大纲、内容、材料、方法等）

8.确定分析目标

7.分析和阐释结果

6.收集数据

5.选择收集数据方法

4.明确所受的局限

3.选择分析方法

2.限定学生人数

1.明确分析的目的

图 2-3　需求分析的过程

（资料来源：严明,2008）

四、需求分析理论对英语教学的启示

需求分析理论对英语教学的启示主要体现在以下几个方面。

（一）突出英语重难点

大学英语教学往往是在教学目标的指导下展开的,所以需要明确教学的重点与难点,如此才能有针对性地展开教学。可见,教学重难点是为整体教学目标提供服务的。

需求分析对于教学目标中重点、难点的确定是至关重要的。通过大量的教学实践人们发现,国内大学生在英语学习过程中对于听力、口语、阅读这几个方面的掌握存在困难,因而在规划整体教学目标时就可以将这几个方面作为教学中的重点与难点。因此,目标的多样性决定了教学的重点、难点也是多种多样的。

当我们把英语教学目标从认知向非认知扩展的时候,也需要重点和难点的相应扩展,当我们把教学重心从认知向非认知转移的时候,也需要重点和难点的转移。

(二)提升教学设计的效果

通过需求分析得出的结果可以充分论证教学设计的必要性与可能性,使教师、学生以及教育工作者可以集中精力解决教学中的难点问题,从而有效提高教学的效率与质量。

具体而言,通过需求分析的结果,教师可以准确把握"差距"资料与数据,在此基础上设计教学的整体目标,需求分析结果可以作为设计教学整体目标中内容、目标、策略、效果等设定的依据。

因此,需求分析尤其是大学生学习需求分析的结果对于英语教学设计的成功以及后续工作的方向、成败具有至关重要的作用,需要引起教育者的高度重视。

第三章 大学英语教学的常见方法

随着17世纪现代英语的诞生与发展,有关英语教学法的研究就从未间断,并一直成为很多学者研究的重点问题。到了现代,英语教学法向着多元化、综合化的方向发展。因此,本章就介绍几种常见的大学英语教学法,以便于教师能够对其灵活掌握,从而对自身教学效率与效果的提升大有裨益。本章就来分析大学英语教学的常见方法。

第一节 交际教学法与分级教学法

一、交际教学法

形成于20世纪六七十年代的交际教学法,目前在教学领域使用频率较高。语言是人们进行交际的工具,因此人们只有掌握了一门语言才能顺利地进行交际。A. P. R. 豪厄特(A. P. R. Howatt)认为,交际教学法有强弱之分。有"弱"当然就有"强"。"弱"的说法将交际视为教学的重点,"强"的说法侧重于把教学的重点放在交际过程的需要上面。假设把"弱"的说法定义为"为学习而学习英语",那么与之相反的"强"的说法就是"为运用而学习英语"。

语言的获得与语言的教学不是一回事。语言的获得指的是学习者在自然状态下通过交际活动而间接掌握语言;而语言的教学则是教师直接向学生传授语言知识,然后学生通过在生活中运用知识而最终掌握它。这二者的共性在于学生最终都掌握了语言结构,但差异性在于交际能力所达到的程度是不一样的。假设一个学习者是通过语言的教学来掌握英语,那么他的语言交际能力就比不上那些在交际活动中获得知识的人。

（一）交际教学法的特点

1. 以交际为目的

教学是一个师生之间双向互动的过程。在这个过程中，教师和学生之间进行思想、感情、信息的交流。为了师生能够更好地交流，课堂气氛和活跃度应该达到一定的要求。教师应该为学生创造更多与教师互动的机会，充分调动学生的积极性，从而提高他们的口语交际能力。在师生课堂交际的过程中，教师只是课堂中的引导者，学生是课堂的主导者。要衡量英语课堂教学的质量，首先应该看师生之间口语交际的双向互动，注重学生在课堂中用英语进行交际的次数和频率。只有在课堂中加入双向互动的环节，交际教学法才实现了原有的价值。

2. 发挥学生的主体性

在交际教学法的课堂中，教师应该突出学生的主体地位，围绕学生来进行教学设计，尽量把教学任务和学生的生活实际结合在一起，提高学生参与学习的热情和积极性，从而获得更多口语交际的机会。

学生一旦成为知识的主体，就会在学习过程中掌握主动权，积极地学习英语知识。只有学生处于这一状态，他们才能在大量的口语交际中获得知识、提高能力，从而在未来阶段的学习中不断达到更高的要求。

3. 照顾学生的个体差异

由于基因遗传以及后天的影响，学生在性格、兴趣、思维、记忆等方面都表现出很大的差异，因此在学习一门非母语的语言时难免会出现不一样的学习效果。所以，教师应该根据不同学生的不同特征对教学方法和内容进行适当的调整。在交际教学法中，教师就可以较好地照顾到每名学生的水平和特征，从而给予每名学生适合的教学。

（二）交际教学法的设计

1. 创设良好的课堂气氛

传统的教学方法比较单一、机械，教学过程枯燥乏味，学生学起来没有任何兴趣可言。交际教学法要求教师把知识的讲解和激发学生的兴趣有机结合。一方面，教师可以准备更加丰富多彩的词汇教学资源，有利于吸引学生的注意力；另一方面，教师可以利用信息技术使教学资源的呈现方式更加有趣，如和图片、视频、动画等结合起来，这样就大大提高了教学效率。

在教学过程中教师一定要让他们学会用英语思维去表达自我,从而进一步激发他们学习英语的热情。英语教学最终的目的是使学习者能够学以致用,在之后的日常交际中能够充分地表达自己,所以在课堂中,教师应该尽可能地为学生提供这样的机会,从英语听、说、读、写、译几个方面同时入手,达到全面提高的目的。

随着学生语言输出能力的提高,他们运用英语进行日常交际的信心就增加了,从而增加了学习英语的兴趣。教师也可以通过词汇抢答游戏和 PK 比赛等来检测学生的课前学习情况,这同时帮助学生记忆了词汇知识,从而既避免了学生"浑水摸鱼"又活跃了课堂气氛,最后提高学生的学习兴趣。

2. 呈现交际多样性

在课内,教师可以通过在英语课堂教学中融入角色扮演、情景模拟等方式,为学生创造更多口语交际的机会,充分尊重学生的教学主导地位,让他们在亲身参与中不断提高口语交际能力和英语运用水平。情境创设是教师将教学目标加以外化,形成一个学生能够接受的情境。但是,很多教师在创设情境时,往往忽视了其基本的教学目标,导致教学中很多情境与教学目标无关,让学生对教学目标难以把握,因此教师在创设情境的时候,必须对教材进行认真研究,理解每一单元教学的重难点,然后紧扣教学目标,创设情境。简单来说,创设的情境要与教材的特点相符,凸显重难点,从而促进大学生的英语学习。

在课外,教师可以通过在学习管理系统中开辟一个专门的讨论区,或借助专门的在线交流工具,和学生以课外学习内容为主题展开交流和讨论。讨论主题既可以是教师预设的,也可以由学生创设。这样一种师生在线辅导和生生自组织学习的学习模式就形成了。借助这种学习模式,学生和教师之间可以进行深度的交流,从而提高自己的口语交际能力以及参与课堂的积极性。

二、分级教学法

分级教学也称为"分组教学""分班教学"或"分层教学"。国外的分层教学诞生于 1868 年,包括班内分层和走班式分层两种形式,前者是指在一个班级范围内对不同能力的学生进行不同的教学,后者是指根据知识水平、兴趣等将学生分到不同的班级,表现为"不变的教室、变化的学生"。分级教学就是根据学生不同的认知水平、性格、兴趣、志向等,进行不同层次的教学,给予不同的教学评估,使每名学生都能最大限度地完成学习目标。大学英语分级教学根据学生不同的英语水平,制订不同的英语学习方案,从而满足了不同层次的学生的英语学习需求。

(一) 分级教学法的发展

1. 国内分级教学法的发展

我国分级教学的雏形最早出现在古代。孔子首次强调,教育要尊重学生的个体差异,这样才能提高学习质量。20世纪初,现代分级教育理念进入我国,我国对此也进行了许多试验,这些试验后因战争以及国内政治形势等原因暂停。改革开放后,分级教学回归人们的视野。一直以来,教育界一直在寻找先进的英语教学法,然而没有哪一种教学方法是放之四海而皆准的。因此,分级教学模式的提出就有着重要的理论和现实意义。

大学英语分级教学的理论依据包括国内的教育思想以及国外的教育理论,国内比较典型的理论依据是孔子提出的"因材施教"理念,国外的理论依据是认知迁移理论、建构主义理论、掌握学习理论、人本主义理论、需要层次理论、多元智能理论以及二语习得理论等。

就课程设置而言,有的院校为所有级别的学生开设相同的英语课程,也有的院校在不同时期为不同级别的学生分别设置完全不同的英语课程。相对应地,在教材方面,有的院校的所有级别的学生均使用同一套教材,低级班的同学可能从第一册学起,而高级班的同学可能从第三册学起;有的院校的不同级别的学生则使用完全不同的教材。从分级教学的实施效果来看,大部分高等学校的各个级别的学生都获得了相应的进步。

2. 国外分级教学法的发展

在西方,分级教学大致经历了以下四个阶段。

(1) 起步阶段

从19世纪50年代至20世纪30年代初,正是资本主义义务教育盛行的时期,学生的水平参差不齐。美国和德国开始重视"弹性进度制"和能力分班(组)分级教学形式。1920年左右,美国掀起了一场进步主义教育运动,要求重视学生的个性差异,使得个别化分级教学形式得以产生,较有影响的是文纳特卡制、道尔顿制。文纳特卡制、道尔顿制的共性在于倡导自主学习。二者的差异性主要体现在具体操作上:文纳特卡制将课程分成两部分,一部分通过个别教学按学科进行,如读、写、算和历史、地理等,另一部分通过团体活动进行,如艺术、运动等;道尔顿制则将每一学科的全部学习内容,分月安排,然后学生按照自己的兴趣自由支配时间进行学习,完全是一种"个人独进"的教学方式。

(2)衰落阶段

从20世纪30年代中后期至第二次世界大战期间,由于世界经济危机以及第二次世界大战的爆发,各国无暇顾及教育。文纳特卡制和道尔顿制由于走向极端,彻底否定了课堂教学和教师的价值,因此以失败告终。美国尝试的一些特殊班或特殊学校也归于失败。

(3)复苏阶段

从第二次世界大战后至20世纪50年代中后期,各国大力发展科技和经济,因此也开始酝酿新的分级教学实验。尤其是美国,对分级教学极为重视,极力批判"平庸"而追求"优异"。1958年《国防教育法》的颁布就证明了这一点。美国不但恢复了小学阶段的普遍的能力分班(组)分级教学形式,而且将其扩展到了中学,同时研制出了许多新的分级教学形式,如"不分级制""分科选修制""学科分层"等。

(4)繁荣阶段

20世纪六七十年代以来,各种教育理论纷纷出现,进一步促进了分级教学的盛行。美国经过几个阶段的探索和研究后,涌现了一批有国际影响的个别化分级教学理论与模式。"掌握学习"这种分级教学模式是目前美国中小学里最常用的一种分级教学方法之一。受美国影响,英、法、德、韩、澳等国家在分级教学实践上也呈现繁荣与多样化态势。

(二)分级教学法的设计

1. A级班教学模式

A级班的学生具有较高的英语水平,掌握了一定的英语学习方法,学习能力较强,能顺利地和教师进行英语交流。基于A级班学生的这一特点,教师应该将大一的两个学期定位为基础入门阶段,旨在引导学生形成良好的英语学习习惯,将大二的两个学期定位为拓展深化阶段,致力于提高学生的英语综合应用能力。具体来讲,在大一第一学期英语课开展课前演讲活动,侧重于口语训练,充分调动学生的英语学习兴趣,使得学生慢慢形成英语思维。在大一第二学期,教学重点是提高学生的阅读理解力和听力能力,扩大词汇量,培养学生的自主学习能力。大二第一学期以英语语言的输出为主,教学重点在于培养学生的语言交际能力和综合运用能力,要为学生提供更多的口语表达机会。

2. B 级班教学模式

学生主要集中在 B 级班,所以 B 级班通常是大班授课。B 级班学生的英语水平一般,对英语学习方法有一些浅显的认识,学习效率和学习兴趣有待提高,理解能力也一般。基于 B 级班的这一特点,B 级班教学仍然依托于教材,遵循循序渐进的教学原则,注重以学习小组为单位的合作学习,将课内知识与课外知识、应试技巧与素质技能有效结合起来。

3. C 级班教学模式

C 级班学生的英语功底较为薄弱,理解能力不足,学习兴趣和学习效率低,听力和口语水平低,词汇量少,对英语学习缺少自信。鉴于此,C 级班教学仍然需要由浅到深进行,保持每个学期之间的连贯,将巩固高中英语基础知识与提高大学英语学习能力有效结合,注重师生之间的感情交流以及师生之间友好关系的建立,调动学生学习英语的积极性。俗话说"冰冻三尺非一日之寒",教师必须从学生的英语基础抓起,要有耐心。

第二节 任务型教学法与个性化教学法

一、任务型教学法

任务型教学法又称作"任务型教学途径",是一种基于任务展开的教学方法与形态。在大学英语教学中,任务型教学法非常常见,是教师预设任务并引导学生用所学对任务进行完成的一种教学形态,是提升学生语言运用能力的一种重要手段。从学生学习英语的目的与特点出发,我国大学英语教学倡导采用任务型教学法,让学生基于教师的指导,通过体验、感知、参与、实践等,实现任务的目标,在做中学。

(一)任务型教学法的步骤

任务教学法将任务的完成作为主要教学活动,让学生通过完成任务来习得语言。一般来说,任务型教学法具有如下几个特点。

其一,任务主要包含的是真实的语言运用过程。

其二,学生要自主地完成教师要求的任务,并对任务的交际性结果予以明确。

其三,强调学生要通过自主学习、合作学习等途径来完成任务。

第三章　大学英语教学的常见方法

在实际的操作中,任务型教学法一般包含三个步骤,具体如表3-1所示。

表 3-1　任务型教学法的具体实施步骤

主要步骤	目的	要点
任务前	任务呈现与准备	教师将任务情境引入,对任务要求向学生明确,为学生提供完成任务的基本语言知识
执行任务	任务完成的整个过程	学生运用语言对问题加以解决,这些问题涉及对计划的制订、实施与完成;教师在其中扮演着监督、组织、促进与伙伴等角色,辅助学生对任务加以完成
任务后	任务展示、评价与提升	学生将结果进行展示与汇报;教师对任务完成情况进行评价,并指出优劣之处

(资料来源:陈冬花,2015)

三个步骤给予了明确的任务,教师首先为学生布置任务,并提供具体的条件;指导任务执行任务,并辅助学生解决在任务执行过程中遇到的一系列问题;组织学生对任务加以展示与汇报,最后给予评价,并布置新的任务。通过这些任务的完成,学生可以不断体验到语言学习的快乐,并真正地习得语言知识与技能。

(二)任务型教学法的设计

任务型教学法将语言任务作为学生学习的目标,对任务完成的过程就是学生学习语言的过程。任务型教学法设计的核心在于将人们在生活中运用语言来从事的各项活动引入到具体的课堂中,进而帮助学生实现语言学习与日常生活的结合。因此,如何对任务进行设计是任务教学法能否实施的关键层面。

简单来说,教师在设计任务时应该着重考虑学生的"学",让学生具有明确、清晰的学习目标。具体来说,主要从如下几个层面着眼。

1. 设计真实意义的任务

所谓真实意义的任务,即与现实生活贴近的任务。在教学中,教师所设计的任务应该是对现实生活的演练与模拟,学生通过对这些任务加以完成,不仅能够掌握具体的语言知识与技能,还能够将这些能力运用于具体的生活中。

2. 设计符合学生兴趣的任务

大学阶段是学生发挥兴趣与特长的重要阶段与关键时期,因此教师在设计具体的教学任务时,应该从他们的心理与年龄特征出发,设计出与他们的兴趣相符的任务,并且内容也要具有新颖性。例如,以师生互动、生生互动的形式进行角色扮演或开展演讲等都是比较好的活动。

3. 设计能够输出的任务

教师设计的任务应该是真实的、与学生的语言水平相符的输出活动。也就是说,任务需要以"说、写、译"这些"语言输出"的形式进行呈现。

教师在设计任务时,最重要的一点是需要考虑学生在任务完成的整个过程中能否自然地运用英语。当然,完成任务并不是任务型教学法的主要目的,而是要求学生在完成任务的过程中习得英语。英语课程就是要让学生逐步在运用中内化知识,这就需要教师在设计任务时,应该让学生通过完成任务,自然地掌握英语知识,内化英语知识,习得英语技能。

(三)任务型教学法设计的基本要求

当然,任务型教学法在设计时应该注重以学生作为中心、以学生作为主体。一般来说,需要做到如下三点。

1. 分清"任务"与"练习"的区别

当前,很多教师在设计任务型教学课程时,由于未分清楚"任务"与"练习"的区别,导致很多任务型教学课程还是课堂练习。事实上,任务型活动与课堂练习有着本质上的区别,任务型教学活动不是对语言进行机械的训练,而侧重于在完成任务的过程中学生自主能力与学习策略的培养,重视学生在任务完成过程中获得的经验。表3-2对二者的区别进行了总结。

表3-2 "任务"与"练习"的区别

区分项目	任务	练习
侧重点	侧重于意义	侧重于形式
活动目的	实现交际目的,解决问题,传达信息	对知识的掌握情况进行检验,对英语知识加以操练与巩固
活动情境	创设现实生活情境	不需要情境
活动内容	有语境的语言材料,需要综合运用多项英语知识与技能	脱离语境的语言材料,需要的也是单个的英语知识与技能
活动方式	分析、讨论,很多时候需要小组完成	选择、填空、翻译等,往往自己独立完成
语言控制	自由	严格控制

续表

区分项目	任务	练习
教师纠错	通过对学生进行观察,然后分析产生这些错误的原因再纠错	立即纠错
信息流向	双向或者多向流动	单向流动
活动结果	语言形式或者非语言形式结果	一般都是语言形式的结果
结果评估	评估学生是否完成了任务	评估语言形式是否使用正确

(资料来源:陈冬花,2015)

从表 3-2 中可知,只有通过真实的任务,才能保证学生获得有意义的语言输出,才能让学生真正地学会获取、使用信息,用英语与他人展开交流与合作。

2. 准确把握任务的度与量

任务的难易度与数量要与学生的英语水平相符合,因此教师在设计任务时,应该根据"最近发展区"的原理,既不能对教学要求予以降低,也不能超过学生的英语能力与水平。

教师在进行教学活动之前必须要确定学生发展的"两个水平"。第一种水平是学生现有的发展水平,是学生通过先天性或者偶然性自然成长所形成的稳定的内部心理机能,在独立解决问题时会表现出来。第二种水平是学生潜在的发展水平,是还在发展的内部心理机能,也是儿童在成人的指导下或与同伴合作的情况下所表现出来的解决问题的能力。"最近发展区"就是这两个水平之间的差距,是学生可能的发展区域。

该理论指出,教育从事者必须要准确了解学习者目前的能力水平,并且为学生找到潜在发展水平,确定最近发展区,设计教学过程,引导学生走向更高的潜在发展区。该理论确立了教师在学生成长过程中不可替代的先导性作用。学生的最近发展区是一个动态变化的区域,向第三个区域——未来发展区不断移动,如图 3-1 所示。

3. 注重教师的多重任务

虽然英语课堂强调以学生作为主体,但是在实施中,教师的作用也不能忽视。也就是说,教师在教学中也需要发挥主导作用。一般来说,在任务型教学法中,教师需要承担如下几项任务。

其一,设计与学生水平相符合的真实的任务。

其二,为学生提供完成任务的材料,并从旁辅助学生。

其三,对学生的输出提供帮助。

其四,对学生的输出结果给予反馈意见。

任务型教学以学生使用英语完成任务作为中心,学生是任务的沟通者,也是语言的交际者。教师不仅是组织者、参与者、帮助者,参与到学生的任务之中,还需要对课堂加以控制,并对结果给予评价。如果教师将任务交给学生之后,就作为一个旁观者,那么这样的教学效果是不容乐观的。总而言之,教师在任务型教学中要承担好自己的多重责任。

需要指出的是,任务型教学在当前的大学英语教学中广泛应用,但是由于受各个因素的影响,如任务难度难以把握、英语环境常常缺失、大班教学现象严重、师资力量不足等情况,导致当前的任务型教学仍旧存在明显的问题。因此,在以后的大学英语教学中,教师应该不断地积极学习与研究、认真开发与利用,争取让任务教学法在大学英语教学中发挥出更大的作用。

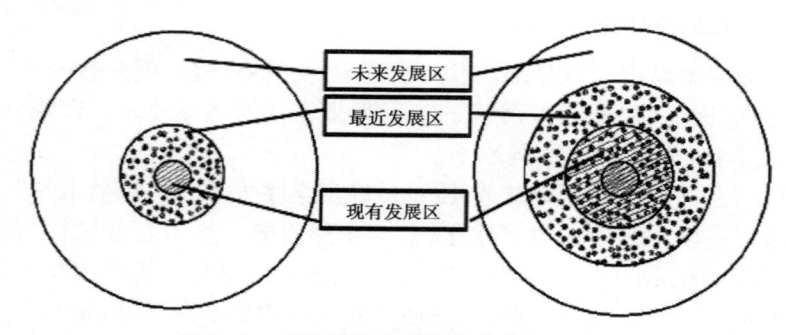

图 3-1 学生发展水平转化生成的动态性

(资料来源:张炬,2018)

二、个性化教学法

"个性"一词源于希腊文 persona,是指演员演戏时所用的面具。从不同的角度,可以对"个性"给予不同的界定。

从心理学的视角看,个性是指"个体精神面貌的总体概括,是个体基于自身的生活经历而形成的稳定特征"。换句话说,心理学将个性界定为个体特有的行为倾向和心理内部表征。可见,个性是一种心理现象,同时外显为一定的言行。

从哲学的角度来看,个性首先侧重于人的世界观,进而反映人的本质以及在社会体系中的地位。

从教育学的角度来看,个性是个体多种素质的综合体,包括尊严、人格、价值观和创造性思维等。个性表现为整体性与个别性。从整体性的

第三章 大学英语教学的常见方法

角度来看,个性是个体许多素质的总和;从个别性的角度来看,个性是区别于他人的本质所在。

（一）个性化教学的内涵

学生具有个性和需要的差异,个性化教学就是教师在个性化的教学中满足学生个性化的学的需要,使学生的知识、能力、情感得以健康的发展。个性化教学要求教师在教学中尊重每一个个体的尊严和个别差异。除了学生,教师也是教学中的主体,所以个性化教学不仅要满足学生的需要,也要满足教师的精神和物质需求。总结起来,个性化教学可以从以下两个方面来理解。

1. 旨在彰显师生个性

个性化教学的目的在于彰显师生个性,这包括以下三个方面的内涵。

（1）个性化教学不等于个别化教学。个别化强调少数的、单独的,因此个别化教学的对象是少数学生。个性化教学强调的是学生的个性需求。显然,个性化教学不同于个别化教学。

（2）个性化教学不等于个体化教学。个体化强调的是事物的单一性、独立性,因此个体化教学更强调的是一对一的教学。

（3）个性化教学不反对集体教学。个性化教学强调的是所有学生的个性化发展,因此和集体教学并非背道而驰。只要教学满足了学生的个性需求,无论是个体化教学还是集体教学,都可以称为个性化教学。

2. 个性化的教和个性化的学

教师和学生都是教学的主体,因此个性化教学就是个性化的教和个性化的学的统一。这可以从以下三个方面来解读。

（1）个性化教学是教师教和学生学的统一活动。个性化教学可能因为教学条件的变化而导致一些形式上的变化,但在个性化教学中,教师和学生仍是互相依存的必要主体。个性化教学的终极目标依然是学生的健康发展。特别是对于学生的个性培养,个性化教学发挥着重要作用。在世界课程改革的潮流下,教学开始指向人的自由与解放,注重凸显出每名学生的个性发展以及创造性表现。个性化教学不仅帮助学生实现在童年期、青春期个性的发展,更帮助学生形成以利于其终身学习的稳定的个性。

（2）教师的个性是教师的个性化教的基础。个性化教学如何实现,是每个学校都在思考的问题。有学者明确指出,教师的个性解放是实现个性化教学的前提和基础。教师教育观念的更新、教育科研的促进和个性品质的引导又是解放教师个性的条件。个性化教学要求教师具备全面和系统的教学观念,并且随着时代的发展更新自身的教学观念。教师的个性品质对学生的精神世界产生着巨大的影响,它是由认知、思维、价值观、兴趣、情感、态度和需要等构成的复合体,是教师教学效果出现差异的重要原因之一。

（3）学生的学建立在学生自身个性的基础上。个性化学习要求学生具有一定的个性品质,从而发挥学习者的最大潜能。在个性化学习中,学生自定学习目标,自选学习内容,自己安排学习进度。总之,个性化学习的实现需要学生"会学""乐学"和"创造性地学"。这些都要求学生具备独特的个性、创造性的思维,敢于迎接挑战。

（二）个性化教学的内涵

大学英语个性化教学就是基于学生不同的英语水平和个性,提高学生学习英语的积极性,培养学生独立思考和学习的能力,提高学生的英语交际能力。在大学英语个性化教学中,教师需要尊重每一位学生的价值,使学生最大限度地发挥自己的潜力,让学生能够顺利地用英语进行交流。大学英语是必修课程,修大学英语课程的学生来自各个专业,这就给大学英语教师把握学生的整体英语水平带来了障碍。因此,大学英语教学需要掌握一定的教育理论和方法。英语教学是一种语言文化的素质教育,与其他教学有着不同的特征。大学英语个性化教学大致具有以下四种特征。

1. 差异性

不同学生本身就存在很大的差异,教师不能忽视这些差异,而要根据不同学生的特点施教,要尽可能地使学生发挥内在的潜力,使教学形成差异,这就是个性化教学。个性化教学应该是理解差异、形成差异和解决差异的教学。大学英语个性化教学的差异性主要表现为三个方面。

（1）教学所针对的教学对象具有鲜明差异特点。众所周知,每一名学生自身的英语基础与其他学生是不一样的,对英语的学习期望也是不同的,这就导致不同学生对英语所产生的最近发展区是不同的。另外,大学英语的教学对象不仅包括本专业的学生,而且还包括其他专业的学生,不同的专业特性导致学生所接触的英语学习内容也是存在差异的。

（2）英语教师的教学风格存在鲜明差异。教师个人的经历、教育、年龄、生活、习惯等不同,导致了他们会形成不同的教学风格,而这一点往往是个性化教学得以实现的基本条件。

（3）师生的人格平等。师生在人格上的平等，是学生发展独立人格的基础，也是教师开展教学活动的根本性前提。师生的人格平等还体现在教师充分尊重学生的个性差异，让每名学生都能得到应有的个性发展。

2. 多样性

大学英语个性化教学的多样性主要体现在两个方面。

（1）教和学的多样性。既然大学英语个性化教学尊重每名学生的个体差异，那么大学英语教学就不能仅仅遵循某一种教学模式，不能仅仅使用某一种教学方法、测试方式，不能仅仅追求一种规范的教学大纲，而应该按照不同学生的不同需求进行多样化设计。

（2）英语技能的多样性。大学英语教学不仅要求学生获得一定的英语知识，更要培养大学生的跨文化交际能力，如听、说、读、写、译等方面的能力。值得强调的是，每名大学生在每一种能力的发展程度上是不均等的，并且在特长方面具有不同的侧重点。

3. 针对性

在大学英语个性化教学中，教师需要根据学生的个性化需求进行针对性的指导和帮助，这不仅反映了大学英语教学在满足学生个性化需求方面的基本事实，能更好地发挥这部分学生的个性特长，也能整体提高教学质量。具体来讲，大学英语教师应该善于通过教学诊断发现学生的个性化需求，在备课和上课时充分发挥教学机制，从而进行有针对性的教学。大学英语个性化教学的针对性具体包括以下几个方面的内涵。

（1）大学英语个性化教学的针对性源于受教育者的差异性。学生具有不同的学习起点、智力水平和需求。大学英语个性化教学的针对性是指教学目标、内容、手段等都要符合学生的需求，能够深入学生的内心。

（2）大学英语个性化教学的针对性否定"一刀切"原则。教师要根据学生的能力、个性、文化背景选择适合的教学内容、教学方法和评估方式，把学生和教学活动进行细致的划分。

（3）大学英语个性化教学的针对性还要求教师根据不同学习风格学生的特点进行施教。学生的生理因素、情感和社会环境都会影响学习风格。学生不同的学习风格体现在学生对信息的采集和加工上。教师要根据不同学生的不同学习风格制订个性化的教学方案，以提高学生的学习效率。另外，教师还需要协助学生剖析自身的风格特征，引导他们利用自己的特长来开拓学习方式，补充以往的风格存在的缺陷。

4. 交际性

人们交往的关键工具就是语言,语言最根本的性质就在于交际性。语言承载着文化,文化体现在语言上。在大学英语教学中,语言和文化是不可分的。因此,大学英语教学富含浓厚的文化韵味。大学英语课程不单单是语言基础知识课,更是熟悉世界文化的素质教育课。大学英语教学的重点内容是跨文化交际,教师需要思考对学生文化素养的培育以及世界文化知识的传输。文化知识和适应能力是交往能力的关键构成,语言交往能力本质上是更深层次地获取文化知识的基础。

(三)个性化教学的设计

1. 大学英语个性化教学的目标设计

教学目标是教学主体事先计划的所要达到的教学结果。教学目标是教师和学生共同的目标。大学英语教学的主要目标就是提高学生的英语综合应用能力,使其在社会中利用英语顺利地交流,并让学生具备一定的文化视野。随着高等教育从精英化走向大众化,高等教育的理念、功能、目标和模式都会发生变化。

2. 大学英语个性化教学的方法设计

实施个性化的教学方法,要注重实现以往传授为主的教学向以指导为主的教学转变,注重学生在职业和生活中英语综合应用能力的培养。教学方法要灵活多样,适应不同学生的个体差异。

(1)情境教学法

情境教学法要求教师从学生的特点、教学内容出发,将具体情境融入教学,以帮助学生更好地发现与解决问题。情境教学法主要分为三个步骤,如表3-3所示。

表3-3 情境教学法的具体实施步骤

主要步骤	目的	要点
情境创设	将问题加以呈现	教师通过运用多种媒体与手段,对特定情境加以创设,向学生提出问题
语言训练	对问题进行分析与准备	通过图片、动画等,教师将问题所需要的语言知识呈现出来,并设计与特定情境相关的语言训练,为学生完成学习目标做准备

第三章　大学英语教学的常见方法

续表

主要步骤	目的	要点
情境运用	对问题加以解决	教师重新呈现开始的情境,而学生在具体的情境中运用语言,对问题加以解决;教师对学生的表现予以观察,并给予评价

（资料来源：陈冬花,2015）

如何创设与运用情境,也是决定教师的情境教学法运用能否成功的关键。

首先,紧扣教学目标,创设情境。情境创设是教师将教学目标加以外化,形成一个学生能够接受的情境。但是,很多教师在创设情境时,往往忽视了其基本的教学目标,导致教学中很多情境与教学目标无关,让学生对教学目标难以把握,因此教师在创设情境的时候,必须对教材进行认真研究,理解每一个单元教学的重难点,然后紧扣教学目标,创设情境。简单来说,创设的情境要与教材的特点相符,凸显重难点。

其次,建立情境之间的联系。教师设计的情境要能够在大学英语教学中自由伸缩,即随着教学活动的展开,情境之间必然是需要具有关联性的,不能是孤立的。因此,教师需要对整节课的重点加以把握,设计一个大的情境,然后将各个小情境加以串联,从而使各个环节紧密结合。可见,教师在创设情境时,需要把握情境之间的连续性,使教学过程随着学生的情感活动不断变化与推进,从而进一步得到深化。

（2）多媒体教学法

多媒体是信息的多种媒体的综合,也就是声音、文字、图形、视频、动画、影像等的结合体。将多媒体这一高端技术引入教学中就产生了多媒体教学,是一种先进的教学模式。运用多媒体展开教学,并不是简单地将各种多媒体资料加以拼凑,而是教师根据教学目标、教学内容、教学对象等将声音、文本、图像、动画等不同形式的信息有机结合在一起,并与传统的教学手段相结合参与教学的过程,从而使教学效果达到最优化。教师在运用多媒体教学法时,需要把握以下几点。

第一,选择恰当的教学媒体。即便教学媒体相同,但作用于不同的教学内容时,教学效果也是不一样的。反过来,不同的教学媒体作用于同一种教学内容,教学效果也是不同的。所以,在教学中要讲究多种教学媒体的协调使用。具体而言,在教学过程中,教师要将教学挂图、课堂板书、模型、演示等教学媒体协调穿插在教学过程中,这样才能让它们发挥各自的作用,从而提高教学效果。安德森的教学媒体选择流程图为教师选择合适的媒体提供了思路,如图 3-2 所示。

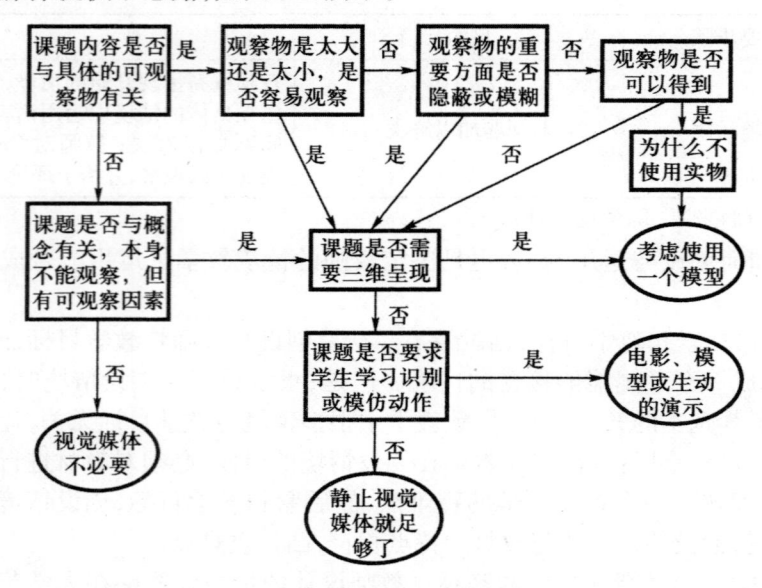

图 3-2 教学媒体选择流程

(资料来源:陈冬花,2105)

第二,抓住最佳展示作用点和作用时间。多媒体技术在教学中的运用,可以将教学内容中的声、像、色、光完美整合,形成令人印象深刻的视听效果,使枯燥的教学变得直观生动。但是,教师在设计多媒体课件时,过于注重吸引学生的视听注意力,而忽视了教学内容,进而偏离教材,喧宾夺主。对此,在多媒体教学中应抓住多媒体的最佳作用点和作用时间,从而将多媒体教学独有的魅力彻底释放出来。

第三,善于利用故事。好的故事可以成为教师和学生良好的话题切入点。在选择故事时,教师要充分考虑学生的生活实际。故事教学可以使复杂的语言教学变得简单易懂。在开展故事教学时,教师要对故事的背景进行简要讲解,减少学生学习的障碍。在具体讲解时,教师可以利用多媒体进行播放,通过画面的展示让学生了解其中的时间、地点等因素,帮助学生更好地理解故事,并强化学生的听力能力。此外,教师可以向学生提问,让学生讨论和猜测某些情节,充分发挥学生的主体作用。教师还可以鼓励学生对故事进行复述和翻译,从而厘清故事的发展情况,掌握其中的知识点。要想知道学生对故事教学的接受程度如何,可以通过故事表演来加以检测。对于学习有困难的学生,教师可以让他们富有感情地朗读故事;对于学习能力较强的学生,教师可以让他们背诵并表演。此外,教师还可以让学生改编故事,学生可以大胆地想象,并通过多媒体进行展示,这能有效提高学生的表达能力和创造能力。

第三节　全身反应教学法与支架式教学法

一、全身反应教学法

全身反应教学法是20世纪60年代由美国心理学家詹姆士·阿歇尔创立的,这一教学法将语言与行为相关联,通过身体动作对外语进行教授。全身反应教学法的特点在于教师发出具体指令,学生通过身体的行为与动作做出反应。教师的指令可能是一个简单的词,也可能是一个较长的句子。

（一）全身反应教学法的步骤

全身反应教学法对于语言学习中的互动是非常注重的。因此,教师在教学中,应该让学生一边听、一边看、一边模仿。一般来说,这一教学法主要包含如下四个步骤。

1. 呈现阶段

呈现阶段即教师说出具体的指令,并对动作加以示范,学生一边听一边观察。例如,在呈现 reading a book 这一词组时,教师一边清晰地说出来,一边配上"看书"这一动作,这样学生就很容易了解与明确其发音与意义了。

众所周知,母语学习是在轻松的环境中习得的,但是在英语学习的过程中,学生往往比较焦虑,因此教师在实施全身反应教学法时,应该从初期阶段就对学生的情感予以关注,为学生创设轻松、自由的氛围。

2. 模仿阶段

模仿阶段是根据教师的示范,学生跟着做。当学生听懂发音、明确词汇意义的时候,教师就可以要求个别学生一边跟着说一边做。就儿童语言学习的特点来说,听的能力是首先要发展的,然后基于听的能力来进一步发展说的能力,最后发展读写的能力。因此,在模仿阶段,教师应该保证先听后说这一条原则,即先锻炼学生听的能力,当他们积累到一定阶段之后,再锻炼他们说的能力。这样才能保证学生对语言材料加以理解和熟悉的基础上进行恰当的语言输出。

3. 理解阶段

理解阶段是教师说出指令,不对动作加以示范,直接要求学生按照指令去做。儿童习得语言的过程需要成人的指导,成人首先以口头的形式发出命令,然后儿童去模仿,当儿童理解之后,再转换成语言代码,从而真正地习得该语言。因此,在理解阶段,教师一定要注意语言与行为的结合,让学生做出多样的动作,在反复的练习中学习英语。

4. 运用阶段

运用阶段是学生发出指令,让其他同学来做出动作。当学生对听到的语言材料加以吸收与内化,自然就会形成语感,也敢于开口说了,最后做出动作。例如,一个学生到前面说 answering the phone,其他同学做出"打电话"的动作,然后再由其他学生发出指令,连续做下去。

图3-4呈现了全身反应教学的步骤与要点。

这四个阶段是从模仿到运用的过程,逐层推进,呈现的目的是为模仿做准备,模仿能够帮助学生对语言结构与词汇加以更好的运用,理解的重点在于对学生语言知识与技能的训练,运用的目的在于培养学生的交际能力,是一种着重意义表达的训练。

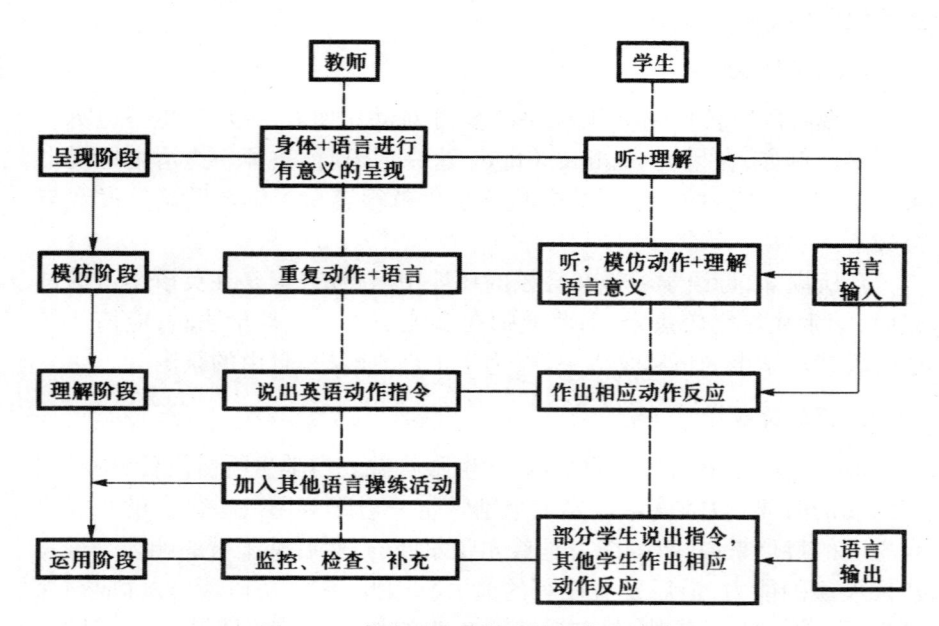

图3-4 全身反应教学法的具体实施步骤

(资料来源:陈冬花,2015)

第三章 大学英语教学的常见方法

(二)全身反应教学法的设计

学生的语言学习是有规律的,并且一般认为理解能力要居于表达能力之前,即理解能力是表达能力的基础。因此,教师在设计全身反应教学法时,对语言的意义要多加注意,让学生能够理解与表达。全身反应法操作较为简单且直观,能够让学生在听中学、说中学、做中学,从而激发学生的学习兴趣与积极性。具体来说,全身反应法的设计形式主要有如下几种。

1. 设计表现形式的操练

例如,在讲解基本的知识之后,通过 *Head And Shoulder, Knees And Toes* 的歌曲,学生一边唱歌,一边用手对对应的身体部位进行触摸,当这首歌播放完了之后,所学的知识也会得到相应的巩固,大脑也呈现的是放松的状态。

再如,当学习 *Two Fat Gentlemen* 这首歌曲时,让学生与教师一起表演 fat gentlemen 与 thin ladies 等人走路的模样,这样不仅能够使课堂更为活跃,还能激发学生的求知欲,对歌曲内容加以巩固。

2. 设计模仿形式的操练

学生往往对于具体直观的事物是非常专注的,这是他们的认知特点,事物越具体,给人的形象就会越直观,学生对其也就更感兴趣。因此,学习、生活中一些常用、常见的事物,它们的名字往往能够被学生们轻易把握。这也为教师的教学提供了方向,即教师的课堂语言展示得越形象,学生越能够轻易地理解与把握。

例如,在学习 *We Love Animals* 这一单元的动物词汇时,教师可以对各种动物的叫声、形态加以模仿,并对词汇进行发音与讲解,之后教师说单词、学生来模仿,经过反复的过程,学生自然也就记住了这些单词。

3. 采用竞赛形式的操练

学生一般都有好胜心,竞赛的形式能够激发他们的斗志,振奋他们的精神。教师可以充分利用这一特点,组织学生在竞赛中进行语言技能的训练。例如,在小组竞赛中,可以将小组分别取名为 rabbit、tiger、monkey 等,还可以进行其他团体竞赛,如在 boys 与 girls 之间展开竞赛,这样会让英语学习变得更为真实、有趣。

（三）全身反应教学法设计的基本要求

全身反应教学法与学生的学习特点相符合,能够让学生愿意学、乐意学,在学习中感受到快乐。但是,如果教师在设计中把握得不够准确,也很难取得相应的效果。因此,教师在运用全身反应教学法时,应该注意如下几个层面。

1. 处理好课堂中的各个角色

在大学英语教学中,应该处理好以下几种角色。

学生的角色是教学的主体,是表演者与听者的角色,因此教学中应该将学生的主体意识激发出来。在全身反应教学中,学生的主要任务就在于听指令,并根据指令来表现。

教师的角色是课程的设计者与导演。全身反应教学的一个特点在于教师处于直接的地位。因此,在全身反应教学中,教师应该为每一位学生展示自身的才能,并对学生的表现进行评价与鼓励。

在全身反应教学法中,教材是没有特定形式的,教师的行为、语言等可以为课堂提供良好的基础。因此,在全身反应教学中,教师可以将书本、笔、桌椅等结合起来展开教学。

大学英语教学的最终目的是让学生能够使用英语进行交流,传达自己的思想与情感。全身反应教学是在语言与行为之间构建关联,并通过呈现—模仿—理解—运用这四个阶段,逐渐由教师示范向学生展示行为过渡。在很多的大学英语教学中,学生的模仿都与教师示范是一样的,当然在初始时期,教师的示范是为了打开学生的思维,但是如果一味地让学生对教师的示范进行模仿,那么也会降低学生的创造性思维能力。因此,在运用全身反应教学法时,教师应该在学生理解之后鼓励他们发散自己的思维,创造性地进行模仿。

2. 做好课堂管理

全身反应教学法中包含很多的角色表演、游戏活动,而学生一旦活跃起来就很难进行控制,因此教师在开展教学的过程中还应该做好控制,这样才能收获预期的效果。也就是说,在实施全身反应教学法时,教师应该将活动目的、活动规则、班级任务等因素考虑进去,进行认真的监控,对问题进行恰当的处理,这样才能防止出现混乱情况。

总之,由于全身反应教学法在英语学习与动作、行为之间建立了关联性,而且与学生的学习特点、认知特点相符合,因此是当前一种广泛应用的教学法。当然,教师在使用全身反应教学法时,应该提升自身的素养,能够恰当找到一些句子与肢体动作之间的关联,并注意协调性,适当对学生进行引导,从而强化英语教学。

二、支架式教学法

支架式教学法源自维果茨基的"最近发展区"理论,在维果茨基看来,儿童智力活动所需要解决的问题与原本能力之间是可能存在差异性的。儿童基于教师的帮助与指导,可以将这些差异予以消除。支架式教学应该为学生对知识的理解建构一个概念框架,这一框架是为学生理解问题准备的。基于此,教师在设计时需要首先将复杂的学习任务进行分解,从而便于学生更好地理解。

(一)支架式教学法的步骤

支架式教学法要求教师基于学生的基本水平,为学生构建支架,对学生进行巧妙的引导,随后撤出支架,是从有到无的一个教学过程。支架式教学一般由如下几个步骤构成。

1. 进入情境

进入情境即教师要运用一些方式对情境进行设置。例如,可以通过一些图片等为学生呈现情境,让学生制作海报,介绍自己的生日宴或者喜欢的运动等。

2. 搭建支架

搭建支架即从当前的学习主题入手,根据"最近发展区"的原理来搭建,简单来说就是教师从学生的认知特点出发,设置恰当的知识框架。例如,如果学生没有接触过英语海报,那么对海报的格式、内容等也必然是不熟悉的,因此这就需要教师为学生提供必要的模板与制作要求等。

3. 独立探索

基于教师的帮助与同学启发,学生对问题进行独立探索与解决。当开始探索之前,教师应该给予启发与指导,然后让学生自己分析。当然,起初的指导要多一些,之后逐渐减少,最终做到不需要教师的指导,学生自己能够在概念框架中探索与提升自我。

4. 协作学习

协作学习即学生对问题进行合作解决。学生展开小组讨论、协商等过程,在共享集体成果的基础上,对当前所学进行正确、全面的理解,从而完成对所学知识的意义建构。

5. 效果评价

对效果进行的评价包括自我评价、师生评价,也包括同学互评。评价的内容涉及如下几点。

其一,学生的自主学习能力。

其二,学生对小组协作做出的贡献。

其三,学生是否实现对所学知识意义的建构。

对于上面这几个步骤,教师可以考虑学生的情况进行适当调整。在支架式教学中,学生的自主学习能力逐渐增强,教师的评价手段也更为多元化了,从而使学生的英语能力得到真正的提升。

(二)支架式教学法的设计

支架式教学中的"支架"也被称为"脚手架",这样源自建筑行业的一个词汇,用于比喻概念框架,目的在于用概念框架作为学生学习中的脚手架。在这之中,支架的搭建是非常重要的,其设计方式具体划分为如下几种。

1. 设计范例

范例是与学习目标相符的学习成果,往往将特定主体学习中最重要的、最典型成果形式、探究步骤包含在内。例如,教师要求学生制作食谱、海报等完成学习任务时,教师可以展示以往学生的作品,也可以从学生的视角出发制作范例来展示。如果一则范例制作得好,那么会在主题、技术上为学生提供引导。

范例并不一定总是有形实体或者电子文档,还可以是教师操作的过程与技巧,教师在展示一些非实体案例时,可以一边操作一边说明,强调重要的步骤与层面,这样也会对学生起到很好的启发作用。

2. 设置问题

问题是学生学习过程中最为常见的支架形式,有经验的教师往往会为学生设置这类支架。当教师可以预测到学生会遇到某些困难时,对支架问题进行恰当的设置显得非常重要。对于学生而言,教师提供的问题如同一个脚手架,能够让他们攀登而上。学生将问题加以串联,就构成了语篇的主要内容。

第三章　大学英语教学的常见方法

3. 提出建议

当学生在独立探究或者合作学习中遭遇困难时,教师应该给出一些合理的建议,引导学生解决这些困难,顺利完成学习。也就是说,这里的问题支架就变成了建议支架。与问题支架对学生的启发性来说,建议支架显得更为直接。

4. 绘制思维导图

思维导图是一种图像式的思维工具,是一种运用图像来辅助思考、表达思维的工具。著名学者皮尔斯博士总结了48种图表形式,如概念地图、归纳塔、流程图、目标图、循环图等。英语教师应该从教学目标、教学内容出发选择合适的图表。

(三)支架式教学法设计的基本要求

支架式教学在大学英语教学中得到了广泛的运用。但是,教师在运用这一方法时需要注意如下几点。

1. 准确定位

教师首先要对学生的"最近发展区"进行准确定位。具体来说,以下三种方式可以帮助定位。

(1)课堂观察,在教学过程中,敏锐觉察学生的状态变化来判定教学内容是否合适。

(2)进行测试,主要是卷面测试,通过可以量化的试卷成绩等来摸清班级学生的学习程度,避免观察法可能产生的主观判断和偏差。

(3)学生反馈,主要是通过学生填写问卷调查来实现,问卷中要包含对教学材料的难易判定、自己学习情况的判定以及对未来材料难易度的期待等。

2. 适时提供支架

教师需要把握好适宜的时机为学生提供合理的支架。适宜的时机指的是教师提供支架和撤出支架的时间。教师只在学生遇到困难、无法完成任务时为其提供支架,而在学生能够通过独立学习或小组学习解决问题、完成任务时,及时撤出支架。所以,教师要关注学生的学习过程及反馈,在学生需要的时候为其提供支架,并在学生能够开展任务时撤出支架,给学生充分的探索空间。

第四节　自然教学法与产出导向式教学法

一、自然教学法

自然教学法是 20 世纪 70 年代由克拉申等人提出的,是基于二语习得理论为基础的一种强调听说在前、读写居后的教学方法。自然教学法认为,二语习得同婴幼儿习得母语一样,要求教师在教学中做到如下几点。

其一,最大限度地将学生的语言输入予以扩大。

其二,为学生创设愉快、轻松的学习情境与氛围。

其三,尽可能运用英语进行交流与探讨。

其四,纠错主要集中于书面作业,而不是口头活动。

（一）自然教学法的步骤

在大学英语教学中,自然教学法具有四大特点:真实舒适的环境、积极的学习状态、以学生为主体的课堂管理、以需求为定向的教学设计。因此,教师在实施自然教学法时,可以从如下几个步骤着手。

1. 表达前阶段

在这一阶段,教师要自然地与学生展开谈话,使用基本词汇、句型,并且对重点词汇、句型等进行突出与重复。通过身体动作、视觉提示等,教师帮助学生进行理解,学生只需要能够听懂,并执行简短指令、做出非语言性反应即可。很多时候,学生在开口之前需要一个沉默的过程,在这个时候,教师需要有耐心。对于学生来说,教师通过身体动作、图片等帮助学生来理解,可以让他们加深印象,学到知识。

2. 早期表达阶段

在这一阶段,教师与学生展开自然的对话,选择使用简单的词汇、句子结构,注意学生能否根据指令做出正确的反应。这时候,学生已经掌握了一定数量的词汇与句型,教师可以设置一些有趣的问题来吸引学生,激发学生的学习积极性。

3. 表达阶段

在这一阶段，教师运用简单、自然的语言与学生进行谈话，用以 How 为首的疑问句展开提问，要求学生用短语或者完整句子加以解释，呈现自己的观点与意见。在生活中，教师应该鼓励学生多与他人交流。当然，教师可以设计一些能够提升表达欲望的问题。

（二）自然教学法的设计

自然教学法强调语言材料的输入，认为可理解的语言材料的输入是英语学习成功的重要层面，这种输入可以通过不同的途径与方式展现给学生。因此，课堂教学必须为学生提供输入与输出自己，让学生的多种感官都调动起来，采用不同的技能与目标，与学生的学习水平与风格相符。一般来说，自然教学法的设计方式主要有如下几种。

1. 使用简单的英语指令

自然教学法的设计要从学生的实际出发，尽量采用英语，并对母语进行恰当运用。这是因为大学英语教学中往往出现教师讲的英语学生听不懂的情况，这说明教师说的超越了学生的语言储备情况，导致学生毫无反应，这实际上大大降低了教师语言输入的有效性，同时占用了学生大量的实践时间，使得课堂效率更为低下，这时教师采用汉语进行解释，学生就必然明白什么意思了。

2. 由浅入深处理教材

对事物的认知总是从简单到复杂的过程。教材往往受自身语言本身体系的影响，具有较大的知识跳跃性，有些甚至缺乏过渡的环节，这就要求教师必须根据从简单到复杂的原则，考虑学生的接受能力，对教学内容、教学方法进行恰当的安排，这样才能缩小教材的跳跃度，使学生真正地掌握知识。当然，教师在对教材进行处理时，要以旧知识导入新的知识，通过讨论学生熟悉的话题，让学生对新的知识予以理解。

3. 准确讲解教学内容

新课程倡导体验、参与与合作等学习方式，这使得英语学习的过程成为学生情感态度、实践与思维的过程，有助于提升学生的自主学习能力。但是，很多教师在备课时往往侧重于教学重难点，忽视对这些语言点细节的讲解。如果仅仅是简单地重复，那么很难让学生将新旧知识组合起来，学生也不会发挥自己的想象力。因此，教师应该对教学内容进行准确的讲解，让学生开拓脑筋，通过比较、分析、综合等理解知识，提升自身的发散性思维。

（三）自然教学法设计的基本要求

在设计自然教学法时，应该遵循如下几点基本要求。

1. 理解在前，表达在后

在大学英语教学中，听、说、读、写既是内容也是手段。在这四项技能中，听读为理解，说写为表达。正确的表达必须基于正确的理解，因此在大学英语教学中，教师首先应该让学生理解信息，即为学生设计多元的输入活动，然后基于理解再为学生设计多元的输出活动，以刺激学生对信息进行表达。

2. 以掌握为中心

自然教学的每一个阶段都应以学生的掌握为中心。在初学阶段，要创设轻松愉快的学习氛围，使学生在"无意识"状态下习得语言。但是，在较后阶段，要适当强调"有意识"地学习词汇、语法、句型等语言知识，保证学生使用语言的规范性。需要指出的一点是：必要时，可以使用母语进行解释。

二、产出导向法

产出导向法这一创新型方法，是在英语专业技能课程改革过程中，由文秋芳教授提出的教学理论。经过多年的发展，产出导向法由"输出驱动假设"发展到"输出驱动—输入促成假设"最终发展到产出导向法这一体系。这整个过程凝结着国内、国外教育研究者的心血，其中包含着理论的不断创新发展以及对该理论的实践成果。对产出导向法这一方法，贡献最大的是文秋芳教授。产出导向法提出后，在英语教学方法的本土化过程中，很多教育专家对该方法不断进行丰富发展。

产出导向法主要基于"学习中心说""学用一体说""全人教育说"三个教学理念。这三个教学理念指导着教学假设和教学流程。教学假设主要包括"输出驱动假设""输入促成假设"以及"选择性学习假设"。这三个教学假设也为产出导向法的教学流程提供理论依据。产出导向法的教学流程共由驱动环节、促成环节、评价环节三个教学环节构成。教学流程也在实践中体现着产出导向法的教学理念和教学假设。

第三章　大学英语教学的常见方法

产出导向法是历经10多年的发展,由"输出驱动假设""输出驱动—输入促成假设"发展而来的,文秋芳教授提出了针对中国英语课堂,以教学理念、教学假设、教学流程为特色的教学方法。其他教育专家在进行英语写作、阅读、语音以及整个课堂教学实践的过程中不断丰富着该理论体系,以致更多学者对产出导向法有了更深刻、更清晰的了解,并且在清晰地了解产出导向法后,能够准确地应用在英语教学的各个领域,提高英语的教学效果。

(一)产出导向法的步骤

1. 目标拟定

实验题目:*Conflicts between parents and children*。选择这个题目是因为这个话题能够引起学生的共鸣,大一的新生跟父母之间,多多少少都会有一些矛盾产生,这个话题能够在英语的语言上,制造出一个非常好的条件。可以把上课变得更加生动有趣,我们可以拟定一个"课本剧",让学生通过表演的形式锻炼口语和听力,并且也能更加深入地了解单词本身的意思,这样既能够提升口语,又能够慢慢提升听力。为了这个目的,我们在常用词和重点句式的选择上,应更加谨慎认真。

2. 重点环节的规划

在第一个环节中,教师主要完成传统课堂的变更。我们利用视频来体现整个主题的场景,视频内容"成长中的烦恼",以此为交际场景,利用父母和子女之间的一些矛盾作为主题,这样能够激发学生们的兴趣。影片结束之后,各小组的学生进行话题讨论,计时十分钟。这一环节过后,学生能够了解到自己的语言"缺口",可以把这些表达不出来的话语,试着用自己的语言写出来,这样也是给教师的下一个环节提供了素材,促成下一环节的三个小环节。

(1)教学目标要分明,要熟练把握一些比较好的句式和短语。

(2)明确任务,学生必须要在15分钟左右完成一项课本剧,并且是以小组为单位来体现的,内容要在原来的基础上进行改进,可随意发挥,但是不能只体现主题内容,也要在语言点上有所突破。

(3)进行最后的语言推进。识别语言练习:在这一过程中,需要联系单元词汇。题型不要单一,选择和填空都要包含。选择题需要学生进行相同意思单词的转换,也就是说,在给出的几个词汇中,选择一个最为合适的单词来进行替换。填空题需要学生在原来的不完整的句子上加以填充,然后学生们准备接下来要表演的剧本,慢慢练习,最后由教师来进行最后的评定和指导。

(二)产出导向法的设计

1."驱动"环节

产出导向法认为,教师们可以让学生认知到自己语言上的不足之处,从而促进学生对学习的欲望和激励。例如,教师可以适当地设计一些挑战性比较大的话题,或者在场景设计中更加具有交际性,然后可以让学生去完成教师设计的活动。相对于其他院校,留学生最多的就是外语学校了,这样不但能给学生们创造良好的语言学习环境,也能让他们之间互相练习口语。其实学生有很多机会接触到外国人。比如,达沃斯论坛,这时候会有很多的学生去当志愿者,还有学校也会定期进行交流项目,很多大二或者大三的学生都会去美国或者英国进行学习。学习的时间大概一年左右。教师们根据 *Food and Drink*,创造出了下列几项任务。

(1)假如学校举行了一次家乡美食节,你的一位留学生伙伴对你的家乡菜很有兴趣,想要进行更多的了解。

(2)假如你的工作是一位接待人员,专门接待外国来宾。公司邀请外国来的客人吃中国特色饭菜,外国来宾对中国菜非常感兴趣,不断询问菜肴是如何做出来的。

(3)假如学校选中了你去国外做交流生。当中国春节到来时,你热情地邀请你的外国同学来中国,感受新年氛围,并邀请他来你家里吃饺子,你的外国同学对中国的饺子很是好奇,并向你询问饺子的做法。

教师设计的这些任务,表面上看起来很普通,其实它具有很大的交际价值,这样一来既能够让学生主动接受并学习一些新的知识,又能够在自己原来的基础上,发现漏洞并进行填补,并且还能让他们充分了解到中西方在文化上面的巨大差别。这样也让学生们肩负起了中国对外文化交流的使命,让学生能够在跨文化的前提下增强交际能力,改善中国在文化上的"失语症"。

2."促成"环节

"促成"环节包含了以下教学步骤:由教师将产出任务进行细致的描述、学生根据教师的描述来进行学习、教师根据学生的学习成果进行有效的检查和指导。

第三章　大学英语教学的常见方法

（1）教师针对产出任务进行有效的描写和讲述

能够成功完成任务的关键，在于三方面：首先是内容上，其次是语言形式上，最后就是话语结构上。所以，在这一环节中，教师的角色就相当于"中介"，由教师来提供一些需要用到的材料，让学生在这些材料的基础下进行加工和挑选，从而获得任务所需要的一些信息，使得教师给出的任务能够更好地完成。课堂结束后，教师将这些挑选出来比较适当的材料，传送到专属的 QQ 群中，材料包括：针对第一和第二项任务的材料，分别是英文版本的《中国菜的故事》和《我爱中国菜》，这些都是作为辅助材料来使用的，还有第三个任务的材料"中国羊年春节"，这个是必须要用到的一个简短视频。视频当中一个华人厨师用纯英文来向外国人讲述如何包饺子，这些输出材料，能够很好地为学生提供帮助，无论是在内容或者语言形式上，都有很大程度的帮助，这样既提高了学生学习新知识的进度，也能够促进学生的积极性。

（2）学生根据教师的描述来进行学习

学生将分成几个小组，每个小组根据自己选择的任务来下载相关联的材料，然后小组里的成员进行分工合作，通过对材料的利用来解决问题并完成教师交代的任务。教师的主要工作就是帮助学生解决在这一过程中遇到的一系列问题，也要了解学生的活动进展如何，最后就是在上课之前，对学生制作的幻灯片进行检查。

（3）教师对学生的产出任务进行检查

根据教学要求，任务的完成是需要教师在一旁指导，并循序渐进地进行，而不是"放养式"地盲目进行。以此为例，针对第一个任务，学生从《中国菜的故事》里面，得知了自己的家乡菜和一些有趣的故事典范，如东坡肉、佛跳墙等。但是，教师在通过检查学生幻灯片的制作过程中，看到很多学生的幻灯片内容枯燥，大部分都是文字，这样一来就很难吸引人，也很难使别人产生了解的兴趣。针对这一情况，教师建议学生可以适当增加一些有趣的图片来进行配合，并且将大量的文字去繁从简，只挑其中重要的点来展现。针对第二个任务，学生从《我爱中国菜》中，选择了一些中国特色比较浓郁的菜色，如，糖醋排骨和宫保鸡丁等，在这当中，要对和烹饪方式有关系的词汇进行重点学习，从而达到对菜谱的表述。针对第三个任务，在教师的指导和带领下，学生们将一些比较复杂的流程进行了划分，分为了六个子任务，这就将包饺子的难度降低了，让学生在面对材料时进行得更加得心应手。

3. "评价"环节

评价环节分为两种：一种是即时，另一种是延时。即时是指在这一过程中，教师们根据学生的完成度和学习能力给出相应的评价。延时指的是学生根据教师给出的任务目标来进行练习，之后教师会根据学生的练习结果给出合理的指导和改正。延时评价的要求和即时评价是不一样的，它需要教师和学生来一起参与，这样学生不仅需要对自己的成果进行展示，也要学习他人的成果。这一单元的前两个任务由两个小组进行，剩下的由三个小组共同完成。由于课堂的时间是不充足的，因此小组任务是由抽签来决定的。在之前的环节中，教师已经针对学生的展示内容，对学生进行针对性的指导和评价，除此之外，教师也让听众对学生们展开评价，从而调动现场的气氛，让听众也更加有积极性。

第四章 大学英语听说教学的方法与实践

英语听、说、读、写、译是英语五项基本技能,每种技能的教学都是大学英语教学的重要组成部分,学生只有熟练掌握这些基本技能才能真正提高英语综合运用水平。为此,本章就针对大学英语听说教学的方法与实践展开研究。

第一节 大学英语听说教学简述

一、大学英语听力教学

听力不仅是重要的语言输入技能,也是交际的重要方式,更是英语教学中不可或缺的一部分。提高学生的听力能力是大学英语听力教学的重要目标,但其最终目标是培养学生的跨文化交际能力,即运用听力能力进行交际活动。

(一)什么是"听"

在学者罗宾(Rubin,1995)看来,"听是一个包含主观能动性的过程,它涉及听者信号的主动选择,然后对信息进行编码加工,从而确定正在发生的事情以及发话人想要表达的意图"[①]。

理查兹和施密特(Richards & Schmidt,2002)对"听力理解"进行了专门的探讨,他们认为,"听力理解涉及的对象是第一语言和第二语言,所要做的事情就是弄懂这两种语言。但是,对这两种语言的理解是有本质区别的。其中,对第二语言的听力理解比较关注语言的结构层面、语境、

---

① Rubin, J. An Overview to "A Guide for the Teaching of Second Language Listening" [A]. *A Guide for the Teaching of Second Language Listening*[C]. D. Mendelsohn & J. Rubin. San Diego, CA: Dominie Press, 1995: 7.

话题本身以及听者本身的预期"①。

著名学者林奇和门德尔松(Lynch & Mendelssohn)特别指出了"听"和"说"的内在联系,他们认为要想成功地"听",还必须在"说"上下功夫,但是"听"也受到其他声音信息和画面信息的影响,这就要求听者在已有经验的基础上根据语境来对话语进行准确的把握。另外,"听"不是单一的,是连续不断的一种处理过程,包含以下部分。

(1)如何将语音进行划分。
(2)如何对语调形成一种认识。
(3)如何对句法进行详细的解读。
(4)如何把握语境。

大多数时候,上述过程是在人们的无意识中悄悄进行的。

此外,两位学者还就"听"和"读"的联系与区别进行了阐释,并认为与"读"相比,"听"的作用更加显著,具体包含以下几点。

(1)让人感受到一种韵律的美。
(2)让人产生一种对追逐速度的急切心理。
(3)对信息的加工和反馈都在最短的时间内完成。
(4)耗时较短,通常不会重复进行。

"听"与"读"都是一种对信息的输入,但是在大学英语听力教学中教师绝对不能将"听"看作阅读的声音版,而应该认真研究"听"的本质属性,并据此去组织教学,从而帮助学生获得一定的听力技能。

(二)什么是"听力理解"

从信息论的角度来讲,听力理解是对信息进行认知加工的过程。"听力理解"呈现出以下几种特征。

1. 时效性

时效性是指听力理解要求听者在一定的时间内高效地对声音信息进行加工。要做到这一点,听者需要认识到时间的紧迫性并且能够快速地判断。声音信息输入的流线型特点也同样要求听力理解具有时效性。听力理解是否具备时效性,往往成为衡量一个人听力能力的关键指标之一。

在大学英语听力教学中,教师可以将听力理解的时效性特点向学生进行详细的解释,这样可以督促学生做出更好的听力计划,促使学生监控

---

① Richards, J. C. & R. Schmidt. *Longman Dictionary of Language Teaching and Applied Linguistics*[M]. London, UK: Longman, 2002: 313.

第四章　大学英语听说教学的方法与实践

和评估自己的听力能力。如果要想保证理解效度的最大化,听者就需要解决自身的听力时效性,如果不能解决这一问题,那么听者就很难理解发话人接下来的话语。

2. 过滤性

过滤性是指听者在听力理解的过程中能够准确地筛选出有用的信息,而剔除那些无用的甚至是干扰的信息。简单来讲,过滤性就是"抓关键信息"。

显然,听者不需要原原本本地将听力内容在头脑中放映一遍,但是必须能够把握住听力内容的中心思想。因为听力理解的内容是一连串连续性的语言符号,人们必须从整体上把握内容,而不是孤立地关注某一个音素。想要把握听力内容的中心思想,不偏离听力内容的大方向,就必须先获取发话人的"主题",然后围绕这一主题探索事件的时间、地点、过程以及发话人的思想情感等边缘要素,主题和边缘要素存在着一种内在的连贯性。

3. 即时性

即时性是指听力理解无法提前安排和计划,都是随时进行、随时结束的。这就使得我们不可能提前对听力理解进行演练,从而导致了听力理解的不可预知性,这正是它的难点所在。因此,在听力教学中,教师应该尽可能地培养学生对听力材料的适应能力,能够对各种情况做到随机应变。

4. 推测性

推测性是指听力理解是通过推理进行的。其实说到底,只要是含有理解的行为,就少不了推理的存在。说得具体一点,推理就是依靠自己的主观能动性不断验证先前的假设的认知过程。

在一次完整的推理中,有两个环节是必不可少的:首先是预测将要发生的事情,其次是对结果进行推断。当然,这两个环节有其存在的前提,也就是我们不能做无缘无故的预测,那是妄想,而是要根据已有的知识经验来推测未知的事物。并且,已有的知识经验和未知的事物之间是有着内在关联的,听者就是需要通过这些显性或者隐性的关联来寻找发话人的信息,从而推测相互发话人的意图。

5. 情境性

情境性是指听力理解发生在特定的时间、场合之下,时间、场合就构成了听力理解的情境。随着时间和场合中任何一方面的改变,情境就会改变,这就引起了不同听力情境的发生。

听者之所以要关注听力理解的情境,是因为这些情境中包含着很多重要细节,它们决定了听者对话语意义的理解,也为即将产生的话语提供理解的线索。在日常的听力教学中,教师要提醒学生注意情境,有意识地提高学生对情境的敏感度,从而促使学生对话语有更准确的理解。另外,教师应该尽量为学生创设真实的情境,因为语言的运用就是在真实的情境下发生的。

6. 共振性

"共振性"这一概念应该是从物理学中移植过来的,表示一种瞬间感应性。听力理解具有共振性,是指听力理解是在对应原则的基础上发生的,有着自己独特的经验和惯性。

具体来讲,在听力理解中,一些新信息不断地刺激大脑,从而激活大脑中的已有知识,新知识和已有知识之间的交流就是共振。那也就意味着你拥有的知识总量和你的感知能力的高低是成正比的,和你的共振效率也是呈正相关的。听力理解的共振性和信息加工理论中的"编码—解码"程序具有很大的关系。

(三)听力策略与具体技巧

1. 听力认知策略

根据认知理论,听力理解是一个需要听者积极构建意义的过程,也是一个复杂的认知过程。在学习中运用认知策略对学生建构意义、提高获取信息的能力大有裨益。将基于认知策略的听力教学模式(图4-1)运用于大学英语听力教学实践,对提高学生的听力水平和教学效率十分有利。

基于认知策略理论的英语听力学习模式的实施步骤具体如下。

(1)听前阶段

在听前阶段,教师的主要任务是让学生对听力材料的背景有所了解,教会学生使用目标语资源和推测策略,通过各种途径,如查阅词典、百科全书等扫除词汇障碍,同时激活学生已有的知识储备,为即将进行的听力活动做好准备。

(2)听中阶段

在听中阶段,教师要培养学生的联想、推测、演绎、速记等策略来帮助学生完成听力活动。以《新视野大学英语视听说教程》第三版 Book 1, Unit 7 *Weird, wild and wonderful* 为例,本单元涉及的话题是自然与环境

第四章　大学英语听说教学的方法与实践

问题。在听力教学中,教师首先要充分激活学生头脑中储存的有关环境问题的图式,如水源污染、大气污染、森林破坏等,让学生合理推断文章内容。在第一遍听录音过程中,教师要求学生概括文章大意,这要求学生在语音听辨的过程中,结合自己的储备知识,运用联想策略,归纳篇章大意。在第一遍听录音过程中,学生需要把握细节信息,完成表格中的空缺信息,教师要训练学生集中注意力、抓住重要信息、进行速记的能力。在听力活动结束后,如果信息有遗漏,教师可以引导学生运用推测、联想等策略,进行合理的推测,以增强学生对听力材料的理解和掌握。

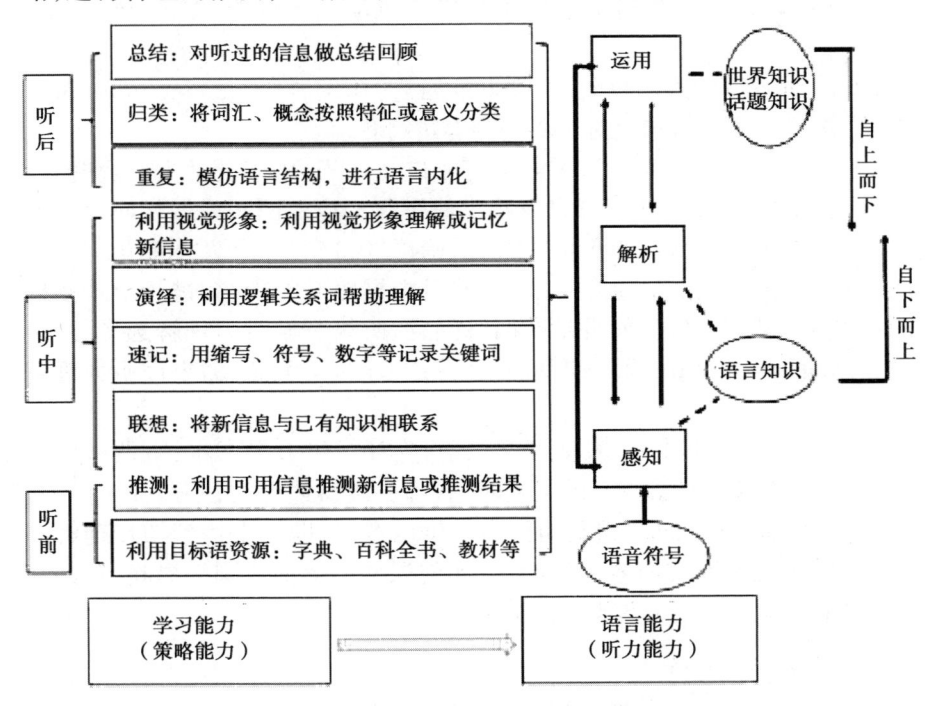

图 4-1　听力理解过程中认知策略模型

(资料来源:杨照,2019)

(3)听后阶段

在听后阶段,教师要训练学生通过归纳、总结等策略对听力材料内容做进一步的加工处理,实现语言的内化。此外,教师应指导学生对听过的材料进行重复听力练习,让学生模仿训练,从而起到巩固语言基础的作用。

2. 听力训练的方法

（1）听—画：学生边听英语，边画出相应的图画。

（2）听—视：学生边看黑板上的图画，边听老师讲。有条件的地方可利用投影仪、幻灯片或录像机进行视听训练。

（3）听—答：教师对听的内容进行提问，要求学生口头回答。

（4）听—做：教师根据所听的内容发出指令，要求学生做出相应的行动或表情，如 Show me how David felt when he met Jane at the airport. 教师使用课堂用语时向学生发出的指令也应属于此类，如 Come to the front。

（5）听—猜：学生在听前根据老师的"导听问题"（guiding questions）提示，并结合已学的知识对所听的内容进行预测。

（6）句子段落理解：教师放录音或口述句子、段落。学生一边听，一边看教师示范表演：各句意思以指出或举起相应的图画或做相应的动作来表示；教师用手势画出单词重音、语调符号和节奏，让学生模仿。

（7）短文理解：学生先听录音，然后根据短文的内容，进行形式多样的练习帮助听力理解，如听录音回答问题、听录音做听力理解选择题、听录音判断正误、听做书面完形填充练习、复述短文大意、做书面听力理解练习题等。

（8）课文听力训练：教新课文之前，先让学生合上书本，听两遍课文录音，或听教师朗读课文；讲课文时，教师一边口述课文，一边提出生词，利用图片、简笔画、幻灯或做动作向学生示意，帮助学生达到初步理解的目的；学生根据课文内容进行问答，如就课文中生词或词组提问、就课文逐句提问、就课文几句话或一段话提问等。

3. 听力训练的要求

（1）熟练掌握英语课堂用语，尽可能用英语组织教学。

（2）充分利用音像手段（如录音机）和软件资料进行大量的听力训练。

（3）遵循循序渐进的原则，听力训练时听音材料难度应该由浅入深，生词量小，语速由慢到快，长度由短到长。

（4）尽量将听与说、读、写等活动结合起来进行训练。

（5）结合语音、语调的训练，特别是朗读技巧（单词重音、句子重音、连读、辅音连缀、停顿和语调）来训练听力。

（6）听前让学生明确目的和任务。

（7）把培养听力技巧（辨音、抓关键词、听大意、听音做笔记等）作为教学的主要目标。

第四章　大学英语听说教学的方法与实践

（8）布置适量课外听力训练。

（四）大学英语听力教学的问题分析

1. 听力教学内容不丰富

目前，听力教学主要的依据还是教材，教材的内容相当有限，而且有的教材并不十分先进，这就使得听力教学的质量大打折扣。何况现在是一个互联网时代，知识更新速度快，信息传播无边界，学生希望从这个包容的世界里获得更多信息。仅靠教材上的内容，显然难以抓住学生的注意力。

2. 听力教学评价体系有失公平

学校对学生评价的依据主要是学生的平时成绩和期末考试成绩，其中期末考试成绩占据的比例还是要大一些，平时成绩相当于一种装饰。其实这种做法有待改进，只有将平时成绩的比重提上来，学生的活力和热情才能更好地被激发出来。

3. 听力教学目标和模式单一

在应试教育居高不下的情况下，一切课程的学习似乎都是为了在考试中有好的表现。听力课被安排的课时本来就很有限，在这样的教学目标的指引下，听力教学沦落为题海战术，让学生感觉乏味。

4. 听力教学方式有缺陷

由于高校里英语教师的配置有限，因此像英语这种课程基本还是沿袭大班授课制。这就无法实施个性化教学了。

二、大学英语口语教学

口语作为一种日常交流与沟通的重要工具，在英语教学领域是非常重要的。口语这一技能并不单纯具体，其与其他技能往往具有交叉、重叠的关系。在英语教学过程中，口语教学很难与其他技能区分开来展开。简言之，英语教师在进行口语教学的过程中，往往也会涉及其他教学技能的掌握。

（一）口语是综合性的语言素养

对于学习英语口语的学生而言，他们想要使用英语进行口语表达，首先就需要掌握一些英语的基础知识,如英语的节奏感、语音、语调、元音、辅音等,同时还需要掌握一些会话的技巧,如在交际过程中如何有礼貌地打断他人、如何有礼貌地回复他人等。可见,英语口语能力的提升并不是一件容易的事情,学生除了要掌握发音,还要掌握这门语言的功能。个体想要掌握一门语言,不仅要学会发音,还需要把握这门语言的其他方面的知识内容,如这门语言背后的社会习俗、文化背景、交际方式、社会礼仪等。可见,语言交际看似简单,其实相对复杂,是上述所有内容的一种综合体现。

(二)口语能力分析

人们对口语能力这一概念的理解往往不同,不同的理解通常会带来不同的教学效果。英语作为一门语言,是随着社会的发展而发展的,其学习理念同样也会逐渐变化。在以前,人们认为英语教学的理念就是发展学生的语言能力,让学生掌握基本的语音、词汇、语法、句法,学生只有对这些知识有了充分的掌握,才会自觉学会运用,流利地使用这门语言进行沟通与交流。然而,现实情况往往与人们想当然的局面大相径庭,而这种理念引导下的教学结果的弊端也越来越大。

20世纪七八十年代,西方国家涌现出大量的移民,在美国、新西兰、加拿大等国家都是如此,在这一现状的影响下,语言学领域的研究者以及作为一线工作者的教师对语言学习的传统模式有了很大的意见,他们的理念开始发生转变。这些人认为,学生只掌握语言的语音、词汇、语法等知识并不能真正地学会英语,更不意味着可以流利地开口讲英语,甚至不能利用自己所学的这门语言在社会上谋生。

随后,学者以及教师开始将英语语言能力看作交际能力的一个组成部分。有的学者认为,交际能力是语言学习者与他人利用语言这门工具所进行的信息互动,进而生成一种有意义的能力,这种能力区别于做语法、词汇知识选择题的能力。然而,学习者如果想要获取更加高级的交际能力,就必须对所使用语言的社会环境、文化环境有一定的了解。

社会语言能力往往指的是使用语言的人在不同的场合与环境中运用语言的能力,这一能力涉及的层面如下所示。

(1)语域,即正式语言或非正式语言的使用。
(2)用词是否恰当。
(3)语体变换与礼貌策略等。

例如,场合不同,个体就应该使用不同的用语,从而确保自己的话语

第四章 大学英语听说教学的方法与实践

合乎语法规则以及所在环境,表述过程中发音要清晰,如 walking 在一些正式场合就需要发音完整,而不能发成 walkin;另外,在表述时用词也要相对正式,应该用 father 这一单词的时候就不可使用 dad 来替代,应该用 child 的时候就尽量不要使用 kid。再如:

A:I don't know.(Grammatical, formal)

B:I dunno.(Ungrammatical, more casual)

A:Hello, what are you doing?(Grammatical, formal)

B:Hey, what're yuh doin'?(Ungrammatical, more casual)

语体变换指的是交际者根据不同的交际场合来变换语体,使用不同的语言形式。例如,教师分发试卷的时候会请学生来帮助,此时教师使用不同的句型可以体现不同的礼貌程度,不过核心内容还是要表达出来的,即 hand out the papers。

A:Hand out the papers.

B:Please hand out the papers.

C:Would you please hand out the papers?

D:I'd appreciate it if you would please hand out the papers.

在上述四个句子中,句子 A 中 hand out 这一谓语动词与直接宾语 the paper 组成了祈使句结构,体现的语气比较生硬,传达了一种命令的信息。句子 B 中相较于 A 更加友好一点,加入了 please 这一礼貌词。句子 C 则使用的是疑问句式,将表示礼貌的标记词嵌入了进去。句子 D 使用的是条件句,使用了 if 这一单词。通过分析可以看出,这四个句子的语气从生硬逐渐变到客气,不断弱化。

策略能力指的是交际者在表述过程中巧妙利用一些语言策略来弥补自己语言表述能力方面的不足。例如,当你用英语表达时,如果遇到不知道使用什么词来表达的情况下,会使用什么样的方法来传达自己的意思呢?例如,你在宾馆给前台服务员打电话,想告诉她你需要使用吹风机来吹干头发,但是你不知道"吹风机"这一单词,那么你可能会使用以下表述来传达自己的意思。

例 1:

It is, uh, the thing that make the hair hot. You know, when you clean the hair and then after— that thing that make the hair hot when the hair has water. It's, um, it use electric to make the hair hot. Is not in the room and I want to use it.

例 2:

So, uh, now, my hair is wet. And I must go to the party. So now, I need that machine, that little machine. What is the name? How do you call it in English?

例3：

We say in Spanish secadora-the dryer, but is for the hair. The dryer of the hair. Do you have a dryer of the hair? I need one please.

例4：

（Imagine that this guest is at the hotel's front desk talking directly to the clerk.）

Yes, uhm, please, I need, you know the thing, I do this（gestures brushing her hair and blow-drying it）after I am washing my hair. Do you have this thing?

分析上述四个例子可以发现，传达"吹风机"这一含义的方式是各不相同的，但最终都达到了自己的交际目的。可见，虽然说话者有时候自身的词汇量可能不足，不知道有些话语如何来表达，但这并不会严重影响交际双方的交往，他们可以采用别的方式来传达自己的信息，同样可以实现自己的交际目的。换言之，交际双方如果可以恰当使用一些交际策略，就可以顺利实现交际，实现自己的想法。

语篇能力是指讲话者所言的句子的连接关系，内容包括衔接与连贯两个层面。衔接是指"一句话中各成分之间的语法和/或词汇之间的关系"，它包含指代、运用同义词等多种手段。例如：

Tina：Hey, Cheng, how's it going?

Cheng：Wow, I just had a test and it was really hard!

Tina：Oh, what was the test about?

Cheng：Algebra! All those formulas are so confusing!

Tina：Yeah, I don't like that stuff either.

在上述对话中，句子虽然简短，不过依然有一些表示衔接的例子。其中，Cheng 的第一次回答中，it 指代的是他刚刚完成的 test；在 Cheng 的第二次回答中，algebra（代数）和 formulas（数学公式）也隐含他刚完成的 test。这些手段的使用保障了二人之间的交谈可以顺利衔接和完成。

所谓连贯，即一则语篇中语段、句子、话语意义之间所具有的复杂意义关系。通常而言，如果一段话中所有的句子都是围绕主题来展开的，那么这段话的连贯性就较高。连贯的话语有助于听者有效把握发话人的话语内容，在日常交际过程中，即便是使用母语，人们也难免会遇到这种状况：有的讲话人滔滔不绝地讲了很多，然而听者却难以把握他的主题意思。这并不是因为我们自身的听力有问题，而是因为讲话人所讲的话语缺乏连贯性与逻辑性。

连贯性不仅体现在整段话语的每个单词中,而且连贯性的强弱还与听者自身所具有的文化背景知识有着极大的关系。有的话语从字面上看虽然体现不出连贯性,然而表述的隐含意义却是连贯的。例如:

Lisa:Could you give me a lift home?

Sarah:Sorry, I'm visiting my sister.

Lisa 的提问与 Sarah 的回答之间没有任何语法与词汇的联系,但由于 Lisa 和 Sarah 都知道 Sarah 姐姐的住处与 Lisa 家方向相反,因而对话具有连贯性。

以上梳理的便是口语能力的主要要素。社会语言能力要求人们可以根据不同的场合、对象,将自己的意思准确、清楚、得体、流利地传达出来,充分维护自身的人际关系。策略能力可以帮助人们将一些难以表达出来的内容利用其他方式传达出来,如肢体动作等,从而顺利实现交际。语篇能力则要求人们可以清楚、有效地传达自己的信息,从而帮助听者顺利理解其中的意义。

(三)口语策略与具体技巧

1. 利用课外活动练习口语

英语课程的课堂时间十分有限,学生仅仅依靠课堂上的学习时间往往很难满足自身学习任务的要求,所以教师应该引导学生自动利用身边一切可以利用的时间和环境来练习口语。在课外,学生学习的知识可以作为课堂教学内容的补充,如果教师能够利用丰富的第二课堂,即课外活动,那么学生自身的口语能力提升的速度也是显而易见的。例如,教师可以组织学生进行英语演讲、英语作文比赛、英语短剧表演等,让学生将自己的表演录成视频,在多媒体教室播放,学生通过观看视频来提出自己的建议与评价,这可以在短时间内提升学生的英语口语能力。此外,有条件的学校还可以邀请一些外籍教师为学生进行课外讲座,或者创办英语学习期刊、设立英语广播站等,让学生在丰富自己课余生活的同时能体会到英语口语的乐趣,从而更加热爱英语口语学习。

2. 利用美剧学习口语

在大学校园中,美剧十分流行,深受学生的喜爱。实际上,美剧并不仅是一种消遣方式,还是帮助学生认识西方文化、提高口语表达能力和交际能力的重要途径。对此,教师可以通过美剧来开展口语教学,以改善口语教学环境,激发学生的学习兴趣,锻炼学生的口语表达能力。

（1）选择合适的美剧

美剧通常语言地道、故事情节生动富有吸引力，是一种有利于激发学生兴趣的学习资料。美剧类型丰富、题材各异，不同类型的美剧对学生的口语能力所发挥的作用也不相同，因此在运用美剧开展口语教学时，教师要对美剧进行筛选，选择有利于发展学生口语水平的美剧。此外，教师还要提醒学生不要只沉浸在对美剧的欣赏中而忽视对美剧中语言知识和文化背景的学习，鼓励学生带着学习动机来观赏美剧。

（2）开展层次性的反复训练

在运用美剧进行口语教学时，教师应遵循循序渐进原则，开展反复性地练习，逐步提升学生的口语能力。例如，在首次观看的时候，教师要引导学生将精力放在剧情上；在第二次观看时，教师可以引导学生对剧中的表达和语法等进行推敲；第三次观看时，教师可引导学生重点对人物说话的语气以及台词所隐含的内容进行挖掘和分析。分层逐步开展，可以有效加深理解和记忆，对提高学生的口语能力十分有利。

（3）关闭字幕自主理解

在看美剧时，很多学生习惯看字幕，脱离字幕将无法正常观看影片，实际上这样观看美剧对提高口语表达能力并不利。在观看美剧时，学生应对台词形成自己的理解，在不偏离剧情中心思想的情况下抛开字幕自主理解，可以有效锻炼英语交际思维。

（4）勇于开口模仿

学生要想通过美剧切实提高口语交际能力，就要在听懂台词、了解剧情的基础上开口说，即对剧中人物的台词进行模仿。只有不断地开口练习，才能培养英语语感，增加知识储备，进而提高口语交际能力。总体而言，采用美剧来辅助英语口语教学能力能有效提升学生的听说能力，还能提升学生的写作能力，进而培养学生的跨文化交际能力。

（四）大学英语口语教学的问题分析

1. 口语教学时间有限

在英语教学的过程中，英语教师将课堂上的大部分时间都用在了讲解单词、句法、课文上，给予学生练习口语的时间是极其有限的。口语学习并不是一蹴而就的，是一个长期训练的结果，口语能力的提高也是一个循序渐进的过程。由于一些教师与学生并不能认识到口语的重要性，导致英语口语教学并不能真正独立出来，仅能作为整体英语教学的一部分而存在。整体英语教学的时间也是有限的，所以能够分配给口语教学的

第四章 大学英语听说教学的方法与实践

时间更少,口语教学的效果自然不能称心如意了。

2. 对口语能力重视不够

随着时代的发展,越来越多的教师与学生都已经了解到英语口语的重要性了。话虽如此,但在实际的教学过程中,教师以及学生对英语口语的教学依然存在不够重视的情况。很多教师认为,学生学习英语只要能读、会写就可以,口语能力的提高相对比较困难,所以很多教师并不能认真对待,这些错误观念导致学生对英语口语的练习也不能给予足够重视,即便到毕业之后,很多学生的英语口语依然很拙劣。

3. 学生压力大、不愿开口

对于大多数高校的学生而言,由于英语基础、水平差异较大,另外还受到一些心理因素、生理因素、文化因素、家庭因素、情感因素等的影响,很多学生并不愿意在口语课堂上开口讲英语,怕被教师、同学笑话是这一现象的主要原因。

第二节 大学英语听说教学的原则

一、大学英语听力教学的原则

(一)激发兴趣原则

听力能力的提高需要一个过程,不能一蹴而就,而是需要不断地练习和努力,很多学生由于自己听力能力不佳,加上进步缓慢,因此对听力学习缺乏兴趣。可见,兴趣对于英语听力学习至关重要。对此,教师在开展大学英语听力教学时要有意识地激发学生的兴趣,也就是遵循激发兴趣原则。具体而言,教师在进行听力教学之前,首先要充分了解学生的兴趣所在,即了解学生对哪些听力活动和听力内容感兴趣,然后以此为依据来调整教学内容和教学方法,以激发学生的听力兴趣,调动学生的积极性,进而提高学生的听力水平。

(二)情境性原则

听力是交际的重要方式,学生只有在自然、真实的环境中,才能与环境产生相应的互动,获得真实的语言体验。很多教师往往都有这样的感受,即教师竭尽全力鼓励学生参与课堂活动,但学生依然对听力学习缺乏积极性,课堂教学沉闷。实际上,良好的课堂氛围需要师生共同营造,教师应该与学生积极沟通,充分发挥自己的主导作用和学生的主体作用,应在活跃、自然、民主的课堂环境下,创建英语语言情境,进而培养学生的听力能力。

（三）综合原则

英语包含四项基本技能,即听、说、读、写,这几项技能之间并不是相互独立的,而是密切联系、相互促进的。所以,教师要想切实提高听力水平,就要重视听力与其他技能之间的关系,将输入技能训练和输出技能训练相结合,培养学生的综合英语能力。

（四）注重情感原则

在教学中,教师除了要注重学生学习本身外,还要重视学生的情感体验。具体而言,教师要为学生创造一个轻松、愉快的课堂环境。例如,教师在听的过程中可以穿插一些幽默小故事、笑话、英文小诗、英文卡通或英文歌曲等,也可以根据实际情况改变听的形式或更换听的内容等,努力消除学生因焦虑、害怕等产生的心理障碍,创造和谐的学习氛围,使学生获得良好的学习体验,进而提升学生的听力水平。

（五）强化文化背景知识原则

语言与文化密切相关,很多英语词汇、短语、句子等都蕴含着丰富的文化信息,如果不了解语言背后的文化信息,将很难理解其内在含义,更无法有效进行交流。可以说,很多听力材料背后都蕴含一定的文化知识,学生如果没有掌握必要的文化背景知识,即使听懂了个别甚至全部语句,也不一定能完全理解材料所隐含的深层文化含义,进而影响对材料的准确理解。因此,在大学英语听力教学中,教师必须重视强化学生的英美文化背景知识,提高学生对文化知识的敏感度。教师可以通过组织一些活动,如播放优秀的英美影片、引导学生阅读一些文学名著、组织具有鲜明特色的文化交流活动等来培养学生的文化素养,进而提高学生的写作能力。

第四章　大学英语听说教学的方法与实践

二、大学英语口语教学的原则

在英语口语教学中,教师应遵循科学的教学原则,以有效提高学生的口语水平,提升教学的效率。具体而言,可遵循以下几项原则。

（一）先听后说原则

在英语语言技能中,听和说是相辅相成的关系,听是说的基础,俗话说"耳熟能详",只有认真听、反复听、坚持听,才能最终说一口流利的英语。因此,英语口语教学应当坚持先听后说原则,即教师首先应注意加强学生听的能力,其次才是说的能力。只有坚持先听后说原则,才能帮助学生掌握正确的发音,为训练口语能力打下良好基础。

（二）循序渐进原则

口语能力的提升需要一个很长的过程,不可能一蹴而就,因此在英语口语教学中,教师应遵循循序渐进原则,即由易到难、由理论到实践,层层深入,逐步提升学生的口语能力。我国的大学生来自全国各地,不仅英语水平参差不齐,发音也会受方言的影响,因此教师在口语教学的过程中首先应该解决学生发音层面上的问题与困难,纠正他们的错误发音,让学生根据从简单到复杂的程序,从语音、语调、句子、语段等逐步进行锻炼。另外,教师在安排与设计教学步骤时也要遵循科学原则,充分把握难易程度。如果教学目标定得太高,学生学习起来会有压力,如果目标定得太低,学生学习起来会缺乏挑战性和乐趣,因此教学目标设计要适度,符合学生的实际水平。

（三）内外兼顾原则

所谓内外兼顾原则,是指考虑问题时要顾及内、外两个方面。在这一原则的指导下,教师在英语口语教学的过程中不仅要重视课堂教学,而且还需要引导学生合理利用课外活动来练习口语。事实上,学生的口语学习应该以课堂教学为主,并且将课外活动中的口语学习作为课堂学习的一种补充,二者相互促进、相互配合。在课堂教学练习的基础上,学生开展相应的课外活动,可以将课堂上所学习的知识在课外活动中进行充分实践,从而达到复习、巩固知识的目的。此外,学生在课外活动中还可以运用课堂上所学习的理论知识,将知识内容转化为技能。与课堂活动相比较而言,课外活动的氛围比较轻松,学生的心情也会十分愉悦,在这种放松的心情下来练习口语将会取得令人意想不到的效果。在课程结束之后,教师为学生安排作业与练习之前,可以将学生分组,让学生以小组为单位来完成作业,通过相互讨论小组任务,可以帮助学生提升自身的口语能力,也可适度加强学生的团结协作能力。

第三节 大学英语听说教学的方法

一、大学英语听力教学的方法

在大学英语听力教学中,教师应不断更新教学理念,创新教学方法,以提高教学质量和效率。具体而言,教师可以采用以下几种方法来开展大学英语听力教学。

（一）技能教学法

听力的有效进行是需要一定的技巧的,因此在大学英语听力教学中,教师应向学生介绍几种常用的听力技巧。

1. 听前预测

在进行听力之前,进行一定的预测是很有必要的。在教学中,教师可以指导学生在正式听听力材料之前,先浏览一下听力问题,据此预测听力测试的范围,如地点、时间、人名等,这样可使听力更具针对性。

2. 抓听要点

在听的过程中,要学会抓听要点,也就是抓听交际双方言语活动中的主要内容、主要问题、主题句和关键字等,对于一些无关紧要的内容则可以不用重点去听。

3. 猜测词义

听力过程中不可能听明白每一个词,而且有时难免会遇到陌生的单词,此时如果停下来思考这个词的意思,就会影响整个听力材料的理解。这时可以继续听,通过上下文来猜测词义,这样既不会中断思路,也能流畅地理解听力材料内容。

4. 边听边记

听力具有速度快和不可逆转性的特点,听者在有限的时间内不可能听懂和记住所有的内容,此时就需要借助笔记来辅助听力活动,也就是边听边记录。听力笔记不需要十分工整,主要是听者自己能看明白就行。

(二)文化导入法

1. 通过词汇导入

词汇是语言的基本要素,并蕴含着深厚的文化内涵,所以要了解西方文化,首先要从词汇开始。在大学英语听力教学中通过词汇向学生导入文化知识,不仅可以提高学生的文化意识和素养,还能丰富学生的词汇量,为听力能力的提高奠定基础。例如,"狗"这一动物在中国文化中多具有贬义色彩,从"狗腿子""狗拿耗子"等表达中就能看出,而在西方文化中,dog 深受人们的喜爱,被人们当作好朋友。在听力教学中,有意识地扩大学生的词汇量,丰富学生的词汇文化知识,将对学生听力能力的提升大有裨益。

2. 通过习俗导入

交际中必然会涉及习俗文化,如打招呼、称呼、感谢等,了解这些习俗文化对听力能力的提高具有重要意义。在具体的听力教学中,教师可以设计情境对话,或者安排学生进行角色扮演,让学生置身于英语环境中感受英汉习俗文化的差异,听取地道的英语表达,锻炼英语听力能力。

3. 通过网络多媒体导入

现代信息技术的发展促使网络开始普及,而且在各个领域发挥了巨大作用。在信息化时代,教师可以充分利用多网络技术向学生输入文化知识。具体而言,教师可以通过媒体设备向学生展示文化知识,引导学生进行广泛的听力活动。此外,教师可以鼓励学生通过网络寻找听力资料进行练习,这样可以培养学生的自主学习能力,锻炼学生的听力能力。

二、大学英语口语教学的方法

(一)创境教学法

口语学习的目的是进行实际交际,所以学生只有在真实的情境中开口说英语,才能使自己的口语能力得到锻炼。对此,教师可以采用情境教学法开展口语教学,即创设真实的情境,让学生在真实的环境下学习口语。具体而言,教师可以通过角色表演和配音两种活动来创设情境,锻炼学生的口语能力。

1. 角色表演

教师可以根据教学内容让学生进行角色扮演,将主动权交给学生,让学生自主分工、自行排练,然后进行表演。这种方式深受学生喜爱,不仅能缓解机械、沉闷的教学环境,还能激发学生说的兴趣,让学生在真实的社会场景中进行社交活动,锻炼口语能力。当学生表演结束后,教师不要急于评价学生,应先给学生一些建议,然后再进行点评和总结。

2. 配音

配音是一种有效锻炼学生口语能力的方式,教师可以充分利用配音活动来提高学生的口语水平。具体而言,教师可以选取一部英文电影的片段,先让学生听一遍原声对白,同时向学生讲解其中的一些难点,然后让学生再听两遍并记住台词,最后将电影调至无声,让学生进行配音。这种方式可有效激发学生开口说的积极性,而且能让学生欣赏影片的同时锻炼口语能力。

(二)移动技术教学法

随着科技的发展,移动通信技术开始蔓延至人们生活的各个方面,并且为人们提供了生动的、不受时空限制的交流方式。移动信息技术在教学领域也发挥着重要的作用,很多学者开始将其与口语教学相结合来提高口语教学的效率。移动通信技术为学生的口语练习提供了全方位的支持,扩大了学生接触地道英语的途径,而且实现了课内与课外的连接。

1. 课前自学

在课前,教师会将课本中的内容要点制作成长度适中的视频短片,然后通过不同的方式传递给学生让学生学习。学生通过移动设备获得视频之后,可以根据自己的情况选择恰当的时间和空间进行自主学习。

2. 教师讲解

在学生进行课前自主学习的基础上,教师在课堂上重点就一些词汇、句式和语法项目进行讲解。讲解的过程不似传统课堂那样枯燥,而是结合视频资料,解决学生学习中的主要问题,同时为学生示范,引导学生不断练习。在此过程中,学生又可以进行大量的口语练习活动,口语水平会得到提升,而且能够加深他们对学习材料的认知程度。

3. 课堂互动

口语能力的提升需要学生互动和交流,因此在教师讲解之后应安排课堂互动活动。互动的形式要灵活多样,可以是师生互动,也可以是生生互动。这样可以创造轻松、愉悦的学习氛围,为学生提供锻炼口语的机会,使学生敢于开口用英语进行交流。

4. 课后的移动式合作学习

课堂教学时间是有限的,课堂教学只能引导学生对新知识进行初级的认知与练习。要想在真实情境中对语言进行更深层次的运用,则必须依靠课后的时间。教师可以以本单元的主要内容与知识点为依据,为学生安排开放式的真实任务,以此来引导学生通过合作方式进行口语交际,使他们在探索语言运用方式的过程中扩展新知,并在发现问题、分析问题、解决问题的过程中培养创新思维。

第四节　大学英语听说教学的实践

一、大学英语听力教学的实践

教学任务:

本案例的教学任务是要让学生听有关英国历史、地理、文化、运动、旅游等情况的材料,了解相关信息。

教学目标:

本案例的教学旨在通过"视听说结合"的教学方法,结合当前的社会热点话题——2012年伦敦举办奥运会,拓展学生的多元文化视野,使学生对听力材料产生兴趣,从而对听力学习产生兴趣,最终提高听的能力。

参与形式:

本案例采取两人小组成对练习的方式组织和开展教学活动,结合视、听、说、写等要素,使得学生在独立学习和与同伴的搭档练习中激发听力学习的兴趣,提升听力学习的效果。

教学流程：

（一）热身

听力教学正式开始之前，首先在课堂上组织热身活动。本环节包括以下两个步骤。

（1）主题视频导入。

Jacques Rogge announced: "The games of the 30th Olympiad in 2012 will be held in the city of London."

（2）自由交谈。

视频观看结束后，教师可组织学生进行自由交谈，交谈的内容需和视频主题相关。例如：

Why was Great Britain able to beat out four other world class cities?

Have you ever been to the UK?

What's the full name of the UK?

Can you give us some information about the UK in geography, literature, politics, sports, sightseeing and so on?

（二）观看视频

由于视频的动态画面对学生的吸引力较大，因此本环节中教师可让学生一边观看视频一边进行听力练习。在此过程中，学生会抱有极大的兴趣去听材料，遇到不太明白的地方，还能够结合画面内容进行猜测，辅助听解，使得学生熟悉听到的内容，潜移默化中提升听力水平。在此环节中，教师可做如下要求。

Watch a video about the UK in geography, literature, politics, sports, sightseeing and so on. And write down some key information while watching and listening as much as possible.

（三）成对练习

本环节要求学生两人一组，根据所听到的材料，交流各自对英国的了解。例如：

How many countries does the UK consist of? What are they?

Which is the longest river in England?

What are the provinces called in England?

第四章　大学英语听说教学的方法与实践

Who rules the UK: the Prime Minister or the Queen?
Does South Ireland belong to Britain?

(四)分享

本环节可通过让学生输出语言来增加学生对听力材料的理解。例如：
Give a talk and share with the whole class.
Write a short paragraph introducing the UK.

(五)家庭作业

本环节可通过布置家庭作业帮助学生巩固课堂知识、培养学习兴趣、提升学习效果。例如：
Do some more research on the geography or history of the United Kingdom.

分析：本案例在教学方法上采用"视听说写"相结合的方式，使学生的视觉、表达辅助听解，让学生的视觉形象思维与逻辑思维相互作用，从而帮助学生快速、深刻理解听力材料；在活动参与形式上，本案例采用两人小组合作学习的形式，学生在没有压力的情况下自由输出语言，对增进理解起到了极大的促进作用；本案例充分利用了现代多媒体技术，大大提升了教学效果。

二、大学英语口语教学的实践

教学任务：

本案例采用任务型口语教学法，坚持以学生为中心，以学生完成任务为目标，以小组合作学习为主要学习形式，组织学生讨论"现在的生活是否比几十年前更好"这一话题，充分调动学生口语表达的积极性。

教学目标：

本案例通过呈现任务——实施与汇报任务——评价任务这三个教学环节，将生活中的问题引入课堂。学生在对实际问题的思考、分析中提升了分析和解决问题的能力，也巩固了有关形容词与副词比较级的表达。

参与形式：

本案例以五人小组作为教学活动的主要参与形式，让学生在小组互助中积极思考、主动参与、合作交流，在实践中锻炼英语口语表达能力。

教学流程：

（一）呈现任务

呈现任务环节主要包括以下几个步骤。

（1）教学正式开始之前，教师可要求学生展示预习过程中通过向家长咨询或是通过网络等资源查找到的有关过去生活状况的信息。例如：

They are poor.

They can't go to school.

There isn't enough food to eat so they are often hungry...

（2）教师可利用多媒体，向学生展示一组现代生活的图片，并要求学生用英语表达对现代生活的看法。

在学生进行讨论、发表观点之前，教师可预先介绍将会用到的词汇与句子。例如：illness, prevent, medicine, suppose, live longer, walk less, much faster, know more about, take less exercise, be better at preventing illness, don't have to work as hard等，为学生的课堂讨论做准备。

（3）教师介绍所谈话题背景，并引出要讨论的核心话题——"现在的生活是否比几十年前更好"。此话题的讨论内容应包含以下几个方面。

work：We work harder than before.

transport：Faster but more dangerous.

medicine：We know more about medicine today.

personal health：People are healthier today and live longer.

（二）实施与汇报

实施与汇报环节主要包括以下两项任务。

（1）分组讨论。

教学可将学生分为五人小组，每组由正反两方构成，双方分别举例说明不同的观点，最后总结陈词，在组内汇报讨论结果。

（2）对话练习。

根据前面的讨论，每组学生可组织编写出一个辩论式对话，尽可能多地使用教师之前给出的短语、句型以及比较级，并派两到三组同学进行对话表演，汇报成果。

（三）评价任务

学生完成任务后，教师应对任务的完成情况予以及时反馈。反馈的内容应包含以下几个方面。

（1）对学生的观点进行总结、评价；对不同组的表现进行评价；指出各组表现的优点和不足；指出学生在完成任务中经常犯的错误，并予以纠正。

（2）引导学生珍惜现在的幸福生活，好好学习。

（3）教师可布置短文写作，写作主题应和本话题有关，并要求学生尽量使用比较级句型完成。

分析：本案例以"现在的生活是否比几十年前更好"为话题，通过小组合作的形式组织口语练习活动，为学生留出了极大的语言使用空间和自由，在刺激学生表达欲望的同时，还通过互相帮助提高了学习的效率。学生在完成任务、展示讨论成果中获得了满足感和成就感。话题中的对比主题也提升了学生分析、对比、辩论的能力，提高了学生用英语分析和解决问题的综合能力。

第五章 大学英语读写教学的方法与实践

英语读写技能的掌握对于每位大学生而言都是至关重要的,因为读写技能是一种语言信息的输出,如果学生学习一门语言但不会输出,那么等于没有真正掌握这门语言,这对于大学英语而言同样也不例外。为此,本章就对大学英语读写教学的方法与实践展开分析。

第一节 大学英语读写教学简述

一、大学英语阅读教学

(一)阅读概念分析

1. 阅读活动

阅读是人类社会的一项重要活动,这项活动是随文字的产生而产生的。正是有了文字的存在,人们才可以把语言的声音信息转化为视觉信息,并把它长期保持下来。这样就突破了语言在时间上和空间上的限制,使人类社会所积累起来的经验能够系统地被保留和传播。在现代社会中,不仅学习者的学习离不开阅读活动,社会生活的各个方面也都离不开阅读活动。阅读活动的性质可从以下几方面理解。

(1)阅读是以书面材料为中介的特殊的交际过程。它是作为一种特殊的交际方式而存在的社会现象,作者—文本—读者三极是构成这个过程的三个基本要素。在这个过程中,读者不仅要透过文本去发现、理解作者要表现的世界,而且要通过与作者在情感、理智上的对话与交流,实现意义的生成及主体自我的创造与重构。

(2)阅读是读者从书面语言符号中获取意义的认知过程。通过阅读,读者可以把外部的语言信息转化为内部的语言信息,将文本所蕴含的思

第五章　大学英语读写教学的方法与实践

想转变为自己的思想,从而不断地丰富和完善自己的认知结构。

(3)阅读是人类社会的一种言语实践行为。它是主体感受、理解文本、建构与创造意义的过程。

(4)阅读是一种复杂的心智活动过程。在阅读活动中,读者先要运用视觉感知文字符号,然后通过分析、综合、概括、判断、推理等思维活动对感知的材料进行加工,把经过理解、鉴别、重构的内容融入原有的认知结构之中,而且这种思维活动要贯穿阅读过程的始终,必须凭借全部的心智活动及特定的智力技能才能完成。

2. 阅读理解

在语言学习过程中,阅读能力一直都发挥着重要的作用,因此很多国家都十分重视阅读。例如,美国做过"美国阅读动员报告",英国启动了"阅读是基础"运动,两国还投入了大量人力和财力来推动国民阅读能力的培养。在中国教育教学中,阅读能力也深受重视。关于阅读的定义,不同的学者发表了不同的看法。纳托尔(Christine Nuttall,2002)对阅读的理解总结为以下三组词。

(1)解码,破译,识别。

(2)发声,说话,读。

(3)理解,反应,意义。

"解码,破译,识别"这组词重点关注阅读理解的第一步,也是十分关键的一步,读者能否迅速识别词汇,对于阅读理解而言有着重要的影响。"发声,说话,读"是对"朗读"这种基本阅读技能的诠释,这属于阅读的初级阶段。朗读是将书面语言有声化,在各种感官的共同作用下加快对阅读内容的理解,这有助于语感的培养。通常,随着阶段的提升,读的要求会从有声变为无声。"理解,反应,意义"强调阅读过程中意义的理解与交流。在这一过程中,读者不再是被动接受阅读材料中的信息,而是带着一定的目的,积极地运用阅读技巧去理解阅读材料的主要信息。

埃伯索尔德(Aebersold,2003)认为,读者和阅读文本是构成阅读的两个物质实体,而真正的阅读是二者之间的互动。

王笃勤(2003)指出,阅读是一项复杂的认知活动,是读者提取文本中的信息并与大脑中已有的知识结合,从而建构意义的过程。读者理解阅读文本的过程中主要涉及三种信息加工活动,分别是对句子层面、段落或命题层面、整体语篇结构的分析活动。

由上述定义可以看出,很多学者都认为阅读涉及读者和阅读文本,并且认为阅读是这二者之间的交流互动。简单而言,阅读就是读者积极运用已经掌握的语言知识和背景知识等对语言材料进行处理,并获取信息的过程。

3. 阅读模式

关于阅读的模式,不同的学者有着不同的理解,基于对阅读不同的理解,人们提出了以下四种阅读模式。

(1)自下而上模式

自下而上模式又称"文本驱动模式"。在这种模式中,阅读是读者由低层到高层、自下而上、被动地对文本进行解码的过程。这种解码过程具有一定的次序,是读者从简单的认读字母、单词词汇出发,继而对句子、段落进行分析,最后达到对语篇的整体理解。受这种阅读模式的影响,传统的英语阅读教学侧重语言基础知识的学习,注重对教学中词汇和长难句的分析,而忽视了对文章整体性的把握,最终导致学习者无法准确理解文章的含义。这种教学方式不利于学习者文化的学习,也会对学习者的阅读理解造成文化障碍,无法激发学习者的学习兴趣。

(2)自上而下模式

该模式认为,阅读是基于已有知识不断进行预测、验证或修正的过程,是读者与作者相互交流的过程。基于该模式,阅读不再是从低层次的词、句出发,而是从较高层次的语境出发来推测整个语篇意义。读者在阅读过程中会积极调动已有的经验和知识,结合文章内容来推断作者意图,继而在阅读中不断对自己的推断加以验证和修正。受这种教学模式的影响,阅读教学侧重于对学习者阅读速度和推测能力的培养,主张提高学习者的阅读效率。但该模式下的阅读教学过于强调学习者已有的知识,而忽视了教学中的语言知识的积累,进而会造成阅读理解上的障碍。

(3)图式驱动模式

该模式认为,阅读是一种心理猜测过程,整个过程都在围绕猜测进行。与文本驱动模式的区别是,该模式认为阅读过程涉及两个方面,即文本和读者。在文本阅读过程中,读者运用已有的话题知识、语篇知识、文化知识等来理解正在阅读的材料和猜测接下来将要阅读的材料。

(4)交互阅读模式

该模式认为,阅读是一种交互过程,这种交互包含两个方面:一方面是读者与文本的交互,另一方面是文本驱动与图式驱动的交互。该模式既注重语言基础知识,也注重背景知识在阅读中的作用。并且认为,只有将解码技能与图式相互作用,才能完成文本的理解。该模式要求教师在阅读教学中既要重视基础语言知识的传授,又要引导学习者激发脑海中的已有图式,从而促进学习者建构旧知识与新知识的联系,提高阅读效率。

(二)阅读学习的重要性

随着经济全球化的推进,国与国之间的交往日益紧密,英语在交往中充当了桥梁的作用。基于这样的背景,英语能力成为一项必备能力,而在这之中,为了能够使英语能力得以提升,阅读学习非常重要。具体来说,阅读学习的意义主要表现为如下几点。

1. 有助于扩大词汇量

在英语学习中,词汇如同一栋大厦的砖瓦,如果没有砖瓦,那么建造大厦是不可能的。如果没有词汇,那么学习者是很难进行阅读的。对单词进行掌握,提升自身的词汇量是很多学习者都关心的问题,也是很多学习者需要解决的问题。根据事实,记忆单词的方式有很多,但是通过阅读来记忆是最好的方式。这种方式不仅可以让学习者通过重复来对记忆进行深化,还可以为阅读提供语境。学习者在记忆单词的同时,能够深刻地理解该单词的搭配情况、使用方法以及语用含义等。

2. 有助于培养语感

简单来说,语感是对语言产生的感觉,是快速理解与判断语言表达方式的能力。语言的强弱对于语言学习有着非常重要的作用,这是因为语言与数学公式不同,很多表达不可能约定俗成,而是需要根据具体的情境来改变。这时候,要想短时间判定语言表达是否规范,就必须依靠语感的作用。

语感的获得不可能是一下子就完成的,而必须与语言进行接触,并展开持久的训练才可以。在对语感进行训练的多种方法中,阅读学习可以让学习者在不知不觉中提升自身的规范表达,对不同表达形式的感情色彩加以体会,从而理解不同的修辞效果。在这一过程中,学习者的语感会不自觉地提升,并且未感到学习的压力。

3. 有助于英语能力的全面提升

众所周知,除了阅读,听、说、写都属于英语技能的重要内容,阅读不仅仅对阅读技能的提升非常有用,还对其他技能的提升有促进作用。

(1)阅读对听的作用

阅读可以为听力提供相关词汇、短语等层面的知识,提高学习者对语言理解的质量与速度。同时,阅读还能为学习者的听力提供知识储备,提高他们在听力理解中的归纳与总结能力、分析与推理能力。另外,听力是通过发挥听觉的作用来获取信息的,是一种短时间内完成的思维活动,而阅读可以通过语感来为这一思维活动奠定基础。

(2)阅读对说的作用

说即口语,是一种对信息进行输出的形式,是通过语音、语调等将信息加以传达的过程。在说的过程中,语音、语调的准确决定了说的质量和效果。当然,要想保证说的规范,就需要进行练习,在阅读活动中,朗读可以帮助学习者形成良好的语音、语调习惯,使他们不知不觉地学会语音技巧,从而不断提升学习者说的能力。

(3)阅读对写的作用

阅读是输入手段,而写作是输出手段,二者从这一角度来说是互逆的,因此从本质上看,阅读过程也是一种对写作进行学习的过程。具体来说,在阅读中,学习者可以感知一篇好的文章是如何构思、如何写作的,可以从这篇好文章的遣词造句中,感受作者的写作手法,体会作者在安排素材时使用的技巧。这都有助于提升自身的写作能力。

(三)阅读策略与具体技巧

1. 阅读策略

(1)引导

引导过程的基本任务是确定学习目标,唤起学习者的学习动机。一般包括以下教学内容:预习、解题、介绍有关资料。在阅读实践中,可以全部运用,也可以只运用其中的若干项。

①预习。预习是学习者学习的准备阶段。学习者可以在课前预习,也可以在课堂上进行预习。

②解题。课文标题相当于文章的"眼睛",透过课题可以了解文章的内涵和特点,所以学习者找到理解课文的纹理脉络。课文标题与文章内容的关系,或者是课文标题直接揭示主题,或者课文标题指示选材范围或对象,或者课文标题直接指示事件,或者课文标题隐含深刻寓意等。

③介绍有关资料。介绍有关资料是帮助学习者深入学习和理解课文的基础,包括介绍作者生平、写作缘起、时代背景和社会影响等内容。介绍有关资料也应据课文特点和学习者学情具体而定,可以对几个方面的内容都做介绍,也可以有选择地进行介绍。

(2)研读

研读过程是阅读的核心环节,主要是对课文的内容和形式做深入的研读和探讨。根据阅读活动的特点,研读过程一般分为三个阶段:感知阶段、分析阶段、综合阶段。感知阶段是对课文的整体认识,分析阶段是深入课文的具体认识,综合阶段是对课文的整体理解和把握。

①感知阶段。感知阶段一般包括以下几方面的内容:认识生字新词、课文通读、感知内容、质疑问难。

②分析阶段。分析阶段是对课文内容和形式进行深入细致的具体分析研讨,主要包括下面文章结构分析、内容要素分析、写作技巧分析、语言特点分析、重难点分析。

③综合阶段。综合阶段是在分析阶段的基础上进行的,是由局部到整体的概括过程,由现象到本质的抽象过程。综合阶段的教学任务一般包括概括中心思想、总结写作特点等。

(3)运用

运用过程的基本任务就是学习者把分析综合阶段中学得的知识应用于实践,转化为英语能力。转化的途径就是集中训练,一般采用听、说、读、写等多种方法进行。这是阅读的关键。

阅读过程中有多边矛盾,而核心的矛盾是学习者认识、学习课文的矛盾,其他矛盾都从属并服从于这一矛盾。因此,学习者应有效地认识、学习课文。

2. 阅读技巧

从横向上看,阅读的方式有朗读、默读、精读、略读、速读,相应的就有阅读的技巧。

(1)朗读

朗读就是出声地读,是通过读出词语和句子的声音把诉诸视觉的文字语言转化为诉诸听觉的有声语言。朗读有助于增强学习者对语言的感受能力,从而加深对文章思想感情的体味理解;可以促进记忆,积累语言材料;有助于形成语感,提高口头和书面的表达能力等朗读训练的基本要求。朗读训练的方式主要有:范读、领读、仿读、接替读、轮读、提问接读、齐读、小组读、个别读、散读、分角色读等。对读物可采取全篇读、分段读、重点读等。

(2)默读

默读是指不出声地阅读,它通过视觉接受文字符号后,反射给大脑,可以立即进行译码、理解,因此默读又称"直接阅读"。一般说的阅读能力,实际多指默读能力,因为它在实际学习和生活中运用得最多。

默读训练的要求:感知文字符号要正确,注意字音、字形、词语的搭配以及句子的排列;要讲究一定的速度,要学会抓重点;在阅读中学会思考,根据文章的内容,向自己提出问题、解决问题。

根据默读训练的要求,默读训练可着重从下面三方面进行。

第一,视觉功能的训练:主要是扩大视觉幅度的训练,增加一次辨认字的数量,同时提高视觉接受文字符号的速度,减少眼停次数和回视次数。

第二,默读理解的训练:主要是要教会学习者如何调动想象、联想、思维和记忆的作用,以提高理解读物的内容深度和速度。

第三,默读习惯的训练:主要是帮助学习者克服不良习惯,如出声读、唇读、喉读、指读、回读等;使学习者养成良好的阅读习惯,如认真、专注、边读边思、边读边记等,良好的阅读习惯能够提高阅读效率。

(3)精读

精读是逐字逐句深入钻研、咬文嚼字的一种阅读。

精读训练的基本要求:对读物从整体到部分、从部分到整体、从形式到内容、从内容到形式的反复思考、深入理解;对于阅读材料中的关键词语或句子,要仔细推敲琢磨,不仅要理解其表层的意义,而且要深入领会其言外之意,画外之象;养成边阅读边思考、边阅读边做笔记的习惯,因为只有真正独立思考的主动阅读活动,才是有效的阅读活动。

为了提高精读训练的有效性,教师在精读训练过程中,要提示精读的步骤和方法,给予适当的引导,使学习者逐步练习,直到完全掌握精读技能、形成熟练的技巧与习惯。

精读训练可以有不同的步骤,各有侧重。具有代表性的精读步骤有以下几种。

三步阅读法:认读→理解→鉴赏。

五步阅读法:纵览→发问→阅读→记忆→复习。

六步自读法:认读→辨体→审题→问答→质疑→评析。

在实施阅读训练的过程中,无论哪一个步骤或环节都需要运用良好的、合适的阅读方法才能保证精读的顺利完成。实际上,精读没有固定不变的步骤和方法,每位教师都可以根据自己的经验和学习者的情况提出训练方案,同时鼓励学习者在实际阅读和训练中,总结出符合个人阅读情况的步骤和方法。

(4)略读

略读是指粗知文本大意的一种阅读,是一种相对于精读而言的阅读方式。略读对文章的阅读理解要求较低,略读的特点是"提纲挈领"。它的优势在于快速捕捉信息,在于发挥人的知觉思维的作用,一般与精读训练总是交叉进行的。

略读训练指导应注意:第一,加强注意力的培养,提高在大量的文字信息中捕捉必要信息的能力,纠正漫不经心的阅读习惯;第二,加强拓宽视觉范围、提高扫视速度的训练;第三,着重训练阅读后,用简练的语句迅速归纳材料的总体内容或概括中心意思的能力;第四,注意教给学习者如何利用书目优选阅读书籍,利用序目了解读物全貌,如何寻找和利用参考书解决疑问以及略读中如何根据不同文体抓略读要点等。

(5)速读

速读是指在有限的时间里,迅速抓住阅读要点和中心,或按要求捕捉读物中某一内容的一种阅读方式。

速读的基本要求:使用默读的方式;扩大视觉范围,目光以词语、句子或行、段为单位移动,改变逐字逐句视读的习惯;高度集中注意力进行阅读的习惯;每读一通都有明确的阅读目标的习惯;减少回读;从顺次阅读进入跳读。

速读方法的训练主要有:一是提问法,读前报出问题,限时阅读后,按问题检查效果;二是记要法,边读边记中心句、内容要点或主要人物和事件等,读后写出提要;三是跳读法,速读中迅速跳过已知的或次要的部分,迅速选取与阅读目的相符的内容,着重阅读未知的、主要的或有疑问的地方;四是猜读法,即根据上文猜测下文的意思,或根据下文猜上文的意思,能迅速猜测出意思的,就不必刻意去读。当然,速读训练应注意根据学习者的阅读基础和读物的难度来规定速度的要求。

(四)大学英语阅读教学的问题分析

1. 阅读课外学习缺乏监督

大学的课时有限,因此很多的阅读主要是在课外完成的。虽然教师布置了课外作业,但是由于学生长期形成的依赖教师的思想,如果教师不抽时间检查学生的课外作业,学生很可能就不会认真对待课外作业。课堂的阅读量是很小的,加上学生对待课外阅读不认真,这样就很难提高自身的阅读能力了。

2. 学生的词汇量和阅读量都小

篇章是由许多词汇构成的。显然,没有一定的词汇量,英语阅读是无法进行下去的。要想提高英语阅读能力,词汇量是基础,足够的阅读量是前提。在词汇量薄弱的情况下,扎实的阅读技巧是没有用武之地的,是无效的。进入大学以后,英语阅读所要求的词汇量相比于中学阶段有了很大的增长,并且同义词、近义词繁多,词义之间的区别和差异模糊、难以辨认,这给学生的学习增加了难度,对学生的目标要求也就不一样了。英语阅读综合能力的提高,需要学生在掌握充足的词汇量的前提下进行大量的阅读。当然,词汇量和阅读也是相辅相成的,词汇量是通过阅读加以积累的,而词汇量又进一步推动着阅读的进行。

3.阅读教学模式落后

在一些英语阅读课堂上,传统英语教学的影子还没有完全消失。虽然教育学界一些专家都在倡导先进的英语教育理念,但是真正让这些理念落地,还是困难重重的。我们还是会在英语阅读教学课堂上看到这样的情景:教师在上面津津乐道,学生在下面认真聆听,并且还做着笔记。教师是在逐句讲解阅读文章里的新词汇、新句型、新语法等,然后分析文章里的问题,这样的英语阅读课就有点变味了,倒像是一堂语法课。关键问题是学生还习惯了这样的教学模式,久而久之养成了被动的学习习惯,自己缺乏思考、缺乏实践,课堂缺乏互动,这样不仅减少了阅读兴趣,也无法真正提高学生的英语阅读能力。

4.学生英语阅读的动力不足

从中学进入大学后,学生摆脱了家长和教师的严格监督,因此大学的学习主要依靠自主性来推动。如果学习的自主性不强,学生就会浪费大把时间。另外,很多学生进入大学后一下子松懈了,错误地将考试当作唯一的学习目的,英语阅读的动力明显不足。如果阅读材料的篇幅过长或者难度过大,学生就更加没有动力完成阅读了。

二、大学英语写作教学

(一)写作概念分析

在人们的日常生活中,经常会用到写作这一技能。关于写作的定义,中外学者从不同的角度出发给出了不同的解释。

瑞密斯(Raimes,1983)认为,写作包含两大功能:一是为了学习语言而进行写作,通过写作,学习者能够对自己所学的语言知识进行巩固,如词汇知识、词组知识以及语法结构知识等;二是为了写作而进行写作。

王俊菊(2006)认为,写作不仅仅是视觉上的编写行为和书写过程,而且是一些包含复杂活动的解决问题的信息加工过程。

第五章　大学英语读写教学的方法与实践

尽管不同的学者有着不同的解释,但对写作的本质认识是一致的,都认为写作是写作者运用书面语言来传达思想、交流信息的过程与结果的集合,涉及写作者多方面的知识和技能以及对其意义的传达和信息的加工。[①]

(二)写作策略与具体技巧

1. 自由写作

自由写作(free writing)就像是一个开启思维情感的闸门,是一种思维激发活动(brainstorming)。其主要目的是克服写作的心理压力,激发思维活动和探索主题内容。

(1)寻找写作范围

在进行自由写作时,首先要确定写作范围。将头脑中能想到的内容都写下来,这些内容看似无用,但仔细品读就会发现,这些杂乱甚至毫无联系的句子隐含着自己最为关心的情绪,只是隐藏在思想深处,无法注意到。这样就可以确定一个代表着自己真情实感的写作范围,而且找到最为闪亮的句子或词语,为接下来的写作奠定基础。

(2)寻找写作的材料

在确定写作范围后,就要寻找写作素材。在特定的范围内开展自由写作,尽管这是有所约束的写作,但是还要放松地进行。在停笔之后,通读所写的文字,分门别类地整理这些写作的材料,提炼出文章的基本线索和层次结构。

(3)成文

在两次自由写作的基础上,构建真正属于自己的完整的文章。前两个阶段的自由写作实际把构思过程通过文字语言给外化了,是对构思过程的一种自由解放,在无束缚中发挥出写作主体的创造性和能动性。

2. 模仿写作

这是最常用的写作教学方法,即采取已有的形式,利用原有的语言材料,学习者可以加上自己的思想进行写作。模仿是学习写作的基本途径,因而看重范文的作用。其结构主要包括仿写、改写、借鉴、博采四个依次递进的层次。

仿写就是按照范文的样子(包括内容)来"依样画葫芦"地训练。主

---

① 何广铿.英语教学法教程:理论与实践[M].广州:暨南大学出版社,2011:225—226.

要有仿写范文一点的点摹法和仿写全篇的全摹法两种形式。

改写是对范文的内容或形式进行某种改动,写出与原作基本一致而又有所不同的新作的训练方式,包括缩写、扩写、续写、变形式改写和变角度改写等几种形式。

借鉴是吸取范文的长处,为我所用,写出有新意的文章的训练手段,具体方式有貌异心同、辞同意不同和意同辞不同等三种。

博采是博采百家之义,训练学习者从多篇文章中吸取营养,经过一番咀嚼、消化,然后集中地倾吐出来,写成自己的文章。这样就已完成了从模仿到创造的过渡任务。

3. 单项作文

这就是我们通常所说的小作文,主要是针对学习者在写作过程中出现的具体环节进行局部或片段训练。比如,学习者的作文普遍存在命题随意或题目不新颖的问题,因此教师就可以进行"让作文题目亮起来"的专门针对题目的训练。比如,学习者的作文中只是叙述,缺少生动的描写和有深度的议论性语句,教师就可以进行表达方式的综合运用的训练。让学习者将叙述、描写、抒情、议论放在一起做综合训练,或者直接针对作文的立意、命题进行训练,对于提高学习者作文中的文采进行训练等。这种训练针对性强,一次作文解决一个问题,目的明确,篇幅短小,易操作,见效快。

4. 记叙文写作

记叙文是写人、叙事、状物的文章。记叙文包括通信、特写、游记、回忆录等。在课本中,记叙文所占的比重很大,作文选择记叙文的也很多,因此教师需要做好记叙文的写作教学设计。

一般来说,以叙事为主的记叙文以现实生活中发生的、真实的、有一定意义的具体事件作为叙写对象。从理论上讲,可以是社会生活的事件,也可以是日常生活的事件,还可以是自然界的事件。有人把记叙文的表现对象局限于"社会生活的典型事件"是不太恰当的。诚然,社会生活的典型事件有其优越性。首先是典型性,并因其典型性而有普泛意义,这样就赋予了"事件"的现实意义;其次是社会性,并因其社会性而受到人们的热切关注,这样就赋予了"事件"以社会价值。教师在设计记叙文写作教学时要体现教学大纲的要求,要把握记叙文的特点,要考虑到学习者的实际水平和接受能力。教学设计形式应该是多样的,可以是常规型的,也可以是探索型的;可以简约,也可以详尽。总之,要有实用价值,要体现教学改革的精神。例如,教师让学习者以"今天中午"为题叙述自己的所

第五章　大学英语读写教学的方法与实践

见所闻,学习者在叙述的过程中可能会提到许多画面,教师就要引导他们将自己在不同画面中的听觉、视觉、感觉表达出来,同时引导他们掌握叙述的节奏,如慢节奏的温馨早餐、快节奏的运动活动等。

5. 议论文写作

议论文写作要求作者通过摆事实、讲道理,直接表达自己的观点和主张。作者对客观事物进行分析、评论,以表明见解、主张、态度,通常由论点、论据、论证三部分构成。议论文写作教学虽然比不上记叙文写作教学,但也是语言教学的一个组成部分,因此做好议论文写作教学设计十分必要。

一般来说,议论文写作教学设计首先要做好教师启发。学习者生活在一定的社会环境中,每天都要接触许多人,遇到许多事,听到许多议论,有令人满意的,也有不尽如人意或令人气愤的。同时,他们平时可能获得某些成功,也可能遇到某些困难或失败,这些都会使他们产生种种感受和看法,教师就需要学会启发他们思考。例如,用一些值得议论的典型事例或现象让他们思考,并让他们将自己的思考用文字的形式表达出来,最后写成文章。

考虑到议论文中学习者表达观点需要一定的论据支持,教师也要在教学设计中引导学习者找到论点和论据。由于学习者的身心发展还不成熟,因此议论水平不会太高,教师要注意不要设置太高的论点,以适应学习者的实际水平。

6. 说明文写作

说明文是以说明某种事物或某种过程为写作目的的一种写作形式。要写好说明文首先要对被说明的对象有充分的认识和了解,分析、比较这一事物和另一事物之间的不同点,把握事物的特点,然后紧紧抓住这一特点加以说明,只有这样,才能把事物说得明白清楚。

教师在设计说明文写作教学时,应注意说明文给人以知识,所以学习者必须对所要传授的知识有所了解,这也是合理安排顺序的前提。如果对泰山没有比较丰富的知识,自己也没有仔细游览过,即使掌握了关于空间顺序或者时间顺序的技巧,也不可能给人以真正的知识。阐释事理亦然,如对事物本身的逻辑关系若明若暗,也无从安排逻辑顺序了。

此外,说明文和记叙文、议论文都有条理性即顺序安排问题。记叙文中的时间顺序安排,应用极其广泛,写说明文时可有目的、有选择地进行借鉴。另外,记叙文中涉及写景和游记类文字中经常有方位安排的技巧,这也可在说明文中运用。议论文以说理为主,根据事物之间的逻辑关系进行判断推理,和事理说明文中逻辑顺序的安排有相通之处。

（三）大学英语写作教学的问题分析

1. 写作教学目标缺乏系统性

学生英语写作能力的提高是一个循序渐进的过程，并不是一蹴而就的，这就要求英语写作教学的目标也应该体现出阶段性、渐进性的特点。然而，就当前的英语写作教学目标而言，总体目标与阶段性目标之间严重脱节，存在不协调的情况，这对于学生写作能力的提高是十分不利的。

2. 学生的中式英语现象严重

中国学生长期生活在汉语的环境下，受中国传统文化的影响比较深刻，也形成了相对固定的汉语思维习惯。然而，英语思维与汉语思维存在较大差异，汉语思维自然会影响到大学生的英语学习进程，并且往往会带来各种消极影响，"中式英语"就是其中的一个突出表现。很多学生使用汉语的表达方式来写英语句子，所写出的句子往往词不达意，呈现出中式思维习惯，这一现象所带来的后果是比较严重的。

3. 写作课程设置缺乏合理性

一直以来，英语写作教学的地位得不到重视，在课程设置上也不能凸显其合理地位，很多高校在英语写作的课程设置上存在不合理之处。例如，很多高校并没有设置专门的英语写作课程，这导致英语写作课时特别紧张，总是得不到合理进行。再如，英语教师在综合英语课程的讲解过程中往往先讲解词汇、课文，然后再安排听力练习、阅读练习，进而让学生完成课后练习题，等这些环节结束之后，一堂课的时间也就消耗完了，根本没有时间来教授学生学习英语写作方面的知识，这让学生形成了英语写作是可有可无的观念，对英语写作的学习是十分不利的。

4. 学生的语言质量不过关

很多学生在使用英语写作文的时候往往不会使用地道的英语表达方式，所写出的英语句子存在大量的语法错误，甚至还有很多单词也都拼写错了。英语与汉语存在很大差异，英语词汇在词性、用法、词义、搭配等方面都有自己的鲜明特点，如果学生按照汉语的逻辑思维来组织英语作文，那么显然就会出现各种语言知识点层面的错误。

第二节 大学英语读写教学的原则

一、大学英语阅读教学的原则

(一)激活背景知识原则

文化语境知识即所谓的背景知识,是读者在对某一语篇理解的过程中所具备的态度、价值观、对行为方式的期待、达到共同目标的方式等外部世界知识。在英语阅读教学中,背景知识是重要的组成部分,尤其是对母语为汉语的人来说,阅读那些源自汉语文化背景的著作要容易一些,但是阅读那些不同文化背景下的相关著作必然会遇到困囿。要想对以英语文化为背景的语篇有着深刻的理解,必然需要具备相关的文化语境图式,这样才能实现语篇与学生文化背景图式的吻合。读者的背景知识会对学生的阅读理解产生影响。其中,背景知识包含学生在阅读语篇过程中所应该具备的全部经历,包括教育经历、生活经历、母语知识、语法知识等。如果教师通过设定目标、预测、讲解一些背景知识,读者的阅读能力就能够大幅度地提高。如果学生对所阅读的话题并不清楚,教师就需要建构语境来辅助学生的学习,从而启动整个阅读过程。

具体来说,教师在进行备课时要精心准备教材,弄清弄透英语阅读教学中存在的文化语境空白,对材料进行精心的选择,或者为学生提供某些线索,让学生通过一定的手段和方式处理语篇中涉及的文化背景知识。当然,由于课堂时间是非常有限的,学生不可能解决所有不熟悉文化背景知识的内容,这时候就需要教师充当建构新文化语境的工具。教师需要了解学生在自主学习中遇到的问题,帮助学生顺利理解所学的知识与材料。

(二)重视一般词汇教学原则

对于英语阅读而言,词汇是必不可少的组成部分,也是顺利进行阅读的基础。作为一名英语教师,应该理解词汇在阅读理解中所扮演的角色。学生理解基础词汇,有助于他们在阅读上下文时猜测出一些低频词汇的含义。根据研究显示,那些经常阅读学术性文章的学生对术语应付的能力要明显强于应付一般词汇的能力。因此,学生如何积累一般的词汇是教师需要关注的问题。

在词汇积累教学中,单词网络图是比较好的方式。在英语阅读课堂上,教师可以给出一个核心概念词,然后让学生根据该词进行扩展,从而建构其他与之相关的词汇。需要指出的是,高频词教学在词汇积累中是非常重要的,其有必要渗透在英语听、说、读、写、译教学之中,并在细节层面给予高频词过多的关注,这样才能便于学生顺利完成阅读,并根据这些高频词顺利猜测陌生词的意义。

(三)把握阅读教学关键原则

受中国应试教育的影响,阅读教学与其他教学一样,教师将更多的关注点放在教学检测结果之上,而阅读理解中的理解却被忽视。实际上,成功完成阅读的关键就在于完善与监控阅读理解。为了能够让学生学会理解,可以从学生的自我检测入手,并鼓励他们同教师探讨具体的理解策略,这是元认知与认知过程的紧密结合。例如,教师不应该在学生阅读完一篇文章之后,提问学生关于理解的问题,而是应该为学生示范如何进行理解。全体学生一起阅读,并一起探讨,这样便于每一位学生理解文章的内容。

(四)速度与流畅度结合原则

英语阅读教学存在一个严重的困难就是虽然学生具备了阅读的能力,但是很难进行流畅的阅读。也就是说,当教师将更多的关注点放在学生阅读的准确性上,而忽视了学生阅读的流畅性。这就要求教师在阅读教学中应该找寻一个平衡点,不仅帮助学生提高阅读的速度,还要保证学生阅读的流畅性,这是阅读教学培养速度的最终目的。一般来说,学生阅读的过程不应该被词汇识别干扰,而是应该花费更多的时间研读内容及语言背后的文化。要想提升阅读的速度,一个好的办法就是反复进行阅读。学生通过反复的阅读,直到实现速度与理解的结合。

二、大学英语写作教学的原则

(一)以学生为主体原则

为了解决学生地位偏差的问题,在大学英语写作教学中,教师应遵循以学生为主体的原则,即明确学生的主体地位,尊重学生的主体性,围绕

第五章　大学英语读写教学的方法与实践

学生展开教学。只有激发了学生的兴趣,提高了学生的主动性,才能使学生成为学习的主体。总体而言,就是要学生积极参与教学活动,发挥学习的自主性,使学生积极自主学习,提高学生的写作能力。

（二）循序渐进原则

任何一件事情的顺利完成都是需要花费时间的,都是一个循序渐进的过程,大学英语写作教学也不例外。在大学英语写作教学中,循序渐进原则主要涉及以下几个方面。

1. 语言层面：由低到高

在语言层面,教师可以先让学生进行句子写作方面的练习,然后逐步过渡到段落与篇章的写作。由于课堂教学时间有限,教师可以将对句子的写作训练穿插在其他技能课中,如精读和听说课。此外,教师可以设置组织各种训练活动,如连词组句、补全句子、合并句子、扩充句子等,学生对句子写作逐步熟练后,教师就可以增加难度,过渡到篇章写作。

2. 语法结构层面：由易到难

在写作过程中,很多同学都因语法欠佳而无法使用哪怕稍微复杂一点的表达,这样势必会影响输出效果,写作质量也不会太高。因此,学生一定要重视语法学习,掌握基础的语法结构,在此基础上掌握更为复杂的语法结构。具体来说,在写作学习中,学生要先掌握简单句,然后掌握复杂句和并列句；先掌握短句,然后掌握长句；先掌握陈述句,然后掌握虚拟句和感叹句。[①] 对教师来说,也要坚持循序渐进原则,在语法结构上由易到难,帮助学生巩固基础,进而攻克薄弱环节。

3. 话题层面：由熟到生

学生对于自己熟悉的话题往往更有写作兴趣,写起来也相对容易。因此,教师在写作训练中,可以先从学生熟悉又感兴趣的话题开始,等学生掌握一定的写作技巧后,可以让学生就一些社会热点问题等表达自己的观点,锻炼学生的写作水平。

4. 体裁层面：由简到繁

对学生来说,不同文体其难易程度各不相同。一般来说,记叙文的写作难度较低,其次是描写文,然后是说明文,议论文的写作难度最高。因

---

① 黄元龙.浅议高职英语写作教学的循序渐进原则[J].开封教育学院学报,2017（2）：152.

此,在写作体裁方面,学生应从记叙文的写作训练开始,逐步向其他文体过渡。

(三)交际性原则

写作是一种重要的交际方式,其最终目的也是交际,因此大学英语写作教学应遵循交际性原则。具体而言,遵循交际性原则要求教师做到以下几点。首先,教学活动要满足学生的即时需求,提高学生的交际能力。其次,写作教学活动要为学生提供写作交际的机会,使学生从中获得乐趣。最后,在修改活动中采用小组或同伴活动,加强学生之间的交流,让学生通过交流活动获得素材,从而为文章增添内容,锻炼学生的思维。

第三节 大学英语读写教学的方法

一、大学英语阅读教学的方法

在遵循一定教学原则的基础上,教师可以采用以下创新型教学方法来培养学生的阅读能力,提高大学英语阅读教学质量。

(一)"阅读圈"教学法

所谓"阅读圈",是指一种由学生自主阅读、自主讨论与分享的阅读活动。[1]在阅读圈内,每位学生自愿承担一个角色,负责一项工作,并进行读后反思。阅读圈模式的目的是鼓励学生阅读和思考,其活动效果在很大程度上取决于小组成员在前期是否做好了充分的准备工作。采用"阅读圈"教学法开展阅读教学,对于提高学生的阅读兴趣和教学效果具有重要意义。在大学英语阅读教学中,"阅读圈"教学法的实施步骤主要包括以下几个。

1. 设计任务

首先,教师以某个文化专题为教学内容,明确教学目标,选定学生在课堂以及课外需要阅读的材料,设计好相应的需要学生进行讨论和分析

---

[1] 刘卉.大学英语文化教学中阅读圈教学模式的构建与探索[J].教育现代化,2018(45):237.

的问题,并规划好学生完成这些任务的学习模式。

2. 布置任务

接下来教师要向学生布置具体任务。教师可以让学生自由组合成"阅读圈",每个小圈子为 6～7 人。圈子形成后,教师要让学生清楚地了解详细的学习要求和规则。此外,教师可以鼓励学生在自己的阅读圈内承担一定的角色,具体角色示例如表 5-1 所示。

表 5-1　阅读圈各成员的角色分配示例

角色	具体任务
讨论组织者	主持整个过程,并准备相关问题供圈内成员讨论
词汇总结者	摘出阅读材料中与文化专题相关的重点词汇和好词好句,引导圈内成员一起学习
总结概括者	对所有阅读材料的文化元素和内容进行总结并组员分享,总结、评价小组活动的内容和成果
语篇分析者	提炼阅读材料的重要的语篇信息并与圈内成员分享
联想者	将所读阅读材料与文化专题相对应的中国文化的内容建立联系,结合最新的社会文化发展动态进行批判性评价
文化研究者	从阅读材料中找到与自己相同、相近或者不同的文化元素和内容,并引导圈内成员进行比较

(资料来源:刘卉,2018)

3. 准备任务

在布置完任务之后,教师引导学生进行独立思考,并让学生对需要讨论的问题及自身的思考结果形成文字。此外,由于阅读圈内各成员承担着不同角色,教师应鼓励学生完成各自任务,自由表达自己对文化的不同看法。

4. 完成任务

在此阶段,阅读圈内的成员依次汇报、分享自己的阅读成果,对所读内容进行信息加工、思维拓展,确定小组汇报的内容,最终形成 PPT,在课堂上展示核心成果。这一阶段是学生汇报并自由讨论的阶段,有助于启发学生的多元思维,深化文化内容的探讨,因此教师要引起足够的重视。而教师作为活动的组织者和指导者,要掌控整个讨论过程,对讨论过程中可能出现的争论不休或偏离主题等问题进行及时解决。

5. 评价任务

在完成任务之后,需要对任务进行评价,教师可以鼓励各个阅读圈进行自评与互评。在互评时,可以根据每个阅读圈展示的阅读成果以及成员讨论表现进行打分。学生互评完成后,教师可以进行总结,对各阅读圈及学生自身的表现进行点评。需要注意的是,教师在点评时要注意尊重学生对文化的不同观点,重点关注学生思想的深度和广度,同时对那些积极参与讨论的学生提出表扬,以此带动全班同学积极参加此类活动。

(二)文化导入法

在阅读教学中导入相应的文化知识,能切实提高学生的阅读水平,而且能培养学生的文化素养。具体可以采用以下两种方式导入文化知识。

1. 介绍文化差异,激发学生阅读兴趣

兴趣对于学习而言至关重要,它是激发学生积极学习的内在动力。因此,在大学英语阅读教学中,教师可采用适当的方式方法来激发学生的阅读兴趣和热情,调动学生的积极性,使学生获得文化知识,提高阅读水平。其中,在阅读教学中进行英汉文化差异的介绍和分析,就是一种调动和培养学生学习兴趣的有效方法。向学生渗透英语文化知识,并比较英汉文化之间的差异,可以激发学生的学习兴趣,而且可以丰富学生的文化知识,扩大学生的视野,巩固学生的阅读能力。

2. 培养学生的文化意识

很多学生认为,自己已经具备一定的词汇和语法知识,也掌握了一定的阅读技巧,阅读和理解某些材料不成问题,而且也不需要掌握什么文化知识,结果是他们在阅读某些材料时十分吃力。这主要是由于欠缺文化能力造成的。对此,教师应在课堂教学中有意识地培养学生的文化意识。此外,限于课堂时间有限,教师可以充分利用课外时间,向学生推荐一些英语文学作品让学生在课下阅读。通过阅读英语文学作品,学生能切实感受西方文学和文化,从中掌握词汇,习得语法,积累大量素材,养成良好的阅读习惯。

二、大学英语写作教学的方法

(一)对比教学法

英汉语言与文化在很多方面都存在差异,这些差异严重影响学生的写作。学生要想写出用词地道、语句流畅、逻辑连贯的文章,首先必须熟悉掌握英汉语言与文化之间的差异,对此教师就要引导学生深入了解这些差别,进行对比教学。

1. 语句层面的对比

在教学过程中,教师应指出学生写作中不符合英语表达习惯的语句,并可注明地道的英语表达方式加以对比,使学生更清楚地看到差别,并在不断的修改过程中逐渐学会用英语进行思考与表达。例如:

原文:肺炎是传染的。

中式英语表达方式:Pneumonia is contagious.

规范英语表达方式:Pneumonia is infectious.

按照英美人文化习惯,呼吸传染用 infectious,接触传染用 contagious。

2. 语篇层面的对比

语篇是语言的使用,是更为广泛的社会实践。教师应引导学生了解并思考英语文章是如何发展主题、组织段落、实现连贯的,以此来帮助学生对英语的语篇结构有一个立体的、综合的认识。

(二)综合教学法

所谓综合教学法,是指将写与听、说、读几项基本英语技能相结合,使之相互作用提升学生的写作能力和培养学生的英语综合能力。

1. 听、写结合

听是语言输入性技能,可以为写作积累丰富的素材,加快写作的输出,教师可以具体采用边听边写和听后笔述或复述的方式开展教学。

边听边写可以是教师朗读,学生记录,也可以是播放录音,学生记录。听写的内容可以是课文内容,也可以是其他故事或内容。

听后笔述或复述是指教师以较慢的语速朗读或者录音播放听写材料,一般朗读或播放两至三遍,在这一过程中学生只听不写,在朗读或播放录音完毕后,教师要求学生凭借记忆进行笔述或复述。在笔述或复述时,学生不必拘泥于原文的词句,也不用全部写出或背诵出,只要总结出大意即可。这种方式能有效锻炼学生的语言组织和概括能力。

2. 说、写结合

说与写密切相关,说是写的基础,写与说相互贯通。以说带写,可以有效激发学生的写作兴趣,提高学生的写作能力,还能锻炼学生的口语表达能力。具体而言,教师可以采用改写对话和课堂讨论的方式开展教学。

3. 读、写结合

读与写的关系十分密切,通过阅读可以获取大量写作所需的素材,通过写作可以进一步巩固阅读能力。写作作为一种输出活动,是离不开语言知识的输入的,如果没有语言知识的积累,就不可能写出内容充实的文章。阅读作为积累语言知识的重要途径,将能为写作奠定良好的基础。但学生的阅读需要教师的指导,因为很多学生都将理解文章内容作为阅读目的,而很少从中吸取有利的写作素材。对此,教师应引导学生体会作者遣词造句的技巧,并培养学生记笔记的良好习惯,从而使学生积累大量的有利于自己写作的语言知识。通过阅读,学生的阅读能力不仅会得到锻炼,写作水平也会显著提高。

第四节 大学英语读写教学的实践

一、大学英语阅读教学的实践

教学任务:
完成外研社 NSE 9A M12 U2 读写课的教学任务:Module 12 *Summer in LA* Unit 2 *Learn English in Los Angeles.*
教学目标:
通过该教学方法,积极引导学生参与形式多样的阅读课活动,培养他们的自主学习能力和合作学习精神。
教学形式:
4 人小组合作学习、个人自主学习、组际互动交流。
教学流程:
先自主学习。
(1)小组进行合作学习和讨论,翻译并拼读本课生词和短语,同学之间相互检查。
翻译并拼读下列生词和词组:英语课程、美国文化、每天四小时、在……的开端、周测试、在……中取得进步、参加活动、也、填写、体验生活。
(2)助学提示。
① The courses last for four, six or eight weeks.
解读:句中 last 意为"持续",后接一段时间。

练习：会议持续了多长时间？_____did the meeting____?

② You will enjoy coming to Los Angeles.

解读：句中 enjoy 意为"喜欢、享受"，enjoy oneself=have a good time。例如，Did you enjoy yourself today? 今天玩得开心吗？

练习：Last Sunday the children enjoyed____at the beach.

A.they　B.them　C.himself　D.themselves

（3）小组内讨论并思考一下问题：What activities/courses have you ever attended? Where have you gone? How long has it lasted?

后教：

Step 1：Skimming

Read the text quickly and match the titles with the paragraphs. 让学生自主快速阅读课文，启发引导学生抓住本文 Main idea 和各段的 Topic sentence。

Step 2：Scanning

Read the text carefully and do True or False & correct：

（1）If you come to Los Angeles, you can experience life in England.（ ）

（2）Some families create friendships with the students which last a long time.（ ）

（3）You live and have meals with an American family, do some activities with them and take part in American life.（ ）

（4）There are few things to do in LA.（ ）

Step 3：Fill in the form

Suppose you're planning to attend a course, fill in the form.

e.g. My name is…I'm a student of…My e-mail address is…I'd like to start the course on…It can last for…I'd like to study with…It would be better if I can live… because I can… I want to take trips to…because…

先由学生自己填写，然后4人小组内进行交流讨论，再由小组内选出一名代表与其他小组间进行交流。

拓展：

环节一：任务型配对阅读

本环节要求学生阅读后完成相应的任务，同时通过帮助同学解决问题，培养学生良好的学习习惯。

有同学在阅读中遇到以下问题，请同学们为以下每个问题选择最佳办法。

（ ）1. I read very slowly especially when there are many new words.

( ) 2. I'm afraid to speak in class because I'm afraid of making mistakes.

( ) 3. I always write Chinglish but not real English. I can't use the right English words or use big words that are not necessary at all.

A. Find a pen pal. You can make pen friends who are from English-speaking countries, so you may write letters in English often. Maybe your pen pal can help you improve your English, too.

B. Try to be more outgoing. Don't be afraid of in English learning. Everybody makes mistakes. It's not a big deal to make mistakes in front of your classmates who may do the same thing.

C. Have some good reading habits. First, you have to find out why you can't read fast like others. Do you always read in a right way that is the same as you are reading your mother language?

环节二：Write about a course learning Chinese in Yiwu：

e.g. There are four classes a day.They last...Students live...or...There are many things to do in...For example, ...All the students have a wonderful time learning Chinese in...

利用阅读素材设计一些同步的写作活动，使阅读与写作在英语教学中相辅相成，培养学生使用语言的能力。

二、大学英语写作教学的实践

教学任务：

本案例要完成的教学任务为"急救"，旨在通过听、说、读、写四项综合性活动帮助学生学会处理各种紧急情况以及急救的方法，提高生存能力。

教学目标：

本案例的总体目标是指导学生从语言和结构两方面进行写作，初步形成模仿能力。更全面地讲，本案例还应实现以下三个目标。

（1）授人以鱼不如授人以渔。课堂教学中通过对阅读模板的学习，培养学生自主学习的意识和能力；重点培养学生运用策略从听力、阅读材料中获取信息，掌握相关表达的能力；通过学习策略的引导，启发学生从阅读材料中积累写作素材，熟悉写作框架，学会仿写文章。

（2）通过过程教学法，加强对学生写前和写后评价的指导，使学生熟悉英语写作的基本流程和步骤，帮助学生养成观察—模仿的好习惯。同时,加强学生对语言素材的积累与运用,养成良好的终身学习习惯,不断提高写作能力。

(3)通过小组合作、同伴互评的方式帮助学生树立合作学习的意识,培养学生独立思考、学习、发现问题、思考问题、解决问题的能力,帮助学生提高自身的有效交际能力。

写作教学的目的不仅仅在于教授学生写作的技巧,帮助学生写出一篇好的文章,还要关注对学生健康的情感意识的培养。学生通过本课能够学习各种急救方法,提高生存技能;通过指导学生写作前期积累的策略,激发学生的写作兴趣、学习热情,培养学生终身学习的意识和能力;帮助学生接触文学名著,培养学生的阅读兴趣,提高文学修养,为积累语言素材、更好地进行写作打下坚实的基础。

参与形式:

本案例采取小组、个人合作参与形式。

教学流程:

本课主要培养学生新闻的写作能力。教学中采用多媒体设备创造良好的教学环境,辅助教学,整合教学资源,优化教学过程。学生在教师的指导下,观察、体验、探索与合作,展开有效的听说读写活动,通过综合性的语言实践为写作打基础。在过程写作教学法中,教师对学生进行有效写作策略上的指导,激发学生写作的热情,发展学生终身写作的能力,如表5-2所示。

表5-2 过程性写作教学流程表

process-oriented approach		purposes	
pre-writing	listening(6 mins)	language focus	input
	speaking(10 mins)		
	sample reading(5 mins)	organization focus	
drafting	writing(15 mins)	to think independently	
revising & ending	evaluation/appreciation(8 mins)	to polish & cooperate	output
second drafting	homework(1 min)(decoration)	information.diverse intelligence	

(资料来源:姚瑞兰,2008)

在整个教学活动中,要将"真实的任务"贯彻始终,坚持以学生为中心,激发学生的学习兴趣,调动学生学习的积极性,注重学生语言的积累,指导学生的小组合作,注重对学生写作策略的指导。

（1）读前教学。

读前教学环节用时21分钟,主要包括听、说、读三个部分,通过综合的语言输入,为写作提供素材,帮助写作教学的顺利开展。

①听。

听(listening)用时6分钟,置于阅读教学的开头,作为知识竞答的环节,能够有效复习课文,为写作做语言积累,又幽默风趣,有助于活跃课堂气氛,提升学生兴趣。

根据本课的教学内容及学生的实际情况,我们将课本第39页的听力改编成表格题,一方面,快速复习对第一篇阅读的指令模仿,另一方面,激活学生已有的背景知识,为后面的写作积累语言材料。

Listen and fill in the blanks.（instructions）

Check the answers.

设计意图:此处表格的设计和使用能够帮助学生在正式开始写作之前进行一定的语言积累,并为下一步的"说"进行铺垫。

学情预设:这一步骤有助于提升学生对英语阅读教学的期待感,并能帮助尽可能多的学生提高课堂效率。

②说。

从听力环节中导入溺水急救的话题。教师可让学生想象一个溺水的场景,并用英语进行描述。随后教师可呈现著名作家劳伦斯(D. H. Lawrence)关于溺水的一段描述,让学生欣赏,使学生对名家写作功底产生感叹,激发起写作和阅读更多名著的欲望,并为下一步学生的写作积累语言素材。

为更好地体现学生的主体作用,培养学生创造性思维,本课设计了一个开放式的结尾请学生想象。这种开放式的结尾也扩大了学生写作的范围,对积累语言素材而言极为有利。

这一步骤中,"说"的任务设置多种多样。例如:

Task 1: What shall we do if a boy is drowning in the water?（Fill in the blanks as instructions）

Task 2: Order the description by D. H. Lawrence.

Task 3: Finish the open-ended story by putting an end to it.

Task 4: Coherence—Time expressions/ Sentences.

Task 5: Retell the story again.（if necessary）

Task 6: Try to describe/imagine a drowning accident.

Task 7: Sentence Structures.

Rewrite the description below to make it more interesting. Use the following expressions to replace the expression "as soon as":

As soon as we saved the boy, we called his parents.

e.g. As soon as the boy came to life, we sent him to the nearby hospital.

=No sooner had the boy come to life than we sent him to the nearby hospital.

no sooner...than...: immediately, hardly...when...

设计意图：此步骤通过各种语言形式的操练为课堂教学提出了新的任务，实现教学上的知识建构；欣赏劳伦斯关于溺水施救的描写则能够有效扩充学生的视野，增加学生的文化修养；开放式的结尾有助于提高学生的想象力，刺激学生的语言输出，为后面的教学环节——写作的导入做语言铺垫和语言积累。

学情预设：学生对写作的厌倦很大一部分原因是由于缺乏足够的语言素材，无从下笔。本案例中，教师能够通过各种语言活动，增加学生的表达机会，开阔学生的思维和视野，学生自然就容易完成写作任务了。

③读。

听、说结束以后即进入过程性写作教学。教师首先引导学生从合作的角度观察分析课本38页上的课文，复习新闻文体的基本框架及基本要素。有机结合作文评价的教学指导，为学生仿写课文、熟悉语言和文章框架，培养探究能力、自主学习能力以及终身学习能力奠定基础。

Organization Focus

T: Suppose we're going to cover the accident of the drowning boy. How to organize our news report? What shall we do before writing?

Let's go over the organization on page 38 first. This is a model text for our writing.

设计意图：此步骤通过引导学生观察和分析课本上的新闻范文来掌握其写作框架，同时使学生形成了对作文评价的标准。

需要指出的是，写作教学是一个系统的、长期的教学任务，教师对学生在单词、句子以及段落等方面的写作指导必定是长期的、循序渐进的，有时也是反复的。相应的，学生的语言积累和语言输出也是一个长期的过程。教师的"教"与学生的"学"并非通过一节或者几节写作教学课就可以完成的。对此，无论是教师还是学生都应有一个正确的认识，在循序渐进中逐步提升教和学的效果。

（2）初稿写作。

初稿写作的时间设定为 15 分钟。本环节中，教师首先布置写作任务，让学生开始实践。然后在作文初稿的撰写过程中，保证每位学生的独立思考时间。由于前面的教学环节为学生积累了写作素材，此时学生能有效避免写作时无话可说的尴尬局面，使不同层次的学生都能畅所欲言。本环节可采取如下形式开展。

Now, let's begin our writing.

请根据以下内容写一篇新闻报道，并自己写出结尾。

时间：11 月 26 日，星期六上午 6 点

Items	Organization
News Story	Headline Lead More details（elaboration, background, secondary material）

（资料来源：姚瑞兰，2008）

地点：我家附近的河边

事件：我和 Nancy 正在河边散步，突然听到有人喊救命。我们看到有一个小男孩在水中挣扎。我们跳入河中救出溺水男孩并对他进行急救。男孩恢复了知觉。我们认识到急救知识真的十分重要啊。

For your reference while writing:

be unconscious   give first aid
shout for help   jump into the water
apply...to   come back   when/as soon as...

设计意图：在之前的教学环节中，学生已经积累了足够的语言材料。这里教师留给学生独立思考的时间与空间，并在评价标准的帮助下，帮助学生有意识地进行模仿。最后以"急救知识真的十分重要"一句结尾，引导学生查找课文相关表达，学会积累词句。模仿范文结构与语言，提升写作能力和技巧。

学情预设：本环节中，基础薄弱的学生可能会在写作中遇到很多表达问题，但出于自尊很少开口提问。对此，教师可将主要表达呈现在 PPT 或者黑板上，以供学生参考，如此既满足了学生的需要，又维护了学生的自尊心，使学生逐步建立起学习的信心。

（3）评估/欣赏。

评估/欣赏环节的时间设定为 8 分钟。在前面的教学环节中，学生对词汇和句子及篇章结构已经形成了一定的认识，并具有了一定的语言

第五章　大学英语读写教学的方法与实践

积累和写作欣赏水平。学生既能够表达自己,也能够较客观地对同学的写作进行评点,有利于学生相互之间取长补短,有利于互相学习的开展。学生评价表的使用也能够有效实现学生之间的合作学习、高效学习。

为了帮助学生形成感性认识,这里针对学生的实际情况设计了一个作文评价表,并针对本节课做了一定的微调,体现出对写作过程和小组合作的评价,更加关注了写作的过程、学生非智力因素的发展以及学生各种智力的发展。

How to make sure that the passage is a good one? This is the evaluation for today's writing. Now let's enjoy our peers' work and try to evaluate it.

Polish it.

Appreciation

表 5-3　作文评价表

	Criteria	Self A	Self B	Self C	Peer A	Peer B	Peer C
	Be familiar with the writing						
	The event is stated clearly						
	Well organized (beginning, middle, end) language						
Language	Spell all the words correctly						
Language	Use linking words properly						
Language	Use varieties of sentence structures						
Language	Employ beautiful advanced words and expressions						
Language	Make no grammar mistakes (esp. verbs)						
Handwriting	Neat, beautiful, easy to read						
Cooperation	Participate in discussion, helpful and polite						

A：excellent　B：satisfactory　C：need improvement

(资料来源:姚瑞兰,2008)

设计意图:本环节主要采取小组合作学习的方式开展,学生通过评价他人写作学会欣赏与合作,以一个旁观者的角度更加深刻地体会英文写作,从而提高沟通能力。最后成果的展示有助于发展学生的多元智能,让学生体验学习的成功和快乐。

学情预设:与传统的教师批改作文的方式相比,小组互评的方式能够让学生尽量输出高质量的语言,并在互评中发现自己的不足,马上向同伴学习,促进学生的沟通能力,以便相对高效地完成写作任务。

(4)布置作业。

本环节中,教师可通过上网查找相关新闻改进仿写的作品,努力开发各种课程资源,积极促进信息素养的形成;尊重不同程度的学生,让更多的学生体会学习的成功和快乐,并在这一良好的气氛中点燃写作的兴趣。

Finish Learner's Log (summing up) for this unit on page 40.

Surf the Internet for more sample news. Polish the essay and decorate it, making it a part of your files.

Possible links:

http://www.for68.com/news

http://www.hxen.com

http://www.dionews.corn/

http://www.putclub.corn/

http://edu.sina.com.cn/en/news.html

http://www.ebigear.com/NewsHtml/y/yyxw/

本环节的设计意图有二。

①提高学生信息查找与处理的能力,培养学生的信息素养以及终身学习的良好习惯。

②教师批阅后,学生将完成本课程的最后一步——再次修改。随后,学生设计作文版面,并将其放入学习档案归档,从而增强学生的写作热情,体验成功的快乐。

学情预设:本环节的设计使学生能够获得更多的写作素材,增加学生的思维、语言的输出,让更多的学生得到同伴的认可,提升学生对英语写作的兴趣。

第六章 大学英语词汇与语法教学的方法与实践

在英语语言系统中,词汇和语法是最基本也是很重要的组成部分,它们也是教师教学和学生学习的重要内容。词汇是构建英语大厦的基石,语法则是词汇组成句子、段落与语篇的规则,如果不能掌握词汇和语法知识,是不可能有效运用英语的。本节将对大学英语词汇与语法教学的方法与实践进行研究。

第一节 大学英语词汇与语法教学简述

一、大学英语词汇教学

(一)什么是词汇

词汇是构成语言整体的重要细胞,是语言系统赖以存在的支柱,"如果把语言结构比作语言的骨架,那么是词汇为语言提供了重要的器官和血肉"[1]。可见,词汇对于语言以及语言学习非常重要。那么,什么是词汇呢?关于这一问题,不同的学者有着不同的解释,可谓见仁见智,以下就对一些有代表性的观点进行分析。

路易斯(Lewis)对词汇进行了解释,他将词汇称为"词块"(lexical chunk),并把词块分为四种类型:单词(words)和短语(polywords)、搭配(collocations)、惯用话语(idioms)、句子框架和引语(sentence frames

---

[1] Harmer, J. The Practice of English Language Teaching[M]. London: Longman, 1990: 158.

and heads)。①

陆国强指出,词是语音、意义和语法特点三者相统一的整体,是语句的基本单位,而词的总和构成了词汇。

总体而言,词汇是包含词和词组在内的集合概念,能够执行一个给定的句法功能,是基本的言语单位。

(二)大学英语词汇教学的问题分析

1. 词汇教学模式比较单一

长期以来,我国英语教师教授词汇的方式单一,通常都是按照教师领读—学生跟读—教师讲解—学生背诵这一方式进行词汇教学的。这种模式不仅枯燥,而且毫无趣味,学生也处于学习的被动地位,长此以往,学生的词汇学习兴趣就被抹杀掉了。

2. 学生掌握词汇的策略失衡

在学生学习英语单词的过程中,由于教学方式、方法的不合理,导致他们往往只单纯地记忆单词的字面含义,并不能将单词合理运用到句子、语篇中,这样不仅不能在阅读文章时真正理解单词的含义,而且还不能充分掌握词汇搭配、词汇常用表达等知识,同样还会影响到学生英语写作能力的提升,在写作中并不能使用准确、地道的英语表达。

3. 教师的词汇教学观念不正确

当前,很多教师教授词汇的教学观念是错误的。毋庸置疑,教学实践得以展开的前提是观念先行,教学观念对教学设计、教学实施、教学效果都有很大的影响。在我国,很多英语教师对于词汇教学所持有的观念都是错误的。例如,一些教师认为词汇学习主要就是记忆词汇,所以在讲解课文的过程中往往只重视句子、篇章的分析,并不对词汇进行有效总结。在这种观念的影响下,学生并不能真正调动起学习词汇的兴趣和潜能,教师也不能帮助学生形成适合自己的记忆单词的方法。

4. 学生接触词汇的范围受限

根据英语教学大纲可知,英语是我国学生学习的第一外语。与母语相比,学生学习英语的环境欠缺,缺乏必要的条件。通常来看,学生学习的英语知识仅仅限于课堂上,在课下完全不能得到有效、合理的练习与使

---

① Lewis,M. *Second Language Vocabulary Acquisition*[M]. Cambridge: Cambridge University Press, 1997: 255.

第六章　大学英语词汇与语法教学的方法与实践

用,所以很难丰富与扩大自身的词汇量。虽然英语教学大纲对词汇学习的数量提出了一定要求,然而由于学生自身所接触的词汇量受限,所以大多数学生并不能达到大纲所提出的要求。

二、大学英语语法教学

（一）什么是语法

很多人认为,学生在中学已经学了几乎全部的语法知识,到了大学阶段没有必要再学习语法知识,也没有必要开展语法教学。其实不然,语法学习贯穿于英语学习的全过程,所以到了大学阶段也需要重视语法教学,也有必要对语法以及语法教学的相关内容进行介绍。

关于语法的定义,语言学家进行了探究,并且发表了不同的观点,以下就对一些代表性的观点进行说明。

威多森（Widdowson,1992）认为,词汇的变化规则和用词造句规则系统的总称构成了语法。

我国学者许国璋先生（1986）指出,语法是制约句子中词与词之间关系的准则,某一语言的语法是该语言中所有准则的总和,在语法的制约下,词组成能够被语言社团接受的句子。

文秋芳（2013）指出,语法是以词素、词、习语、词类范畴等构式为单位的组合。

对上述观点进行总结可知,语法就是语言的组织规律,是人们据以组词成句、赋予语言意义并使用语言进行交际的一套规则。

（二）大学英语语法教学的问题分析

1. 语法教学方式单调

在英语语法教学中,很多教师并不讲究教学方法,对语法概念等进行单调的教授,教授完这些概念就带领学生做题,这种方式会让学生感到非常枯燥、无味,因此很难收到理想的效果。同时,这样的教学方法导致学生虽然感觉在课堂上学会了,但是在实际的运用中不会运用,很难真正地区分语法现象之间的区别。

2. 学生缺乏有效的学习方法

很多学生在语法学习中会存在一些困惑,因为语法规则很多,有时候需要记忆下来,但是也有一些例外,如很多学生做了大量练习题,在运用时仍旧把握不准。这类情况的出现是因为学生对语法知识的掌握过于零散,并没有形成体系,是一种被动的学习,未对语法学习产生兴趣,这对于语法知识的巩固非常不利。

3.语法教学观念陈旧

语法教学观念对语法教学实践有着直接的影响,如果教师的教学观念陈旧,那么在教学中往往采用机械的教学方法。在英语语法教学中也是如此,传统的语法教学观念往往侧重于语法规则等的教学,往往忽视对句子得体性、与语境是否相符等层面的教学。因此,正是这种陈旧的教学观念,使得语法教学很难与语境联系起来,致使学生很难在具体的场合传达出恰当的句子完成交际。

4.学生对语法没有明确认识

分析现阶段我国学生的语法学习情况,很多学生缺乏语法敏感性,这对于学生来说是一个极大的困难,导致他们不会将学到的语法灵活运用到听说交际中。例如,当他们完成英语写作题目之后,由于不能精确地理解语法知识,导致他们不能发现自己写作中存在的语法错误,也不能立即进行改正。

第二节 大学英语词汇与语法教学的原则

一、大学英语词汇教学的原则

在大学英语词汇教学中,教师应科学地遵循教学原则,以使词汇教学更加高效、有序地进行。具体而言,教师在开展词汇教学时可遵循以下教学原则。

(一)循序渐进原则

学生的学习都是一步一步、循序渐进地进行的,所以教师在开展大学英语词汇教学时应遵循循序渐进原则。具体而言,在大学英语词汇教学中遵循这一原则是指教学中在数量和质量平衡的基础上对所教内容逐层加深。基于循序渐进原则,大学英语词汇教学不能仅仅重视学生对词汇数量的掌握,也应重视学生对词汇质量的把握,要做到在增加学生词汇数

第六章　大学英语词汇与语法教学的方法与实践

量的基础上,提升学生对词汇使用的熟练程度。逐层加深是指大学英语词汇教学应由浅入深、层层递进地进行,因为课堂教学中不可能一次性教授词汇的所有语义,学生也不可能一次性掌握全部知识。总体而言,在大学英语词汇教学中,教师要避免急于求成,应由浅入深地推进教学,逐步提升学生的词汇能力。

（二）词汇呈现原则

在大学英语词汇教学过程中,教师首先要向学生呈现词汇。实际上,教师如何呈现词汇,对学生的学习兴趣有着直接的影响。因此,教师要注意词汇呈现的方式,具体而言要确保呈现的直观性、趣味性和情境性。

（三）联系文化原则

大学英语词汇教学应遵循联系文化原则,这是因为语言与文化密切相关,很多词汇都蕴含着丰富的文化,而且词汇学习的最终目的也是进行跨文化交际。遵循联系文化原则是指在大学英语词汇教学过程中,词义的讲解、结构的分析都应与文化相联系,使学生充分理解语言文化,有助于加深学生对词汇的理解,使学生全面掌握词汇的演变规律,有效地运用词汇。

二、大学英语语法教学的原则

大学英语语法教学的有效开展应以科学的原则为保障。也就是说,在大学英语语法教学中,教师应遵循一定的原则,以确保教学高效开展。

（一）以学生为中心原则

以学生为中心原则是指教学活动要以学生为主体,紧紧围绕学生来开展,大学英语语法教学也应遵循这一原则。在大学英语语法教学中,教师应更新教学理念,认识到学生的主体地位,将学生放在教学的中心位置,有效激发学生的学习兴趣,鼓励学生积极参与教学活动,引导学生自主发展、学习和掌握语法规律,以培养学生的语法能力。

（二）交际性原则

交际性原则是指恰当地运用多媒体设计课堂教学,创设合理的语言交际环境,使语言交际环境符合实际环境,从而帮助学生更好地掌握语法知识,提升交际能力。提高学生成绩并不是语法教学的最终目的,对语法知识的使用才是语法教学的本质,所以语法教学应结合学生的实际生活,培养学生的语法思维,提升学生的听说读写能力,提高学生的语言交际能力。

(三)系统性原则

我国大学生在语法方面存在的显著问题之一就是语法知识掌握不够系统,很多学生常常机械、孤立地学习语法知识,无法有效区分概念详尽的语法内容,导致他们在口语表达和书面写作中出现很多的语法错误。

实际上,英语语法有其自身的规律,教师在开展语法教学时应在遵循系统性原则的基础上,引导学生注意语法项目之间的关系,帮助学生完善语法知识系统,使学生系统地掌握语法知识。

第三节 大学英语词汇与语法教学的方法

一、大学英语词汇教学的方法

合理、有效地运用教学方法可显著提升大学英语词汇教学的效率,优化大学英语词汇教学环境。因此,在大学英语词汇教学中,教师应创新教学方法,提高教学效果。

(一)词汇记忆法

要想有效掌握和运用词汇,首先要记忆词汇,记忆对于词汇学习是至关重要的,因此在大学英语词汇教学中,教师有必要向学生介绍几种记忆词汇的方法。

1. 归类记忆

(1)按词根、词缀归类

很多英语词汇的构成存在一定的规律,即由词根、前缀和后缀构成,对此教师可以引导学生对词根、词缀进行归类,这样不仅能提高记忆的效率,还能使学生掌握记忆词汇的规律,提高对词汇学习的兴趣。

第六章　大学英语词汇与语法教学的方法与实践

（2）按题材归类

教师可以借助日常交谈中的话题来帮助学生记忆词汇。在日常的生活和交际中常会涉及不同的话题，教师可以引导学生将与某一话题相关的词汇进行归类，这样既能有效地让学生记忆词汇，又能锻炼学生的交际意识和能力，具体如图6-1所示。

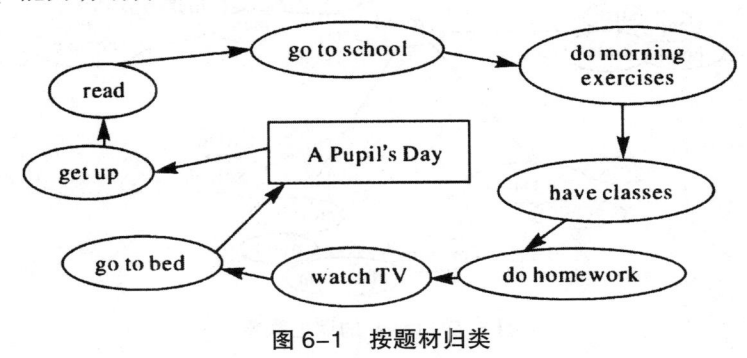

图6-1　按题材归类

（资料来源：林新事，2008）

2. 联想记忆

联想记忆也是记忆词汇的一种有效方法，具体是指以某一词为中心，在头脑中联想与之相关的词汇。这样可以拓展学生的思维，使学生的词汇掌握更具系统性，而且记忆效果更佳，如图6-2所示。

3. 阅读记忆

词汇与其他语言技能有着密切的联系，如词汇与阅读就关系密切，因此可以通过阅读来记忆词汇。具体可以通过精读和泛读来记忆词汇，通过精读可以深入了解词汇的含义，通过泛读可以进行无意识记忆，加深对精读所学词汇的记忆。可以看出，经常进行阅读，不仅可以有效记忆词汇，还能加深对词汇的认识，了解词汇在特定语境中的运用情况。

（二）文化教学法

随着语言教学的文化倾向以及语言与文化的密切关系，大学英语词汇教学应与文化教学相融合，一方面培养学生的文化素质，另一方面通过文化来深化学生对词汇的认知，进而培养学生的跨文化交际能力。具体而言，教师可以采用以下几种方法。

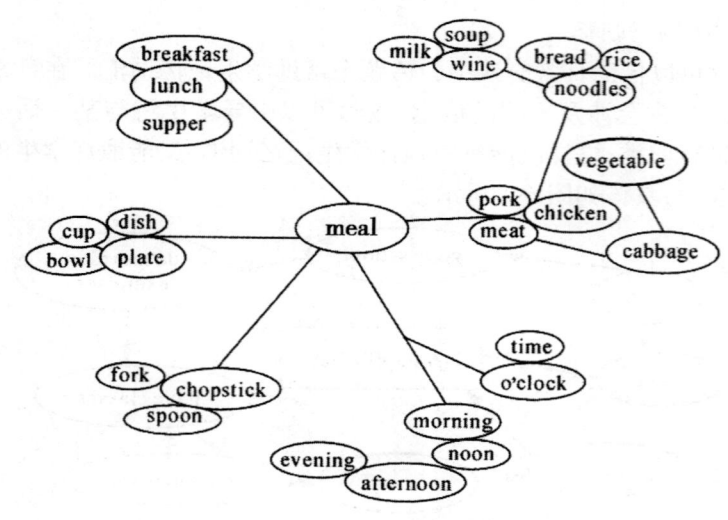

图 6-2　meal 的词汇联想

（资料来源：何少庆，2010）

1. 融入法

在大学英语词汇教学中，教师可以将词汇教学与文化教学相结合，也就是将相应的文化知识融入词汇教学中，从而让学生在掌握词汇知识的同时，了解其文化含义，提高学生的词汇理解和应用能力。具体而言，在备课过程中，教师可以选取一些与教学内容相关的典型文化材料，将它们恰到好处地融入词汇教学课堂，以增强教学的趣味性、知识性和文化性，并且扩大学生的文化视野，提高学生的积极性，加大学生词汇学习的深度。

2. 扩充法

词汇学习不能仅依靠教师的课堂讲授，还要依靠学生的课外自主学习，对此教师应有效引导学生充分利用课外时间来自主扩充词汇量，丰富词汇文化知识。

（1）推荐阅读

教师可以向学生推荐一些课外读本，如《英语学习文化背景》《英美概况》等，让学生利用课余时间进行阅读。通过阅读英语名著，学生不仅能充分了解西方文化背景知识，扩大文化视野，还能积累丰富的词汇，了解词汇的运用背景以及词汇的文化含义，更能培养学生良好的自主学习习惯，促使学生终身学习。可见，阅读英语书籍对学生的词汇学习而言是非常有意义的。这不仅能培养学生的自主学习能力，还能丰富学生的文

第六章　大学英语词汇与语法教学的方法与实践

化知识,扩充学生的词汇量。

（2）观看英语电影

现在的大学生对于英语电影有着浓厚的兴趣,对此教师可以借助英语电影来提高学生的词汇能力。具体而言,教师可以选取一些蕴含浓厚英美文化,并且语言地道、通俗的电影让学生观看。这样学生可以在欣赏影片的过程中,切实感受英美文化,提高文化素质和词汇能力,同时提升学习词汇的兴趣。

二、大学英语语法教学的方法

语法课堂教学除了要注意以上问题,还必须熟悉如下具体的方法。为了提高学生的语法水平,培养学生的交际能力,教师应灵活选用有效的教学方法开展语法教学。

（一）三维教学法

在具体教学过程中,英语教师都倾向于两种教学方法,一种是注重语言形式或语言分析的教学方法,另一种是注重语言运用的教学方法。这两种方法各有侧重,但实践证明,将两种方法结合起来才会更加有效。从交际角度而言,语法不仅是各种形式的集合,语法结构也不仅有句法的形式,也可以运用具体的语言环境来表达语义,可以将这三个方面表述为形式、意义和用法。美国语法专家拉森·弗里曼（Larsen Freeman,1995）提出了基于 Form, Meaning, Use 三个维度上的三维教学法,将语言的形式、意义和用法有机结合起来。其具体模式如图6-3所示。

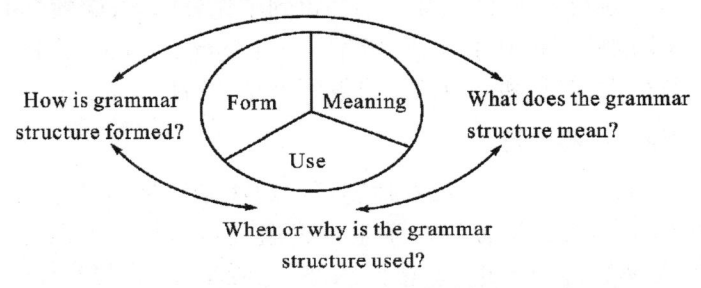

图6-3　三维语法教学观

（资料来源：邓道宣、江世勇,2018）

三维教学法的实施包含五个步骤：热身运动、发现语法、学习形式、理解意义、应用语法。

（1）热身运动是对上一课堂要点的复习，然后通过一些参与性活动，如听歌、表演、竞赛等形式，让学生对新的内容有所了解，调动学生的背景知识，激发学生的求知欲望。

（2）发现语法是指学生通过教师讲解和引导，感知和发现语法现象。

（3）学习形式是指学生在发现语法的基础上，以语法结构的形式总结出语法规则。在课堂教学中，这部分内容表现为回归课文阅读文章，通过阅读文章找出类似的形式和结构。这一阶段过后，学生能够为下一步理解、操练规则做好准备。

（4）理解意义是指设计以意义理解为主的活动，从而促进学生对语法项目的理解，为语法的应用奠定基础。

（5）应用语法是指教师为帮助学生掌握语法规则，提高其语法应用能力所设计的交际性好、能够促进思维发展的活动或任务。

在具体教学过程中，教师可以根据具体的教学情况对上述几个步骤进行调整。

（二）语境教学法

为了调动学生的感觉器官和学习兴趣，教师可以采用语境教学法来开展语法教学，让学生在真实的情境中学习，帮助学生系统地掌握语法知识，提高学生的语法运用能力。

1. 运用媒体，展示情境

在大学英语语法教学中，教师可以运用多媒体技术进行教学。多媒体教学素材丰富多样，包含图像、图形、文本、动画以及声音等，将对话的时空体现得生动和形象，图像和文字都得到了充分体现，课堂范围不再沉闷死板，学生的感官得到了调动，加深了学生的印象，提高了学生参与课堂教学的积极性，教学和学习效率也得到了显著的提升。

2. 角色扮演，感受情境

在大学英语语法教学中，教师还可以组织学生进行角色扮演，让学生身临其境地学习语法知识。学生可以通过自己扮演的角色，体验相应情境下人物的言行举止、思想情感，深化所学知识，提高学生的人文素养。

第四节　大学英语词汇与语法教学的实践

一、大学英语词汇教学的实践

教学目标：

让学生掌握表示交通工具的词汇。在此过程中，为了激发学生的兴趣，可以通过情境教学和游戏教学相结合的方式，使学生有意无意地将所学的知识运用出来，从而达到脱口而出的目的。

参与形式：

配对练习结合小组活动（Pair work & group work）。

教学流程：

Step 1 Warming up

（1）Enjoy an English song *Ten Little Indians*.

（2）Sing the song together.

Step 2 Presentation

（1）通过谈论外出活动来引出不同交通工具的单词。

T：Where did you go on vacation?

S1：I went to Shanghai.

T：How did you get there?

（2）通过 What kind of transport is it? 这一猜词游戏，进一步学习交通工具。这里可以设置小组比赛。

S1：It goes in the water.

Ss：A ferry.（教师板书）

S2：It is like a bike but goes much faster.

Ss：A motorbike.（教师板书）

S3：It is like a train but goes under the ground.

Ss：A subway.（教师板书）

S4：It takes you about two hours to go to Beijing from Hangzhou by it.

Ss：A plane.（教师板书）

（3）教师领读，学生跟读黑板上所有的单词，一遍升调，一遍降调。

Step 3 Guessing game

Show the pictures of films or singing stars, and guess how they go to work.

T：How does Liu Yifei/Yang Liwei/Yao Ming...go to work?
S₁：Liu Yifei takes the car to work.
S₂：Liu Yifei goes to work by car.
T：How did Yang Liwei go to the space?
Ss：He took a spaceship to the space.

Step 4 Practice
利用所给信息，两人一组，进行对话练习。

Miss Li	walk	7：00 ~ 7：15
Tom's father	drive	7：40 ~ 8：10
Tom's mother	take a taxi	8：00 ~ 8：30
Tom	ride a bike	7：10 ~ 7：30
Tom's sister	by bus	7：15 ~ 7：30

建议使用句型：
A：How does... go to work/school?
B：He/She takes...to work/school.
A：How long does it take?
B：It takes...

Step 5 Extension
（1）Group work.
Make a survey：How are your classmates going to spend summer vacation?
（2）Make a report.

分析：上述案例在教学设计上具有层次性，从热身（歌曲）—导入（猜词游戏）—操练（游戏）—半机械操练—有意义交际（对话），让学生们多形式地参与语言交流。由于课堂气氛比较和谐、融洽，学生的学习兴致也比较浓厚，在这些前提下，充分地发挥了他们的想象力，词汇记忆的效果也就大大加强了。

二、大学英语语法教学的实践

教学任务：
学习形容词比较级的不同形式及用法。
教学目的：
通过谈论学生身边的教师和家人的外貌和性格特征这个话题，引导

第六章　大学英语词汇与语法教学的方法与实践

学生在交际中有目的地学习和运用形容词比较级。

参与形式：

小组

教学流程：

（1）导入。如下：

① Show students a picture of two men and enjoy the comparison.

Two gentlemen meet in a lane.

One is short, and the other is tall.

One is heavy, and the other is thin.

One has a hat, and the other has a bag.

Bow most politely, bow once again.

② Talk about the two men in the picture in pairs.

A: What can you see in the picture?

B: I can see two men.

A: Do they look the same?

B: No, they don't.

A: So the two men are very different. We know everyone in the world is different and special. Can you describe them?

③ Ask some students to show their description about the two men in class.

（2）谈论和学习。如下：

① Show two photos and say:

I have two photos here. One is the photo of me when I was five years old and the other is that of my son when he was five. Can you tell the difference between us?

② Help students to use different adjectives to describe something about the two persons in the photos.

③ Teach more new adjectives.

（3）谈论并分享。如下：

① Talk about the photos.

T: Is that your father?

S1: Yes, it is.

T: Is the man next to him your uncle?

S1: Yes, it is.

T: They are tall. But your father is taller than your uncle.

T：Who is calmer, your father or your uncle?...

② Give more examples to practice this conversation. Try to use adjectives in the four different forms in the comparative.（-er, -ner, -ier, more+adjectives）

（4）练习。如下：

① Ask and answer in pairs：

A：Is that your cousin?

B：No, it isn't. It's my friend. My cousin is heavier than my friend. My friend is more athletic than my cousin.

② Ask some pairs to act out their conversation.

（5）拓展。如下：

① Ask the students to describe their ideal teacher in groups.

T：What do you think a popular teacher should be like?

② The students work in groups. Make sure every student gives his or her opinion.

③ Each group chooses one student to make a report.

（6）巩固。如下：

Fill in the blanks：

① Who is____（鲁莽的）, Ruth or Rose?

② Li Ping was the____（镇定的）of the two when the teacher asked them the questions.

③ He is very f___. He usually makes us laugh.

④ I like staying at home, but my sister is more o___. She likes playing with her friends.

⑤ He is more a___than me. He is really good at sports.

（7）家庭作业。如下：

Write a short paragraph about your family members using the comparative degrees of adjectives.

分析：本案例从一个有趣的 chant 导入，从一开始就紧紧抓住了学生的兴趣点。由于本课设计的话题贴近学生生活，谈论的都是学生比较熟悉的人——教师和自己的家人，因而学生学习的主动性都比较强。另外，本课结合语境来设计各项活动，综合训练了学生的听、说与写的能力，避免了纯语法教学，达到了学以致用的目的。

第七章 大学英语翻译与文化教学的方法与实践

随着文化全球化的快速发展,人们对文化知识的掌握越来越重视,由此使得大学英语教学中对文化教学的研究逐渐深入。另外,翻译教学的地位在我国高校教育领域一直未引起足够的重视。然而,在新的时代发展背景下,社会发展离不开具有高素质的翻译人才。为此,本章就来研究大学英语翻译与文化教学的方法与实践。

第一节 大学英语翻译与文化教学简述

一、大学英语翻译教学

(一)翻译的界定

翻译的概念是翻译理论的基础与原点。翻译理论的很多流派都对翻译进行过界定。人们的翻译活动已经有 2 000 多年的历史了,并且对翻译概念的认知也随之发生了改变。学者威尔斯说:"一部翻译史事实上就是对'翻译'这个词的多义性进行的论战。"[1] 从威尔斯的论述中可知,对翻译的理解需要从多个层面进行考量。

1. 感悟式·语文学式·文艺式·通论式

人们对翻译最初的认识是感悟式的,主要是通过隐喻或者比喻的方式来进行表达。著名学者谭载喜(2006)通过对大量关于翻译的比喻说法进行总结,认为翻译主要是由作为行为或过程的翻译本身、作为结果

---

[1] 威尔斯著;祝珏,周智谟译.翻译学——问题与方法[M].北京:中国对外翻译出版社,1988:19.

的译文、作为主体的译者构成。① 从作为行为与过程的翻译本身来说,很多形象说法都对翻译的特点、性质等进行论述。语文学式是对翻译的进一步认识,在这一层面上,人们往往通过一些简单的话语表达对翻译的看法,这些看法虽然构不成系统,但是也存在着一些真理,甚至有些对后世的翻译研究有着深远影响,如严复的"信达雅",至今仍被视为翻译工作的一大重要标准。

翻译可以被视作一种对问题进行解决的活动,因为源语中的某一元素可以采用目的语中的某个元素或者某几个元素来处理。② 之后,由于翻译活动多为文学作品的翻译,因此对于翻译概念的探究主要是从文学层面展开的,因此是文艺式的研究。这类研究强调文学作品的审美特征,并将文学翻译的本质特征揭示出来。文艺式的翻译主要是针对文学这一语体来说的,将那些非文学翻译活动排除在外,所以缺乏概括力。

进入20世纪中期,人们认识到无论是文学翻译还是非文学翻译,语言的转换是必须的,因此就语言学角度对翻译进行界定是最具有概括力的,能够将不同的翻译类型揭示出来,也开启了现代意义上的翻译研究,将传统对翻译的界定转向翻译的通论研究,将传统对文学翻译的研究转入翻译专论研究,这就是通论式阶段。从整体上说,通论式翻译研究对于翻译的普适性是非常注重的,因此其概念也更为大众化。

2. 从语言维度到语言—文化维度

从普通意义上对翻译内涵的论述有很多,但观点并不统一。通论式翻译概念的确立是从语言学角度来说的,并随着语言学研究的深入而不断完善与发展。

俄罗斯学者费奥多罗夫(Fyodorov)从传统语言学角度出发,指出翻译是"运用一种语言的多种手段,将另外一种语言的多种手段在形式、内容层面不可分割的统一体中所传达的东西,用完整、准确的语句表达出来的过程"③。

英国学者卡特福德(J. C. Catford)从普通语言学理论视角,将翻译定义为"将源语文本材料替换成等值的译语文本材料的过程"④。

英国学者纽马克(P. Newmark)认为,翻译形式是将一种语言/语言

---

① 谭载喜. 翻译比喻中西探微[J]. 外国语, 2006(4):73-80.
② 蔡新乐. 翻译哲学真的没用吗?——从皮姆的《哲学与翻译》看翻译的概念化及西方翻译思想史的重构[J]. 外语教学, 2014(6):103-107.
③ 杨仕章. 翻译界说新探[J]. 外语教学, 2015(6):101.
④ Catford, J. C. *A Linguistic Theory of Translation*[M]. London: Oxford University Press, 1965:20.

第七章 大学英语翻译与文化教学的方法与实践

单位转换成另一个语言的过程。所谓的语言/语言单位指的是整个文本或者文本一部分的含义。[①]

美国学者奈达与泰伯(E. A. Nida & C. R. Taber)指出:"翻译是用目的语创造一个与源语最接近的等值物,意义为首,风格为次。"[②]

通论式翻译概念对人们从宏观角度认识翻译有着巨大的帮助。但是,仅仅对语言角度进行强调并不全面,也很难将翻译的概念完全地揭示出来,翻译的概念还应该涉及文化部分。

许钧指出:"从语言学角度对翻译进行界定是将翻译活动限于语言转换层面,这样会容易遮盖翻译所囊括的广义内涵,并且容易忽视语际翻译的全过程及翻译中所承载的文化。"[③]

科米萨罗夫(Komissarov)就指出:"翻译过程不是仅仅将一种语言替换成另外一种语言,其是不同个性、文化、思维等的碰撞。"[④]同时,科米萨罗夫还专门对翻译学中的社会学、文化学问题进行了研究。即便如此,他们下的定义还未能明确文化这一维度。

俄罗斯学者什维策尔认为翻译中应该将两种语言、两种文化、两种情境体现出来,并分析出二者的差别。在他看来,翻译可以进行以下界定。[⑤]

(1)翻译是一个单向的、由两个阶段构成的跨语言、跨文化过程,在这一过程中,往往需要对源语文本进行有目的的分析,然后创作出译语文本,对源语文本进行替代。

(2)翻译是一个对源语文本交际效果进行传达的过程,其目的由于两种语言、两种文化、两种交际情境的差异性而逐渐改变。

很明显,什维策尔的定义包含了文化因素,并指出翻译是跨文化交际的过程,强调译本语境是另一种语言文化环境。

我国学者许钧认为翻译具有五大特征,即符号转换性、社会性、创造性、文化性、历史性。同时,基于这五大特征,将翻译定义为"以符号转换作为手段、以意义再生作为任务的一项跨文化交际活动"[⑥]。

显然,当前的翻译已经从语言维度逐渐过渡到语言—文化维度。

[①] Newmark, P. *About Translation*[M]. Beijing: Foreign Language Teaching and Research Press, 2006: 27.
[②] Nida, E. A. & Taber, C. R. *The Theory and Practice of Translation*[M]. Shanghai: Shanghai Foreign Language Education Press, 2004: 12.
[③] 许钧. 翻译概论[M]. 北京:外语教学与研究出版社,2009: 29.
[④] 杨仕章. 翻译界说新探[J]. 外语教学,2015(6): 101.
[⑤] 同上.
[⑥] 许钧. 翻译概论[M]. 北京:外语教学与研究出版社,2009: 41.

3. 翻译的传播形式：单向跨文化传播

在翻译的定义中将翻译的文化性体现出来，可谓是一个很大的进步。但是，在将文化性体现出来的同时，很多学者习惯运用"跨文化交流"或"跨文化交际"这样的说法。

翻译属于跨文化交际活动，但这大多是从历史角度对不同民族间的翻译活动历史成效进行的定性表述。

普罗瑟认为，跨文化交流活动需要的是双向互动，但是跨文化传播则需要的是单向互动。[①]由于具体的翻译活动往往呈现的是单向过程，因此决定了翻译活动应该是一种传播活动。所以，如果确切地对翻译进行界定的话，可以将翻译定义为"一种跨文化传播活动"。

如果翻译的语言特征体现为不同语言之间的转换，那么翻译的文化特征体现的则是文化移植。当然，这种移植可以是引入，也可以是移出，由于源语文化与译语文化并不是对称的，同一个文化因素在引入与移出的过程中不可避免地会遇到不同的翻译策略。这样可以说明，无论是从语言转换的角度，还是从文化移植的角度，翻译都是单向性的。

4. 翻译的任务：源语文本的再现

在翻译的定义中经常会出现"意义"一词，其主要包含翻译的客体，即"翻译是什么？"应该说，"意义"相比费奥多罗夫的"所表达出的东西"，更具有术语性，用其解答什么是翻译的问题是翻译学界的一大进步。但是也不得不说，有时候运用"意义"对翻译进行界定会引起某些偏差，因为很多人在理解意义时往往会受到结构主义语言学的影响，认为语言是有着固定的、明确的意义的。但就实际程度来说，语言的意义非常复杂。

著名语言学家利奇（L. N. Leech）指出意义具有七大类型，同时指出"我不希望给人留下这样的印象，即这些就是所有意义的类型，能够将所传递的一切意义都表达出来。"[②]利奇还使用sense来表达狭义层面的意义，而对于包含七大意义在内的广义层面的意义，利奇将这些意义称为"交际价值"，其对于人们认知翻译十分重要。换句话说，源语文本中的这种广义层面的意义实际上指代的都是不同的价值，将这些价值结合起来就是所谓的总体价值。

很多学者指出，如果不将原作的细节考虑进去，就无法来谈论原作的

[①] 普罗瑟著，何道宽译. 文化对话：跨文化传播导论[M]. 北京：北京大学出版社，2013：3.

[②] 利奇著，李瑞华，王彤福，杨自俭，穆国豪译. 语义学[M]. 上海：上海外语教育出版社，1987：29.

第七章 大学英语翻译与文化教学的方法与实践

整体层面。但需要指出的是,原作的整体不是细节的简单叠加,因此从整体上对原作进行考量,并分析翻译的概念是十分必要的。

王宏印在对翻译进行界定时指出:"翻译的客体是文本,并指出文本是语言活动的完整作品,其是稳定、独立的客观实体。"[①] 但是,原作文本作为一个整体如何成为译本呢? 作者认为,美学中的"再现"恰好能解释这一过程。

在美学中,"再现"是对"模仿"的一种超越。在模仿说中,艺术家的地位是不值得提出来的,他们不过是一种奴仆,他们的角色如镜子一样,仅仅是对现实的一种被动的记录,自己没有得到任何东西。换句话说,在模仿说中,艺术品、艺术表现力是不值得被提出来的,因为最终要对艺术品进行评论,都是看其与真实物是否相像。实际上,模仿说并未真实地反映出艺术创作的情况,很多人认为模仿的过程是被动的,但是在看似这种被动的情况下,也包含了很多表现行为与艺术创造力,其中就包括艺术家的个人体验与个人风格。同样,即便是那些不涉及艺术性的信息类文本,其翻译活动也不是模仿,而是译者进行的创造过程;对于那些富含艺术性的文本,模仿说更是无稽之谈了。最终,"模仿"必然会被"再现"替代。

用"再现"这一术语对翻译概念进行说明,可以明确地展现翻译的创造性,可以将译作的非依附性清楚地表现出来。因为再现与被再现事物本身并不等同,而是一个创造性的艺术表现形式,同时再现可以实现译作替代原作的功能。

(二)翻译教学的内涵

翻译理论与实践相结合构成的一个重要领域就是翻译教学。在研究翻译的过程中,翻译教学是一个不可忽视的内容。要想提高翻译教学的水平,首先必须对翻译教学展开深入探究。对翻译教学实践的发展起着决定性作用的就是对翻译教学理论的探究。因此,随着社会对翻译人才需求的大幅度增加,对于翻译教学的相关探究就显得极为重要。

但是,目前学界对翻译教学的内涵仍然存在较大争议。学者们对于翻译教学的范畴及翻译教学与教学翻译的区别并未达成共识。加拿大著名学者让·德利尔(Jean Delisle,1988)曾经对教学翻译(pedagogical translation)与翻译教学(pedagogy of translation)做过明确的区分。让·德利尔指出:"学校翻译也称'教学翻译',是为了学习某种语言或者在高水平中运用这种语言与深入了解这种语言的问题而采用的一种方法。学校

[①] 王宏印.英汉翻译综合教程[M].大连:辽宁师范大学出版社,2002:54.

翻译仅为一种教学方法。翻译教学追求目标与学校翻译目的的不同,翻译教学不是为了掌握语言结构与丰富语言知识,也不是为了提高外语的水平。纯正的翻译目的是要出翻译自身的成果,而教学翻译的目的仅是为了考核学校外语学习的成果。"在之后的研究中,教学翻译被看成外语教学过程中的一种手段,是传统的语法—翻译教学中为辅助外语教学而展开的练习,目的是帮助学生认识外语与汉语在词汇、语法上的对应关系,提高语言水平与运用能力,练习材料以词句为单位。翻译教学则是以翻译能力为目标,更注重传授翻译知识、理念与技能,培养学生从事职业翻译的能力,练习材料一般为翻译实践的语篇。对于教学翻译与翻译教学,我国学者穆雷从学科定位、教学目的、教学重点三个方面对其进行了区分,如表7-1所示。

表7-1 教学翻译与翻译教学的差异

区别点	教学翻译	翻译教学
学科定位	教学翻译	独立学科
教学目的	附属于外语教学,属于应用语言学	掌握翻译职业的理念、技能
教学重点	外语的语言结构及外语语言应用能力	翻译技巧与解决问题的能力;双语转换和职业翻译能力

(资料来源:严明,2009)

在之后的十几年中,穆雷对教学翻译与翻译教学的这种区分得到了我国学术界的广泛认同,并且引发了一系列相关的讨论。然而,这种区分方式在某种程度上贬低了教学翻译,还束缚了翻译教学的多样性与创造性的发展。

近些年的研究有了一些新的突破。罗选民认为,学者对教学翻译与翻译教学的阐述有利于对概念的澄清,但翻译教学的概念要重新界定。翻译教学是由"大学翻译教学"与"专业翻译教学"组成的,将原来公认的教学翻译也纳入了翻译教学的范畴,其扩大了翻译教学的范围。

但这种方法中二者范畴不够清晰,难以适应当前翻译教学发展的多元化趋势。

在当前的大学外语教学中,为了满足学生毕业后进入外企应具备的翻译能力或者想考取翻译证书的需求,很多高校开设了应用提高阶段的翻译选修课以适应形势的发展。

选修课要求学生必须通过全国大学英语四级考试并且对翻译具有浓厚的兴趣,在学时、内容上与英语专业的翻译教学有一定的相似性,培养

第七章　大学英语翻译与文化教学的方法与实践

目标是让学生在一年的时间里基本掌握必要的翻译技巧、了解翻译理论的框架性知识，具备初步的涉外翻译能力。当然，受学生的基础、接受能力、课后训练时间以及教师操作能力等的限制，教学效果仍然有较大的提升空间，其科学性与可行性有待论证。①

（三）翻译教学的理念

1. 将翻译理论作为先导

翻译教学离不开翻译理论的指导，所以翻译教学的一个重要理念就是将翻译理论作为先导。目前，已经形成的翻译流派和内容十分繁多，如果将所有观点及相关内容都融入翻译理论中，不但会令读者感到枯燥，而且缺乏科学性。不少翻译理论是源自宗教和哲学领域的，所以相对传统，也缺乏实用性。有调查显示，多数翻译理论仅适用于占每年翻译工作大概4%的文学翻译，而超过90%的实用翻译理论却很少提到。由此可见，翻译理论与实践的失衡说明翻译理论的不切实际。

相对来说，较为实用的翻译理论是翻译功能目的论。该理论强调，译本的预期目的与功能决定着翻译的过程。实用文体翻译通常具有现实的、甚至功利的目的。这一目的在很大程度上受翻译委托人、译本接受者及其文化背景和情境的制约。目的和功能是实用文体翻译的重要依据，而功能目的论的理论核心就是目的和功能。因此，翻译的理论与实践有可能得到较好的结合。实际上，翻译课程的开设主要是为了培养学生英语语言运用的能力，而通过实践，可以看出学生选择这门课程更多的是为了在考试中获得高分或为了工作。因此，将翻译的功能目的论作为翻译的理论依据，用于指导学生的翻译课程，更有利于调动学生学习的积极性和创造性。

2. 将语言对比作为翻译的基础

翻译教学首先应该从语言对比入手。对于中国的英语学习者来说，一旦脱离了说英语的环境，我们总会本能地说汉语，尤其体现在初学者身上。但是，如果我们积累了一定数量的词汇，就会很乐于说英语，在此过程中就会对英汉语言进行对比，如不会翻译某些短语，就会用汉语思维进行翻译。

对英汉语言进行对比会出现两种结果：一是同中有异，二是各有不

---

① 严明.大学英语翻译教学理论与实践[M].长春：吉林出版集团有限责任公司，2009：222-224.

同。英汉语言的不同之处体现在很多方面,如词序的不同、信息中心位置的不同、连接方式的不同等;英汉语言也有很多相同之处,如均有介词,其用法有时也相同。需要指出的是,汉语介词多数是从动词演化而来的,甚至一些词到如今还无法确定它是属于动词还是属于介词。而英语中的动词和介词截然不同。基于此,英语介词在汉语中一般要用动词来翻译。例如:

to go by train 坐火车去

a girl in red 穿红衣服的女孩

可见,英汉语言的差异并非是绝对的。

3. 将翻译技巧作为翻译的主干

译者要进行翻译需要采用一定的翻译技巧,所以翻译教学应该将翻译技巧作为主干。目前,翻译课的内容主要来自前人总结的宝贵翻译经验,这些经验主要涉及理解和表达两个方面,具体反映在翻译的方法与技巧上。比如,因为英汉词语的搭配方式不同,所以译者在翻译时应适时调整搭配或增减文字。例如:

In the evening, after the banquets, the concerts and the table tennis exhibitions, he would work on the drafting of the final communiqué.

晚上在参加宴会、出席音乐会、观看乒乓球表演之后,他还得起草最后公报。

4. 将综合分析作为翻译的重要手段

译者要翻译某个句子,通常可以采用多种方法。但是,在所有方法中,仅有一两个是最佳的,此时就要将综合分析作为翻译的重要手段。

所谓综合分析的翻译手段,是指从总体及其系统要素关系上,连点成线,集线成面,集面成体,并且对各个层面上进行动态或静态的分析观察,透过现象从本质上观察事物的本来面目。在表达过程中,同样涉及分析与综合两个方面,分析是手段,综合是目的。

在翻译教学中,教师要遵循以实践为主、以学生为主的原则。翻译教学具体涉及讲解、范文赏析、译文对比、练习和练习讲评五个环节。

(1)讲解。这一环节的主要任务是以英汉语言对比为基础分析译例,提示技巧,将学生对翻译的感性认识上升至理性认识上。

(2)范文赏析。教师应为学生选择一些语言优美且又容易的名人名译,既可以欣赏,又可以借鉴模仿。

(3)译文对比。教师应该为学生提供同一原文的两三种不同的译文,这样学生可以进行比较和仔细揣摩。需要指出的是,学生在比较时一方

第七章　大学英语翻译与文化教学的方法与实践

面要看译文的优劣,另一方面要看译德译风。译文对比要做到择优而从,见劣而弃。

(4)练习。练习活动是翻译教学的重要环节,具体涉及课前复习、课内提问及课后作业。

(5)练习讲评。练习讲评主要针对的是两种语言特点的对比和分析,从翻译实践中的一些具体障碍着手,不会过分纠结于细枝末节。

(四)大学英语翻译教学的问题分析

1. 教师素质有待提升

很多教师追求速度,对翻译教学并未沉下心来进行研究,因此无法对学生展开有效的指导。很多教师也并非翻译专业出身,他们学的大多是综合类英语,因此对翻译的基础知识掌握得并不透彻,导致翻译教学开展起来非常困难。

2. 翻译教学理论与实践脱节

理论源于实践,只有将理论与实践结合起来,才能提升翻译质量与翻译效率。因此,在英语翻译教学中,教师除了传授学生基本的翻译知识与技巧外,还需要不断带领学生参与到翻译实践中,在实践中验证学生对课堂的掌握情况。但就目前来看,我国很多学校在翻译教学中都是理论与实践脱节,仅传授理论,导致学生学习了大量理论知识,却不会运用到具体的实践中。

3. 学生的翻译意识薄弱

当前,学生的翻译意识非常薄弱,很多学生仅仅将翻译作为赚钱的手段。同时,学生的翻译心理也有明显不同,一些学生未明确翻译的理念与策略,未形成健全的知识体系,因此他们对待翻译是一知半解的,无法真正地运用到实践中。

二、大学英语文化教学

无论是历史上还是现代社会,人们所说的社会都是全球社会,每一种文化都是将宇宙万物囊括在内的体系,并且将宇宙万物纳入各自的文化版图之中。总体上说,文化涉及人与社会的关系、人的存在方式等层面。但是,其也包含一些具体的内容,下面就来具体论述什么是文化。

（一）文化的定义、分类、特征

1. 文化的定义

对于普通人来说，文化是一种平时都可以使用到、却不知道的客观存在。对于研究者来说，文化是一种容易被感知到、却不容易把握的概念。

对于文化的定义，最早可以追溯到学者爱德华·泰勒（Edward Burnett Tylor，1871），他这样说道："文化或者文明，是从广泛的民族学意义来说的，可以归结为一个复合整体，其中包含艺术、知识、法律、习俗等，还包括一个社会成员所习得的一切习惯或能力。"之后，西方学者对文化的界定都是基于这一定义而来的。

1963年，人类学家艾尔弗雷德·克洛伊伯（Alfred Kroeber）对一些学者关于文化的定义进行总结与整理，提出了一个较为全面的定义。

（1）文化是由内隐与外显行为模式组成的。

（2）文化的核心是传统的概念与这些概念所带的价值。

（3）文化表现了人类群体的显著成就。

（4）文化体系不仅是行为的产物，还决定了人的进一步的行为。

这一定义确定了文化符号的传播手段，并着重强调文化不仅是人类行为的产物，还对人类行为的因素起着决定性作用。同时，其还明确了文化作为价值观的巨大意义，是对泰勒定义的延伸与拓展。

在文化领域，本书作者认为文化的定义可以等同于2001年联合国教科文组织发表的《世界文化多样性宣言》中的定义：文化是某个社会、社会群体特有的，集物质、精神、情感等为一体的综合表现，其不仅涉及文学、艺术，还涉及生活准则、生活方式、传统、价值观等。

进入20世纪90年代之后，很多学者也对文化进行了界定，这里归结为两种：一种是社会结构层面上的文化，指一个社会中起着普遍、长期意义的行为模式与准则；一种是个体行为层面上的文化，指的是对个人习得产生影响的规则。

这些定义都表明了：文化不仅反映的是社会存在，其本身就是一种行为、价值观、社会方式等的解释与整合，是人与自然、社会、自身关系的呈现。

2. 文化的分类

（1）交际文化与知识文化

文化和交际总是被放到一起来讨论，文化在交际中有着无可替代的地位，并对交际的影响最大，因此有学者将文化分为交际文化和知

第七章 大学英语翻译与文化教学的方法与实践

识文化。

那些对跨文化交际直接起作用的文化信息就是交际文化,那些对跨文化交际没有直接作用的文化就是知识文化,包括文化实物、艺术品、文物古迹等物质形式的文化。

学者们常常将关注点放在交际文化上,而对知识文化进行的研究较少。交际文化又分为外显交际文化和内隐交际文化。外显交际文化主要是关于衣、食、住、行的文化,是表现出来的;内隐交际文化是关于思维和价值观的文化,不易察觉。

(2)物质文化、制度文化与精神文化

三分法是将文化分为物质文化、制度文化和精神文化的分类方法。

人从出生开始就离不开物质的支撑,物质是满足人类基本生存需要的必需品。物质文化就是人类在社会实践中创造的有关文化的物质产品。物质文化是用来满足人类的生存需要的,只是为了让人类更好地在当前的环境中生存下去,是文化的基础部分。

人是高级动物,会在生存的环境中通过合作和竞争来建立一个社会组织,这也是人与动物有区别的一个地方。人类创建制度,归根到底还是为自己服务的,但同时也对自己有所约束。一个社会必然有着与社会性质相适应的制度,制度包含着各种规则、法律等,制度文化就是与此相关的文化。

人与动物的另一个本质区别就是人的思想性。人有大脑,会思考,有意识。精神文化就是有关意识的文化,是一种无形的东西,构成了文化的精神内核。精神文化是人类在认识世界和改造世界的过程中挖掘出的一套思想理论,包括价值观、文学、哲学、道德、伦理、习俗、艺术、宗教信仰等,因此也称为观念文化。

3. 文化的特征

(1)主体性

文化是客体的主体化,是主体发挥创造性的外化表现。文化具有主体性的特征主要源于人的主体性。所谓人的主体性,即人作为活动主体、实践主体等的质的规定性。人通过与客体进行交互,才能将其主体性展现出来,从而产生一种自觉性。一般来说,文化的主体性特征主要表现为如下两点。

首先,文化主体不仅具有目的性,还具有工具性。如前所述,由于文化是主体发挥创造性的外化表现,因此其必然会体现文化主体的目的性,只有这样才能促进人的全面发展。另外,文化也是人能够全面发展的工具,如果不存在文化,那么就无法谈及人的全面发展,因此这体现了文化的工具性。

其次,文化主体不仅具有生产性,还具有消费性。人们之所以进行生产,主要是为消费服务的,而人类对文化进行生产与创造,也是为了更好地进行消费。在这一过程中,对文化进行创造属于手段,对文化进行消费属于目的。

(2)历史性

文化具有历史性的特征,这是因为其将人类社会生活与价值观的变化过程动态地反映出来。也就是说,文化随着社会进步不断演进,也在不断地扬弃,即对既有文化进行批判、继承与改造。对于某一历史时期来说,这些文化是积极的、先进的,但是随着时代的发展,这些文化又可能失去其积极性、先进性,被先进的文化取代。

例如,汉语中的"拱手"指男子相见时的一种尊重的礼节,该词产生于传统汉民族文化中。然而随着历史的发展,这一礼节已经不复存在,现代社会常见的礼节是鞠躬、握手等。因此,在当今社会,"拱手"一词已经丧失了之前的意义,而仅作为文学作品中传达某些情感的符号。

(3)社会性

文化具有社会性特征,这主要表现在如下两点。

首先,从自然上来说,文化是人们创造性活动的结果,如贝壳、冰块等自然物品经过雕琢会变成饰品、冰雕等。

其次,从人类行为上来说,文化起着重要的规范作用。一个人生长于什么样的环境下,其言谈举止就会有什么样的表现。另外,人们可以在文化的轨道中对各种处世规则进行把握,因此可以说人不仅是社会中的人,也是文化中的人。

(4)民族性

文化具有民族性特征。人类学家克利福德·格尔茨(Clifford Geertz)这样说道:"人们的思想、价值、行动,甚至情感,如同他们的神经系统一样,都是文化的产物,即它们确实都是由人们与生俱来的能力、欲望等创造出来的。"

这就是说,文化是特定群体和社会的所有成员共同接受和共享的,一般会以民族形式出现,具体通过一个民族使用共同的语言、遵守共同的风俗习惯,其所有成员具有共同的心理素质和性格体现出来。

第七章　大学英语翻译与文化教学的方法与实践

（二）文化知识教学的兴起

语言是文化的重要组成部分,语言背后蕴含的是丰富的文化内容。但是,要想明确英语文化教学的相关知识,首先就需要弄清楚其基本的内涵。

1994年,著名学者胡文仲在《文化与交际》一书中指出语言与文化的关系,即语言是文化的一种表现形式,属于文化的一部分。如果学生不清楚英美文化,那么将很难学好英语。从胡文仲先生这段话中不难看出,要想真正地对语言学会运用,首先就需要对该语言背后的文化有所了解。英语文化教学就是引导学生学习西方的文化知识,增强学生对文化的敏感性。只有这样,才能让学生的发展符合社会对英语人才的需要。

文化教学是从跨文化教育中来的,并且随着跨文化教育的发展而不断进步与发展。

跨文化教育有着悠久的历史,从古至今,世界上很多国家都在不断交往与合作,如国家之间的相互旅游、不同国家之间的留学等。实际上,这都是跨文化教育实践的内容与范畴。

世界上不同文化之间不断交流与合作,促进各国文化不断进步与发展。但不得不说,由于受价值观念、思维模式等的影响,必然会存在文化差异,这就可能导致出现冲突或者隔阂。为了保证各个国家、民族之间可以顺利进行交往,就必然需要学习互相之间的文化,这就需要跨文化教育的参与。

跨文化教育这一领域非常新颖,大约是在1960年产生的,因为在这一时期,出现了很多的移民,其存在导致了很多社会问题的产生。最开始,移民国家对移民如何适应当地环境、如何生存非常关注,随着时代的进步,他们也开始关注文化交融,并开始研究为何会出现文化交融,为何有的文化交融后会消失,为何文化会出现变迁等。之后,跨文化教育理论逐渐产生,如文化融合理论、文化变迁理论、多元文化教育理论等。

作为一种国际性的思潮,跨文化教育主要是在1990年前后产生的,是在联合国教科文组织的推动下得以产生的。1980年,联合国教科文组织开始分析和研究教育与文化二者的关系,尤其是教育对文化会产生怎样的作用。之后,联合国教科文组织开始组织各种活动,并提倡应该编写合适的教材,让孩子们能够了解不同的文化知识。

到了1990年,基于联合国教科文组织的推动,跨文化教育的理念更加清楚和明确,并得到了很多国家、地区的认可。之后,联合国教科文组织召开了第43界教育大会,在这次大会上,将教育对文化的贡献作为主题,并促进了世界各国跨文化教育的进步与发展。具体来说,主要体现为如下几点。

第一,注重人的全面发展,并认为通过人与人之间的接触来促进人的全面发展。

第二,明确联合国教科文组织的重要目标在于对教育进行普及、对文化进行传播,从而保证文化的独立性与多样性。

第三,明确每个人都有权利参与到文化互动之中,对文化生活加以享受。

第四,对不同文化之间的交往活动予以重视,从而保证文化具有多样性,也能够将文化的特性彰显出来。

第五,对教育与文化的关系予以明确,尤其是教育对文化产生的影响。

第六,对跨文化教育的概念予以明确,并指出跨文化教育的目的在于对文化的尊重以及对文化多样性的理解。

第七,对跨文化教育的内容与范畴加以界定,不仅容纳了某些学科的内容,还将所有学科教育与学校媒体、学校系统等内容融入进去。

第八,认为学校应该与社会环境结合起来,构筑成一个有效的会话场所,并逐渐扩充学生的视野,尤其是文化视野。

第九,对跨文化教育的方法与策略予以明确,并阐释了教育课程、教育内容等原则。

第十,主张构建跨文化教育的质量标准,从而推进跨文化教育在世界的进步与发展。

另外,1994年联合国教科文组织的第44届国际教育大会也重点提出了跨文化教育,并对跨文化教育理念进行深化。它将"国际理解教育"作为主题,并发表了《国际理解教育的总结与展望》这一纲领性文件。这一文件强调如下三点。

第一,教育政策必须对人们、社会与文化三者的相互理解有帮助,并能够使三者相互包容。

第二,教育必须对提升文化认知与文化态度有帮助,有助于和平、民主的文化价值观的构建。

第三,教育机构要逐渐成为一个理想的场所,即对人权能够宽容与尊重,努力构建文化的多元化。

基于这一文件,1996年,联合国教科文组织又发布了一项专题报告——《国际理解教育:一个富有根基的理念》。在这一报告中,明确指出了对各国文化的理解是跨文化教育的重要目标。

第七章　大学英语翻译与文化教学的方法与实践

进入 21 世纪,联合国教科文组织为了能够将跨文化教育更好地推进,提出了具体的措施与方针,随着这一方针的推动,世界各国建立了相应的机构,其都是为了对跨文化教育予以推进。可见,跨文化教育已经在当代成为一种普遍现象,也必须被重视起来。

正因为跨文化教育不断发展,英语文化教学逐渐被人们关注,并展开了对其内容、目标等多个层面的研究和探讨。

（三）文化知识教学的目的

在当前,英语文化教学的目标是提升学生的跨文化交际能力,具体来说,主要可以从如下三点来理解。

1. 帮助学生树立多元文化意识

了解世界文化的多样性,有助于人们建立多元性的观念。文化不同,其产生的背景也不同,因此彼此之间不能进行替代。在全球化视角下,不同文化群体之间的交流变得更为频繁,因此人们需要理解与尊重不同的文化,这样避免在交际中出现交际困难或者交际冲突。

在英语文化教学中,教师应该让学生对不同文化逐渐了解与熟知,让他们不仅要了解自身的文化,还要了解他国的文化,这样才能建构他们多元化的意识。

2. 发展学生的批判性思维

在英语文化教学中,教师应该培养学生的批判性思维,让学生逐渐反思本国的文化,然后将那些有利的条件综合起来,对文化背后的现象进行假设,从而建构自己的文化观。

3. 为学生创造学习异质文化的机会

当不同文化之间进行了解与接触的时候,难免会出现碰撞,并且很多人可能对这种碰撞感觉到不舒服、不适应。因此,在英语文化教学中,教师应该让学生了解这一点,从而规避这一点,以提升自身的文化适应能力。

（四）文化知识教学的模式

随着英语教学的不断开展,教师对于英语的文化内涵开始给予关注,并且知道在英语教学中培养学生的文化交际素质是非常重要的。在文化教学中,教师应采用恰当的教学模式,只有这样才能实现教学目的。一般来说,文化教学的模式主要有如下几种。

1."交际—结构—跨文化"模式

文化教学的常见模式就是"交际—结构—跨文化"模式,这一模式与中国人的英语教学习惯相符合。在英语教学中,中国的大多数学生的学习都是以汉语思维展开的,这种认知与思维方式与英语学习的规律不相符。心理学家指出,事物之间的差异越大,那么就越能对人类的记忆进行刺激。"交际—结构—跨文化"模式能够从英语学习的全过程出发,展开认知层面的刺激,在教学的各个阶段都对学生的目的语思维模式产生影响。

(1)交际体验

交际体验即让学生掌握一定的交际能力,通过运用英语展开交际。交际能力是人们为了对环境进行平衡而实施的一种自我调节机制。通过这种交际体验,能够不断提升学生的交际能力。在交际过程中,交际双方需要建立在一定的语言交际环境的基础上,不断熟悉和了解交际双方的背景知识,从而将交际双方的交际技能发挥出来。我国的英语教学需要为学生营造能够进行交际体验的环境,这样才能形成一种双向的互动与交际模式。

(2)结构学习

结构学习将语言技巧作为目标,将语言结构作为教学的中心与重点内容,从而利用英语展开教学。语言具有系统性,语言教与学中应该对这种系统性予以利用,找到教与学中的规律,实施结构性学习方式。

结构学习要对如下几点予以关注。

第一,对学生的英语结构运用能力进行培养。

第二,对学生的词汇选择与创造力进行培养。

第三,对学生组词成句、组句成篇能力进行培养。

第四,对学生在不同语境下的交际能力进行培养。

(3)跨文化意识

跨文化意识是将对文化知识的了解与熟知作为目标,对文化习俗非常重视,用英语为学生讲解文化习俗方面的知识。要想具备英语文化知识,学生不仅要对英语国家的历史与文化活动有所了解,还需要对相关文学作品进行研读,同时还要了解相关国家的风俗与习惯,从而形成对西方文化学习的热情与兴趣。久而久之,英语教学就成为一种对文化的探索教学,从而激发学生的学习兴趣,提升学生的学习效果。

这一模式要求在整个教学中需要对中西方文化进行对比,从而培养学生的跨文化意识。

第七章　大学英语翻译与文化教学的方法与实践

2."文化因素互动"教学模式

考虑英语文化教学中存在多种问题,很多专家、学者从不同的视角提出了不同的解决方案,但是总体上都不能让人满意。文化的双向传递指的是在英语教学中,以中西方文化作为中心,以对文化的学习来促进语言的学习,从而建构学生的中西方文化知识结构,培养他们的跨文化交际能力。

文化因素互动目的是克服因英语教学中单向西方文化输入产生的问题,尤其是"中国文化失语"现象的出现,实现中西方文化的双向输入;克服零散的点的输入,用系统的文化输入;克服片面的流行文化的输入,以文化精髓与文化底蕴进行输入;克服被动的文化输入,采用主动的文化建构输入。在英语教学中实施文化因素互动模式,有利于对学生的文化知识结构进行优化,培养学生的文化能力与意识,提高学生的跨文化交际能力,使学生能够在适应全球化发展的同时,对本土优秀文化进行弘扬,保证中西方文化的平等对话。

当前,多数英语文化教学将西方文化作为教授的内容,多以西方文化作为教学重点与资源,但是未将中国文化学习纳入教学之中,因此主张采用文化双中心原则。虽然当前基于全球化背景,文化研究多是以西方范式作为主导,但是我们也不能忽视本土文化。很多中国学者呼吁应该进行中西方文化的平等对话,而要想实现平等对话,主体必然是中国人,并且是懂得如何进行平等对话的中国人。中国的大学是培养中国人才的摇篮,中国的大学英语教育应该承担责任,在英语文化教学中坚持文化双中心原则,将中国文化教学与西方文化教学相结合,实现二者的并重,这样才能真正地做到知己知彼,才能避免出现"中国文化失语"的现象。

(五)大学英语文化教学的问题分析

语言与文化有着密切的关系,因此在大学英语教学中融入文化有着非常重要的意义。在早期的大学英语教学中,跨文化交际教学的目的在于让学生理解目的语文化,因此教师教授的也多为目的语文化知识及其相关背景。随着研究的深入,跨文化交际教学的内容也发生了改变,将文化态度、文化观念等内容也容纳进去。这时,跨文化交际教学的目标也相应发生改变。

1.频繁的跨文化接触

随着人类社会与思想的进步,人类的生活更加开放,不同国家、民族的人们因生存的需要或者偶然的相遇而开始交往,并日益频繁。于是,跨文化交际应运而生。如果说人与人之间、家庭与家庭之间的交往是以民族化为特征的早期交往形式,那么国家与国家之间、民族与民族之间的接触则呈现了地域化或国际化的特征,进而演变成现在的全球化特征。从古至今,尤其是经济与科技发达的今天,不同民族间的交往日益紧密,而且逐渐成为国家与民族兴旺的重要一环。因此,这也加速了文化教学的产生与发展。

2. 出现了"中国文化失语"现象

为满足国家"开放"和"引进"战略对外语人才的需求,各层次外语教育过度倚重语言的工具性学习。长期以来,社会上已经形成了过分重视分数高低、忽略对学生德育培养的倾向,忽略人文教育。大学英语教学内容中人文性教育内容较少,导致了英语教学中的人文教育失去了内容支撑,并且外语教学仅仅围绕英语能力所代表的西方文化的学习,中国文化相关内容长期处于被忽视状态。在应试教育目标的指挥棒下,教师的中国文化意识薄弱,将培养学生的英语应用能力看作唯一目标。另外,从人才培养的角度来看,我国师范类高校英语专业学生缺乏中华文化的学习,对中国传统文化缺乏系统的了解,这直接造成了英语教师的中国文化修养的缺乏以及中国文化教学能力的低下。培养出色的国际化外语人才的前提,是教师首先要具备足够的中国文化素养。

3. 存在跨文化冲突

经济全球化导致各个国家在各个领域都发生着程度不同的交际,因此商品、技术、信息、人员等生产要素的跨国流动非常频繁。在这个国际化的时代里,世界以一个整体的形式出现。不同文化背景的人进行着频度更高、范围更广、层次更高的跨文化交流。人们逐渐意识到,跨文化交际不是简单的英汉互译,而是需要交际者深刻理解彼此的文化背景。在越来越多的、越来越深层的跨文化交往出现的同时,越来越严峻的跨文化交往形势也随之出现。

跨文化冲突是伴随着跨文化交际的产生而产生的,在跨文化交际中难以避免跨文化冲突。我们在认识到文化差异的同时,应该思考如何有效避免跨文化冲突。跨文化冲突包括非暴力性的摩擦性冲突和暴力性的对抗性冲突。摩擦是跨文化交际中的误解与分歧导致的不同文化间的争执。摩擦是普遍的、经常发生的。对抗是不同文化之间的暴力冲突,它可能进一步演变为军事化的暴力冲突,也就是战争。对抗是残酷的,总是伴随生命伤亡。当摩擦长期存在并不断加剧,就恶化为对抗,甚至暴力性的

第七章　大学英语翻译与文化教学的方法与实践

对抗冲突。跨文化交际中的摩擦常常以争执、辩论、批评、谩骂等为语言表现形式，以游行示威和请愿抗议为政治行为表现形式。跨文化交际中的摩擦在长时间的积淀中就形成了跨文化冲突。

（1）跨文化冲突的普遍性

其一，跨文化冲突普遍存在于世界各地。古今中外，跨文化冲突无处不在。历史悠久的中国，同时也有着跨文化冲突的悠久历史。中国文化的独特性，决定了中国文化和其他文化之间必然发生各种各样的跨文化冲突。近代以来，中国文化与欧洲文化一直处于征服与反征服的冲突状态。除此之外，中国与美国、日本、印度、菲律宾等国家之间也存在跨文化冲突。其中，中国和美国的跨文化冲突表现得最为突出。中国与美国之间的共同性不少，并且有着许多的利益牵连，两国之间的学习、商务往来也非常频繁，但是中国与美国的跨文化冲突的历史也很长。

其二，跨文化冲突普遍存在于各种文化层面。跨文化冲突可以发生在文化的各个层面，包括价值观、制度、生活方式等。

价值观是深层文化因素，是导致跨文化冲突的根本原因。因此，制度、生活方式等层面的跨文化冲突就是价值观层面的跨文化冲突在制度、生活方式层面的一种写照。所以，我们可以通过价值观层面的跨文化冲突来理解文化各个层面的跨文化冲突。

（2）跨文化冲突的尖锐性

其一，激化程度不断加强。跨文化冲突如果长期存在，没有得到缓解，并且反复进行，就可能不断激化，进而演变为对抗。

其二，爆发性逐渐增强。跨文化冲突的导火索可能是很小的事件，但最后往往酝酿成大的灾难性事件，以对抗收场。当争吵使得矛盾到达爆发的临界点时，异常大规模的跨文化冲突就会爆发。

（3）跨文化冲突的复杂性

文化本身就是一种复杂的现象，跨文化冲突就更应该是一种复杂的现象。有人认为，文化差异是导致跨文化冲突的根本原因。事实上，文化差异可能导致跨文化摩擦，但不一定会引起跨文化对抗。如果文化差异的双方尊重对方的存在价值，就不会产生跨文化冲突。可见，文化差异不一定导致跨文化冲突。导致跨文化冲突的根本原因是试图强制性地消除差异。当一方试图使对方与自己统一，从而消除对方时，冲突就出现了。如果文化差异的双方都想将彼此取而代之，跨文化冲突就表现得十分明显。我们要消除的是跨文化冲突，而不是文化差异。因此，我们绝不能抱有消除差异、同化对方的观念。

（4）跨文化冲突的长期性

跨文化冲突是长期普遍存在的，并且跨文化冲突的影响也将长期存在。一些跨文化冲突消失了，另一些跨文化冲突又产生了，甚至原来已经消除的跨文化冲突又死灰复燃。即使一些跨文化冲突本身消失了，但是这些跨文化冲突造成的不良氛围将长期存在。跨文化冲突引起的仇恨情绪难以消除，任何一方的非理性言行都可能导致跨文化冲突的进一步激化，从而引起新的跨文化冲突。因此，我们应该弱化当前的跨文化冲突，避免当前的跨文化冲突成为新的跨文化冲突的催产素。

面对跨文化冲突的严峻形势，人们要从人类文化本身去寻求跨文化冲突的解决之道。人类要充分发挥人类文化的创造性，创造出消除跨文化冲突的新文化，以实现更加和谐、丰富的跨文化时代以及更加美好的人类生存形态。对此，联合国等组织大力提倡跨文化对话，联合国教科文组织就提出了"跨文化教育"，并在很多区域组织了一些跨文化教育实践，以此实现文化和平的理想。对于从根本上消除跨文化冲突，跨文化教育有着无限的可能和巨大的潜力。

4. 教学大纲中缺乏可操作性的具体指导

2007年7月，教育部下发了《大学英语课程教学要求》作为各高等学校组织非英语专业本科生英语教学的主要依据。整个文件较为详细地规定了听力理解能力、口语表达能力、阅读理解能力、书面表达能力、翻译能力、词汇量等，但是关于"跨文化交际"，仅仅在教学性质和目标中出现一次，缺乏量化指标和可操作性的指导。

5. 教学具有明显的功利性

在"考本位"的教育体制影响下，我国的英语教学从小学、初中到高中都呈现出明显的功利性。考试考什么，教学就讲什么。其中，初、高中课堂为了应对升学，教师在课堂上将重点放在对语言知识的讲授上，较少涉及文化教学。

受这种学习方式和指导思想的影响，很多教师与学生将教学的目标看作通过考试，教师的教学实践服务于学生英语过级。这可能有利于提升学生的应试技能，但是却导致学生难以学习到英语文化知识。

6. 文化碰撞实战演练较少

在母语环境中学外语的效果显然没有到目的语的环境中去学外语的效果好。

我国的学生学习外语大多都是在国内完成，缺乏外语环境与氛围，与

第七章　大学英语翻译与文化教学的方法与实践

异域文化的接触与碰撞较少。例如，学生在学习西餐中 appetizer（开胃菜）这一单词时，可能要背诵好多次，对这个词的印象才能逐渐清晰，继而逐渐记住，但是对于"开胃菜"到底是什么可能还不是非常清楚。但是，学生若在外语环境中进行学习，整个这一过程参加一次一般都可以解决。外语文化氛围的缺少必然会不利于学生的文化学习。

7. 大学英语教学中侧重语言学立场

所谓大学英语教学的语言学立场，即将外语作为一门语言知识来教授的教育策略。具体来说，大学英语教学的语言学立场主要教授给学生词汇、语法等语言知识与语言规则，忽视语言背后的其他内容的教授，外语教育中这种单一的语言学立场明显是具有局限性的。

（1）割裂了语言与文化的内在关联性

众所周知，语言与文化关系密切，语言是文化的载体，文化是语言的灵魂。语言教育肩负着使不同文化得以传递、保存、发展的重要责任，因此英语教学是一种文化传播的过程与手段。

语言与文化具有同构性。从语言的形式构成来说，任何语言都是由语音、词汇、语法等要素构成的；从原因的形成来说，任何原因都是对特定价值观念、思维方式等的反映，每一种语言都与某一特定的文化相互对应，而修辞的运用、语言结构的选择、语言意义的生成等都会受到文化特性、文化价值观的规范与制约。因此，就本质上而言，语言的发展与传播反映的是文化思维方式、文化价值观念等的变革。就教育层面来说，语言学习的过程就是文化理解、文化传播的过程，也是促进学生思维方式与价值观念建构的过程。如果学生的语言学习离开了文化学习，那么学生学到的仅仅是语言符号，只能导致语言学习的符号化。

也有人认为，文化学习是源自语言学习的。但是如果把文化的东西简单地视作形式化的语言符号，那么文化学习就走向纯粹的原因符号了。传统的外语教育只注重语言形式的学习与技能的培养，人为地将语言教学与文化教学割裂开来。这样很多学生即便学到了语言知识，能够说一口流利的语言，但是也很容易出现语用错误。实际上，任何知识都是由三个部分组成的：符号表征、逻辑形式与意义，而逻辑形式与意义不仅在符号表征中呈现，还在语言知识特有的文化元素中呈现。如果将语言的符号知识与其隐含的文化元素割裂展开教学，便是割裂了语言知识与文化内涵之间的关系，这样的外语教育显然也会失去文化立场。

（2）不利于渗透国际理解教育

与母语相比，英语教学为学生打开了另外一扇窗户，其能够引导学生了解另外一个民族的语言文字以及背后的文化与价值观念等,进而提升学生的文化理解力。尤其在当前经济全球化背景下,英语教学需要确立一种开放的思维方式,引导学生逐渐形成国际理解力,但是英语教学这种单一的语言学立场显然并未认识到文化的重要作用,很难让学生认识多元的世界,形成一个开放的思维。

(3)不利于提升学生文化选择力、文化判断力、文化理解力

我国社会就文化背景的构成来说,虽然不像西方国家社会具有那么大的差异,但是内部也会存在一些文化传统。基于这样的现实,如何开展与文化模式相适应的教学呢?随着我国改革开放的推进,国际合作办学不断发展,很多城市开办了国际学校,招收不同国籍、不同种族、不同文化背景的学生,这必然对多元文化教育提出更高的要求。教师如果对不同的文化模式不了解,就很难驾驭多元文化教育课题要求,很难提升学生的文化选择力、文化判断力、文化理解力。

第二节 大学英语翻译与文化教学的原则

一、大学英语翻译教学的原则

(一)循序渐进原则

翻译能力的提高不可能一蹴而就,而是要经历一个过程。相应地,翻译教学也不能操之过急,应遵循由浅入深、循序渐进的规律,所选的语篇练习也应该是先易后难,逐步帮助学生提高翻译能力。从篇章的内容来看,应该是从学生最熟悉的开始;从题材来看,应该从学生最了解的入手;从原文语言本身来看,应该是从浅显一点的渐渐到难一些的。这样由浅入深,学生对翻译会越来越有信心,兴趣也会逐渐增强,翻译技能也会相应得到提高。

(二)精讲多练原则

精讲多练原则主要包含两个层面:精讲和多练。翻译教学如果仅从传统教学方法入手,先教授后练习,那么是很难塑造出好的翻译人才的。因此,在翻译教学中,教师应该不仅要教授理论,还需要练习与实践,在课堂上将二者完美结合。

第七章　大学英语翻译与文化教学的方法与实践

（三）实践性原则

翻译理论的教授很难培养出好的翻译人才，还需要进行翻译练习，这就是翻译的实践性原则。在翻译教学中，教师应该为学生创造更多的机会展开练习。例如，教师可以让学生去翻译公司实习，通过实践活动来进行体验。

二、大学英语文化教学的原则

（一）主体意识强化原则

基于全球化的浪潮，西方国家凭借自身的话语权，采用经济、文化等手段推行其生活方式或意识形态，对包括中国在内的其他文化产生了冲击，导致文化的输入、输出出现了严重的失衡情况，也对其他民族的文化造成了严重的腐蚀。

对此，在实施文化教学中，教师必须引导学生对跨文化交际过程中的平等主体意识加以强化，减少学生对西方文化的盲从，增强学生对中国优秀传统文化的认知与了解，主动对中国传统的文化进行整理与挖掘，吸取文化中的精髓，将中国传统的优秀文化底蕴凸显出来，强调中国优秀传统文化在当今世界的价值。

在文化教学中，教师要引导学生遵循"和而不同"的原则，既要对其他文化有清晰了解，又要保持自身文化的特点，让学生能够向世界展现中国优秀文化的精髓。

在文化教学中，教师要不断培养学生自信的气度与广阔的胸怀，让学生学会在平等竞争中，与其他国家互通有无，以多种形式将中国的传统优秀文化传播出去，不仅对西方文化霸权主义的侵蚀加以抵制，还能确保中国文化在世界文化中的地位和格局，从而促进世界文化的多元发展。

（二）内容系统化原则

文化的内容非常丰富，其所包含的因素至今还没有一个定论，因此在实施文化教学时，教师不能一股脑地将所有文化内容纳入自己所讲授的内容之中。我国的教育主管部门应该组织文化领域的专家、学者，从价值性、客观性、多元性等多个层面出发，对中国优秀传统文化的教学内容体系进行确立，具体包含中国的基本国情文化、社会主义核心价值观、民族文化、节日文化、生活文化等。

（三）策略有效性原则

在实施文化教学时，教师应该采取有效的策略。具体来说，可以从如下两项入手。

第一，教师要用宽容、平等的心态对中西方文化进行对比，通过对比来鉴别。这一策略就是将中国文化与其他文化进行比照，从而将中国文化与其他文化的异同揭示出来，避免将那些仅属于某一特定社会的习俗与价值当作人类普遍的行为规范与信仰。

在运用这一策略教学时，教师应该从跨文化交际中存在的现实问题进行着眼，以共时对比作为重点，不会考虑褒贬，克服那些片面的文化定型，避免用表面形式对丰富的文化内涵进行取代。也就是说，教师应该引导学生透过现象看本质，通过理性、客观的态度，对不同文化的异同加以分析。

另一方面，教师要为学生提供充足的空间与机会，让学生感受到中国传统文化的魅力。通过体验，可以将课堂环境与社会环境结合起来，加强文化与社会、学生与社会等之间的关联性，使学生在英语教学情境下不断体验与感悟，从而帮助学生形成文化理解力、文化认知力。

第三节　大学英语翻译与文化教学的方法

一、大学英语翻译教学的方法

（一）扩大学生知识面

翻译是一项包含多领域的活动，如果对翻译的基础知识不了解，就很难明白文本的内容，也很难准确展开翻译。到目前为止，我国很多高校的英语翻译教学过多关注翻译基础知识，而忽视翻译能力培养，尤其是很少介绍文化方面的知识，这就导致当学生遇到了与文化相关的翻译内容时往往手足无措，甚至会出现翻译错误。因此，在英语翻译教学中，应该渗透文化知识，扩大学生的知识面，培养学生对文化知识的理解与把握，帮助他们形成翻译能力。

第七章　大学英语翻译与文化教学的方法与实践

（二）提高学生语言功底

翻译活动是一项复杂的活动，其需要学生具备双语知识。也就是说，英汉语言功底对于翻译人员都不可缺少。因此，在翻译教学中，教师不仅要教授学生英语语言知识，还需要培养学生的汉语表达能力，熟悉英汉语言国家的表达习惯，提升翻译质量。

（三）注重文化对比分析

由于教学环境的影响，英语文化的渗透还需要依赖翻译教学，其中文化对比分析是一种比较重要的方式。具体来说，在翻译教学中，教师不仅要讲解教材中的文化背景知识，还需要对文章中的中西文化进行对比与拓展，帮助学生在翻译内容时接受文化知识。另外，利用文化对比分析，学生能够建构完整的文化体系。

（四）重视归化与异化结合

在翻译策略选择上，归化策略与异化策略是两种重要的翻译策略。由于英汉语言的差异，翻译实践中如果仅依靠一种策略是很难完成全部翻译内容的，只有将二者结合起来，并进行灵活的处理，这样才能保证翻译出的文章更为完美。

（五）媒体教学与课外活动相结合

为帮助学生更好地展开翻译，教师应该鼓励学生多学习一些英美原版作品，如教师可以引导学生多观看一些英美原版电影，从电影字幕出发教授学生翻译的技巧。另外，教师应该让学生在课外多收集一些生活风俗、文化背景方面的资料，在阅读与翻译中，学到更多的知识，从而为以后的翻译做铺垫。

二、大学英语文化教学的方法

有理念，就有方法论。方法形成之后，也不是恒定的，会随着理念的变化而变化。既然大学英语文化教学的理念在广泛传播，那么它的实施方法就需要被探讨。概括而言，大学英语文化教学的实施方法主要有以下几种。

（一）文化引入法

1. 说明法

在中国，学生一直浸润在母语环境中，周围的英语环境极其缺乏，甚至是空白的，因此学生对很多文化背景知识可能是不太了解的。当学习材料中的文化背景知识影响到学生对学习材料的理解时，教师可以对有影响的文化背景知识做一些说明介绍。教师的说明介绍最好安排在讲解学习材料之前的一段时间进行，以便为学生理解学习材料做铺垫。要将说明介绍的工作做好，教师需要提前在课外时间做好准备工作，搜集一些与教学内容相关的典型文化知识，并通过自己的消化理解将其恰当地应用到课堂之中。通常情况下，教学材料中的作者、内容和事件发生的时代可能都蕴含着一定的文化内涵，学生必须广泛学习这些背景知识，否则就难以准确理解所学材料。例如，当学生读到《21世纪大学英语》第一册第十单元 *Cloning*: *Good Science of Bad Idea* 中的 "Faster than you can say Frankenstein, these accomplishments, triggered a worldwide debate. (不等你说出弗兰克斯坦，这些成果就已经引发了世界范围的大辩论)" 这句话时，可能不明白如何解释 Frankenstein，因此也不明白整句话的意义。在这种情况下，教师需要介绍以下三点与理解该材料有关的背景知识。

（1）英国女作家 Mary W. Shelley 写了一部科幻小说，并以自己的名字为这部科幻小说命名，而这部小说描写了一位发明怪物并被它消灭的年轻医学研究者，名字叫作 Frankenstein。

（2）在英语中，有个成语 "before you call say Jack Robinson（开口讲话之前）"，"Faster than you can say Frankenstein" 就是根据这个成语创造出来的。

（3）文章中的人物是在一定的社会背景下出现的，当时克隆技术大肆蔓延，作者极度担心克隆技术会对人类社会造成重创，这一担心又得到了世界上已经掀起的大辩论的证明，因此读者就将克隆技术与小说情节相联系起来。

2. 比较分析

有比较，就有结果。只有在比较中，事物的特性才会表现得更加明显。经过了不同的历史轨迹，中国和西方国家在长时间的历史积淀中形成了不同的文化。因此，在大学英语文化教学中，教师可以通过母语文化和英语文化的明显比较，来让学生更加深刻地认识母语文化和英语文化。在

第七章　大学英语翻译与文化教学的方法与实践

跨文化交际中,学生也因此就提高了文化敏感性,会更加重视文化对交际的影响,从而减少甚至避免文化差异引起的交际冲突。打个简单的比方,问别人的行程和年龄在中国是很正常的,但是在西方人眼里是对隐私的侵犯。

在外研社版的《大学英语》第三册第四课 Darken Your Graying Hair, and Hide Your Fright 中,主人公这么介绍了自己:"I have a wife, three daughters, a mortgaged home and a 1972 'Beetles' for which I paid cash."中国学生乍一看,主人公开着德国大众"甲壳虫"汽车,这在中国国情下不是很多人能够担负起的,因此就会认为这位主人公过得比较富裕。但是,读者要站在西方背景的角度去审视这个问题,西方国家的汽车就如同中国的自行车一样普遍,"甲壳虫"汽车空间小又省油,是中、低收入家庭的首选车型。了解了这一点后,中国学生才发现自己的认识偏差,原来主人公的介绍是表示家庭成员较多,生活比较紧张。另外,在消费观念上,中国人比较保守,一般不会提前预支,并且还要对未来的生活支出做好准备;但是英美人倾向于提前消费的方式,如分期付款、抵押贷款等,这就是文化差异在消费观念上的体现。

3. 文化讨论

文化讨论是教师进行大学英语文化教学的重要策略,首先这一策略充分尊重了学生的主体地位,其次学生在讨论过程中可以学习关于文化的各种知识,最后讨论策略有助于提高学生对文化学习的积极性和主动性。因此,教师在大学英语文化教学中,可以灵活采用文化讨论法进行教学。具体来说,教师以班级为单位,组织学生就某个专题开展面对面的讨论,并在讨论过程中解决实际问题或解答特定课题。教师可以提前布置一定的任务,让学生进行有针对性的讨论。

(二)师生互动法

教师要努力尝试通过和学生的互动来实施大学英语文化教学。教学的本质决定了教学不应该是单向行为,而是双向行为。因此,大学英语文化教学应该真正回归到教学的本质上来。互动法的完美落实,需要教师做好一些功课。首先,教师要培养学生正确的文化心态,使学生平等看待一切文化。其次,教师要营造平等、自由和开放的互动氛围,鼓励倾听和表达,使得学生尽情发挥,畅所欲言。在互动过程中,教师和学生扮演不同文化中的角色,使学生理解外来文化。

（三）外教辅助法

客观条件优越的学校可以适当地聘请一些外籍教师授课。外教的到来对大学英语文化教学具有以下几个作用。

1. 外教对学生的影响

外教不仅可以提升学生的英语学习兴趣，还能真正促进学生跨文化交际能力的提高。外教作为异域文化中的成员，能够激起学生的好奇心，学生在与外教接触和交流的过程中增强了对英语口语表达的信心，还能收获课堂上学不到的社会文化背景知识，能真正提高英语文化敏感度和英语交际能力。另外，学校可以定期利用外教组织英语角，这样就为学生创造了纯正地道的英语环境和文化环境，有利于学生英语听力和口语能力的提高，从而使得跨文化交际能力也有一定的进步。

2. 外教对于教师的影响

在中国的大环境下，很多中国英语教师虽然出身于英语专业，集各种英语等级考试证书于一身，但是由于口语的练习机会很少，英语口语表达能力依然比较欠缺。而外教来到学校以后，中国英语教师因为教学工作的关系，就获得了许多与外教直接交流的机会，外教可以帮助他们纠正语音上的错误，就使得中国教师锻炼了英语口语表达能力。另外，外教是在另外一种不同的文化氛围中成长和学习的，其教学模式可能更加有趣、生动，中国的英语教师就可以汲取他们教学模式中的优势，也有利于提高教学水平。

当中国教师的跨文化交际能力和英语教学水平提升以后，直接的受益者就是学生。中国教师的跨文化交际能力提升了，就能在和学生的交际中更有效地提升学生的跨文化交际能力。中国教师的英语教学水平提升了，在实施大学英语文化教学中就能取得更好的效果。

如果外教的学校教学工作让他们获得了良好的感受，外教往往会把国外教育行业的朋友或者机构等介绍给学校，这样学校就可以通过夏令营、冬令营的形式和国外的教育行业进行互访、学习和交流，从而提高学生的跨文化交际能力。

第四节　大学英语翻译与文化教学的实践

一、大学英语翻译教学的实践

教学任务：从语言特征分析英语新闻标题的翻译。

教学目的：使学生了解新闻的语言特征，并通过语言特征分析英语新闻标题的翻译，再通过此类训练，使学生胜任一般性英语新闻标题翻译工作，并在翻译过程中有效地获取英文资讯，增长见闻，熟悉英语语言文化。

教学形式：小组、个人、师生互动

教学流程：

（1）翻译教学进入正题之前，教师首先提出为什么要学习英语新闻标题翻译的问题，并要求学生进行讨论，最后教师进行总结归纳。

（2）展示、分析新闻标题的语言特点。教师首先用幻灯片展示几组新闻标题和一般英文表述的对比（图7-1），让学生分组讨论，并指出二者之间的区别。在此期间，教师可对学生的讨论、发言进行点评和总结，并根据以上分析，进一步探讨英语新闻标题的特点，以及在时态、语态等方面和一般英文的差异。

新闻标题	一般英文
Comeback *gives* China a sensational Thomas Cup win	Comeback *gave* China a sensational Thomas Cup win
Florida freeze *to increase* area produce prices	The Freeze in Florida *is to increase* the area's produce prices
Van Goghs *recovered* after theft	Van Goghs *are recovered* after the theft
500 reported killed in South Korean building collapse	*Collapse claims* 500 lives in South Korea

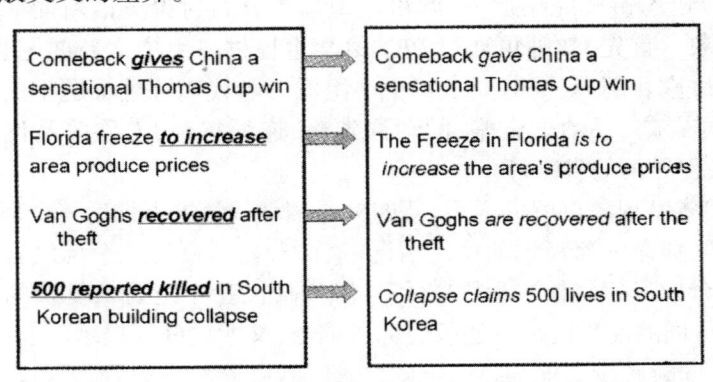

图7-1　新闻标题和一般英文对比示意图

（资料来源：邓道宣、江世勇，2018）

通过观察对比，我们可做出如下总结。

①英语新闻标题一般言简意赅、传神达意、时效性强。

②英语报刊的新闻标题多采用现在时态，一般不用过去时态、过去完

成时等时态,以使读者阅报时有置身其中的感觉。这种存在于新闻中的现在时被称为"新闻现在时"(journalistic present tense)。

③英语新闻标题中的动词常用一般现在时、现在进行时和将来时。

④英语新闻标题中常省略系动词。

(3)分析总结完英语新闻标题的语言特点以后,教师可结合例子讲解其翻译技巧或注意事项。例如:

Comeback gives China a sensational Thomas Cup win.

中国队反败为胜荣获汤姆斯杯。

Florida freeze to increase area produce prices.

佛罗里达严寒将使该地区农产品涨价。

(4)举例讲解完成后,为了巩固学生的认识,教师可更深一步地讲解上述三种时态在新闻英语中的体现以及翻译,并再次举例讲解,以加深印象。

(5)时态讲解完毕后进入语态讲解。英语新闻标题中的动词表示被动语态时,被动语态结构"be+ 过去分词 +by"中的 be 和 by 经常被省略,只剩下过去分词在标题中直接表示被动意义。例如:

Van Goghs recovered after theft.

梵高名画窃而复得。

需要指出的是,英语新闻标题只有在事件或动作的接受者比执行者更加重要时才会使用被动语态,以强调宾语,引起读者注意。

(6)语态讲解完毕后,教师可组织学生分组讨论英语新闻标题中的省略现象。首先,教师可通过 PPT 给学生提供一组中文新闻题目,让学生进行讨论和翻译,同时要求每个小组派一名代表陈述标题中的省略现象:冠词省略、系动词省略、助动词省略、连词省略、人称关系代词的省略、语法引导词的省略等。

(7)省略现象讲解完毕后,新闻标题翻译教学进入最后一个环节——探讨标题翻译中缩写词的使用情况。首先,教师可将几个词的首字母加在一起合成一字,并全部用大写字母书写,代替一组冗长复杂的词或词组。缩写词的使用既可节省版面标题词数,又能更好地提示新闻内容,简洁易记,同时减少版面编排的沉闷之感。教师展示完毕后,可要求学生举出一些身边常见的缩写语,并讨论英语新闻标题翻译中经常出现的三类缩写词。

①组织机构等专有名称的缩略词翻译,如全国政协(CPPCC)和巴解组织(PLO)。

②职业、职务或职称的缩略词翻译,如议员(MP)。

第七章 大学英语翻译与文化教学的方法与实践

③常见事物名称的缩略词翻译,如艾滋病(AIDS)。

最后,教师可要求学生课后收集每个类别的中英文缩写词,并在下一堂课上选取部分同学的作业进行展示。

分析:小组合作式的翻译教学倡导自主、合作与交流、探究的学习方式,它要求学生要与教师进行广泛的合作与沟通。这种带着任务去学习的方式,可以使学生在完成任务的过程中掌握到新知识。在学生进行充分的自主、探究和小组合作学习的基础上,教师还要给予及时的指导与点拨,以推动学生学习的进步。

二、大学英语文化教学的实践

教学题目:社会行为

教学目的:帮助学生了解英美国家人们的日常行为;引导学生就这些行为进行文化对比,增强文化意识。

教学流程:

(1)把材料发给学生,让学生自己阅读。

(2)把全班分成若干小组。

(3)让学生在小组内就所读的内容进行讨论,并在四个选项中选出答案。

(4)请每组派代表总结发言。

(5)教师让学生发挥想象,如果这个情景发生在自己身边,自己会怎么办?

(6)围绕下面两个问题组织全班讨论。

① What did you learn about behavior in English-speaking countries from this activity?

② What did you learn about behavior in your home country?

阅读材料:

Susan, an American college student, was walking on campus with a new exchange student Wang Bin from China. He had been staying with her family for a few weeks before school got started and he had gotten to know her family quite well. She was walking with him around the school to show him the classroom buildings. As they passed male and female students on campus, she would occasionally say hello to them as they passed. Wang Bin finally commented, "You know many people at this school." Susan said she didn't really know many people, which confused Wang Bin since she had greeted so many people. "I just like being friendly," she added.

Then Susan happened to run into a close girlfriend whom she hadn't seen in several months. They called excitedly to each other and then hugged. Susan introduced her girlfriend Larraine to Wang Bin, and explained that Wang Bin was a new student in the US. Larraine extended her hand and said, "Nice to meet you."

After a brief conversation the three parted. A short time later, Susan and Wang Bin ran into Susan's brother Andy who was also on campus with a group of his guy friends. Wang Bin and Andy knew each other quite well by now and got along very well. As soon as Wang Bin saw Andy he also excitedly called hello and grabbed Andy to hug him. Andy, stunned, pulled away and laughed nervously. Andy's friends laughed and teased Andy about his new "friend". Embarrassed, Andy quickly departed. Wang Bin obviously noticed Andy's embarrassment but also was deeply hurt by Andy's actions of rejection. He knew he had caused an embarrassment, but he didn't quite know why Andy treated him this way. He had just watched Susan and her girlfriend hug when they greeted and assumed the custom of hugging a friend to be acceptable here.

从以下四个选项中选择一个正确答案。

A. Andy doesn't really like Wang Bin but has just been polite these last few weeks since Wang Bin is new to the US.

B. Wang Bin doesn't know that it is not an American custom for male acquaintances to hug in public. It is the custom for men to shake hands. Since hugging is generally used only for some male relatives to greet, men might be thought to be odd or too friendly if they display such greetings in public. That is the reason Andy's friends teased him and why Andy acted embarrassed.

C. It is impolite in America to hug a male acquaintance when other male friends are present. This causes jealousy among the friends. The American male must instigate the hugging of any foreign male friend or guest.

D. It is an American custom for brothers and sisters to hug and greet each other before acknowledging other friends. Wang Bin should have waited for Andy and his sister to hug first and for Andy to introduce Susan to his friends.

第七章 大学英语翻译与文化教学的方法与实践

答案解析:

A. This is probably not true at all. If Andy has been polite to Wang Bin at home, he probably does like Wang Bin. There is no reason to believe this would be true.

B. It is true that most men in America do not hug when they meet each other in passing or in business meetings. It is acceptable and appropriate for two men, in any circumstance and at any level of acquaintance, to shake hands instead. Even many male relatives do not hug in public (or in private). That is usually a sign of affection and not just of acquaintance. Some people might suspect that two men that showed such affection in public might be homosexuals, and this is probably why Andy's friends laughed and teased him. It is completely acceptable for women to hug as a greeting and it is not thought to have a sexual connotation. This is the correct answer.

C. Since it is not considered appropriate for male acquaintances or friends to hug, especially in public, this answer is not correct. American men usually don't hug a male friend, foreign or domestic!

D. American brothers and sisters often hug in public. But it is not required that they greet before others can greet either one of them. This is also the wrong answer.

分析:该教学实践通过让学生了解英美人士日常生活情景中的言语行为方式,使他们意识到人们的行为无时无刻不受到文化的影响。学生通过熟悉英语词汇内涵和外延中所包括的文化含义,了解了西方社会背景下的人们的语言特征,可避免交际过程中的文化矛盾和障碍,从而提高自己的跨文化交际能力。

第八章　大学英语网络教学的方法与实践

以网络为核心的信息技术已经成为 21 世纪人们基本生活环境的重要构成要素,从信息化的角度来说,人们正在运用网络技术进行教育体制、教育模式的改革,而这种改革在大学英语教学中也有明显的体现。网络技术的运用扩大了大学英语教学的时空界限,提高了大学生学习的兴趣和积极性,传统的大学英语教学已经不能适应互联网时代的要求,急需进行变革。本章就对大学英语网络教学的方法与实践展开分析。

第一节　大学英语网络教学简述

随着科技的进步,网络在大学英语教学中的应用更为普遍,为大学英语教学注入了新的活力。很多专家、学者也对大学英语网络教学进行了深层次的研究和探讨。本节就对大学英语网络教学的相关知识进行阐述。

一、网络及网络技术

(一)网络

网络由节点与连线构成,是不同对象间的相互联系。网络在不同领域有不同的意义,在数学领域,网络一般指代加权图;在物理领域,网络是基于某种相同类型的实际问题而抽象出来的一种模型;在计算机领域,网络被定义为一种虚拟平台,主要用于信息传输与接收。总体而言,人们运用网络可以连接各个点、面、体,从而实现资源的共享。因此,网络在人类生活中有着十分重要的作用。目前,网络的发展日益迅速,人们的生活几乎离不开网络这一媒体。

第八章 大学英语网络教学的方法与实践

（二）网络技术

网络技术是人类体力、脑力的扩展与延伸，促进人类掌握新的生存方式，对人们固有的生活方式、思想观念等进行冲击与改变。

网络技术这一术语最早源于美国军事领域的 APPANET，这是一种对人类器官功能进行扩展与延伸的技术。1970 年早期，美国政府发现了网络具有巨大的潜能，因此将网络从军事领域扩大到民用领域，主要用于商业贸易与交流。因此，APPANET 与其他网络进行联合，形成了现如今我们所说的 Internet。

世界公认的第一台电子数字计算机通常认为是 1946 年面世的，主要用于计算导弹弹道的"ENAC"。它由美国宾夕法尼亚大学莫尔电工学院制造，它体积庞大，占地面积 170 多平方米，重量约 30 吨，耗电功率约 150 千瓦。

20 多年后诞生的 Internet 可以说是美苏冷战的产物。1969 年，美国国防部高级研究计划署（Defense Advanced Research Projects Agency，DARPA）开始建立一个命名为 ARPAnet 的网络，将美国的几个军事及研究系统用电脑主机连接起来。1968 年，美国国防部高级研究计划署网络项目（ARPAnet）启动。1969 年，首次网络连接实验成功。20 世纪 70 年代，ARPAnet 进入发展的关键时期，由两点链接拓展到 200 多个链接，但仍局限在高级军事领域。1972 年，全世界计算机和通信业的专家在美国华盛顿举行了第一届国际计算机通信会议，就不同计算机网络之间进行通信达成协议。会议决定成立 Internet 工作组，负责建立一种保证计算机之间进行通信的标准规范（即"通信协议"）。1974 年，IP（Internet Protocol，Internet 协议）和 TP（Transport Control Protocol，传输控制协议）问世，合称 TCP/IP 协议。该协议为后来信息全球化时代的到来提供了初步的平台，1983 年成为互联网上的标准通信协议。因特网从战争机器转变为人类信息服务的平台始于"冷战"结束。

Web 是一种以 Internet 为基础的计算机网络连接技术，它允许用户在一台计算机通过 Internet 存取另一台计算机上的信息，这是网络世界得以建立的基础。从技术角度讲，网络是 Internet 上那些支持 WWW 协议和超文本传输协议 HTP（Hyper Text Transfer Protocol）的客户机与服务器的集合，通过它可以存取世界各地的超媒体文件，内容包括文字、图形、声音、动画、资料库以及各式各样的软件。这也使得任何新的计算机都可以将散落在网络空间的各种信息进行无缝对接与组合，形成新的站点和内容。也可以表达为，超文本、超链接、超媒体是 Web 技术的重要表现形态。Web 技术的发展经历了以下几个阶段。

1.Web1.0

Web1.0 指 Web 的第一代实用技术形态，始于 20 世纪 90 年代，其主要使用静态的 HTML 网页来发布信息。从传播学的角度看，Web1.0 形态仍属于传统的媒介信息传播阶段，即信息发布者扮演着精英的角色，其传播信息是"推送式""灌输式"，用户浏览获取信息实际上仍然是单向度的传播模式。但是相比传统媒体，Web1.0 也有特殊功能，它善于集纳、整合各类破碎、零散、微小的信息，并直观地展示出来，而且用户能在各类网站上通过鼠标点击完成"超链接"。

2.Web2.0

2004 年，欧雷利媒体公司（O'Reilly Media）副总裁戴尔·多尔蒂（Dale Dougherty）在一次会议上将互联网的新动向用"Web2.0"一词进行阐述。随后，公司首席执行官蒂姆·欧雷利（Tim O'Reilly）组织了一场头脑风暴，描述了 Web2.0 的框架。由此，Web2.0 这一词语成为新媒体受众探讨的关键词并逐步走向主流。此后，一系列关于 Web2.0 的相关研究与应用迅速发展，Web2.0 的理念与相关技术日益成熟，使得 Internet 在变革与应用的基础上得到进一步的创新发展。BBS、博客、威客、维基百科等新兴网络传播形态应运而生。

Web2.0 是 Web1.0 的技术升级与产品优化，它在 Web1.0 的基础上着重发展了互联网用户之间强有力的互动。在 Web2.0 时代，用户不仅可以获取信息，还可以交换信息、反馈信息。这样，普通用户不仅仅是信息的接收者，也是信息的制作者。在网络信息的传播使用过程中，信息的接收者成为信息的参与者、互动者、分享者，传播主体由原来的单一性变为多元化；草根阶层与精英阶层实现了真正意义上的对话与交流。信息及文件的共享成为 Web2.0 发展的主要支撑和表现。Web2.0 模式大大激发了用户创造和创新的积极性，使 Internet 变得更加生机勃勃。

3.Web3.0

Web3.0 是 Web2.0 的升级版，它在纵向上延展了 Web2.0 的技术范畴与传播维度。早在 Web2.0 的概念被媒体广泛关注之时，Web3.0 的设计就已开始。Web3.0 是建立在全球广泛互联节点（与用户）无障碍互动的概念上的，具有人工智能的特征。如果说 Web2.0 和 Web1.0 解决了互联网"读"与"写"的物理与逻辑层问题，那么 Web3.0 要解决的则是在这两层之上的表象或语意层的问题。具体来说,Web3.0 网站内的信息可以直接和其他网站相关信息进行交互,能通过第三方信息平台同时对多家网站的信息进行整合使用;用户在互联网上拥有自己的数据,并能在不同网站上使用,完全基于 Web,用浏览器即可实现复杂的系统程序才具有的功能。

Web3.0 是一种更加深入、更加专业、更加广泛的技术,比 Web 2.0 的互动更加深入,它创制了一个虚拟的类像世界,让用户体验仿真的快乐与模拟的真实。我国新闻学者喻国明教授认为:"Web3.0 时代是由于网络后台技术的进一步智能化,它使传媒机构具有更加强大的对于极其丰富的网络资源的提纯、整合的技术能力或应用模式(如维基百科、"第二人生"、人肉搜索等),充分利用全社会的微力量、微内容、微价值,形成具有智能化、个性化、定制化的内容服务产品及相关的衍生产品。"

总之,媒介技术的发展在不断地服务于人类社会的需要。Web1.0 满足人们对信息的需求;Web2.0 解决了人与人之间的交往与互动;Web3.0 深化了互动机制,不断满足人们对现实世界的虚拟体验以及仿真模拟的需求。

从 Web1.0 到 Web3.0,不仅是网络技术和网络应用的发展,其本质上也是信息传播途径及传播方式的革命性变化。在传统社会,人们依赖书籍、报刊及广播电视来传播和接收信息,网络技术的发展为人们提供了另外一条途径,这场信息传播的变革当然不可避免地对以报刊和广播电视为代表的传统媒体形成了巨大冲击。

这种根据网络技术发展形成的信息传播新途径足以同任何一种传统媒体形式相提并论,于是人们自然地开始用新媒体这个概念来形容和概括这种新形态。

(三)网络技术的特征

网络技术将分布在世界各地的计算机进行连接,在网络管理软件、操作系统等的辅助和协调下,实现各个计算机的通信,从而实现资源共享与信息传递。网络技术具有如下几点特征。

1. 虚拟性

很多人将网络技术定义为一种虚拟空间,因此网络技术具有虚拟性,其有着虚拟的空间环境,也有着虚拟的个人。

首先,网络空间环境的存在是一种虚拟无形的状态,是基于现实的空间环境而建立起来的。通过网络技术,人们可以交换信息、交流思想,接触文字、声音、图片等并对其进行加工,最终给人以身临其境之感。因此,网络技术的虚拟性并非无中生有的,是一种客观的事实存在。

其次,人们可以通过网络技术使用虚拟的身份与他人进行交往与沟通,也可以选择自己喜欢的角色进行角色扮演,还可以从自己的喜好出发选择适合自己的交往对象,尝试一种在现实生活中无法体验到的新的生活。

2. 开放性

随着网络技术的快速发展,人们有了全方位的、四通八达的交往平台。网络技术分散于世界上的各个角落,无论人们处于何地,都可以享受到网络带来的便捷。

通过网络技术的应用,人们对自己传统的交往方式进行改变,逐步进入一种全新的非集中化的人际交往模式。随着网络技术在人们生活的方方面面得以渗透,人们的交往方式也突破了时空的限制,任何地域、任何国籍的人都可以摆脱地域、身份、职业等的限制和制约。通过网络技术,人们可以自由地表达自己的思想和观点,并充分应用广阔的信息资源。

3. 互动性

当人们与他人进行交往时,网络技术的出现为人们提供了一种新的交往形式。以前,传统的通信工具使得信息资源的接收与发送是单向流动的,而网络技术的出现使得信息资源的接收与发送呈现互动流通。

在虚拟的网络空间中,人们很容易找到他人进行聊天,也可以自主创建微博,与他人分享自己生活的点点滴滴。通过网络技术,他人可以了解自身的想法,自己也可以了解他人的想法,并对他人的观点进行评论,随时随地地发表自己的观点。

可见,在网络技术环境下,人们可以更深层次地进行交往,同时具备信息资源的提供者、生产者、消费者与传播者的综合身份。网络技术的互动性也使得人们的交往兴趣更为高涨,刺激人们的参与欲望,扩大交往范畴,提高信息的价值。

(四)互联网技术在教育领域的普及

1. 信息技术影响下的教育

很多学者认为,信息技术教育应该分为古代信息技术教育、近代信息技术教育、现代信息技术教育或分为传统信息技术教育和现代信息技术教育,这实际上是不规范的,也就是说不能以明确的时代划分作为对信息技术教育划分的界定标准。有学者指出,信息技术教育作为一门新兴学科,其发展起来也是近几十年的事,现代教育理论和现代科技成果是信息技术教育得以发展的重要基础,所以不需要以传统和现代为标准来划分教育技术。

但随着信息时代的到来以及信息技术的高速发展,人们已经普遍接受了"信息技术教育"一词,我国信息技术教育学术界指出,现代的信息技术教育指的是以现代信息技术为核心技术、在现代教育思想和方法及学习心理学成果的指导下进行的教育技术研究与实践活动。在信息技术教育还没有大量出现之前,信息技术教育的发展主要是依赖教育理论与媒体技术,当时产生的信息技术教育与现代信息技术教育是有区别的。可见,信息技术教育的内涵与信息化、信息技术、信息时代密切相关。

(1)以信息技术为主要依托

从本质上说,教育的过程是由信息的产生、选择、存储、传输、转换以及分配等一系列环节组成的系统工程。在这个工程中所采用的多媒体技术、电子技术、信息处理技术、网络通信技术等各种先进技术都属于信息技术。在教育中引进这些信息技术,可使信息传播速度更快,教学效率更高。当今社会,知识迅速增长,在这个环境下,教学效率备受重视,教学质量的提高首先需要提高教学效率。

(2)强调以学习者为中心

以学习者为中心是信息技术教育学科强调的一个重要观点。

首先,在确定教育目标时,使社会的要求、学习者的需求都得到满足,鼓励学习者多样化发展。

其次,在选择教育内容时,要以学习者需要学和适合学的内容为主。

再次,在选择教育方法时,鼓励学习者自主学习和小组合作学习,培养学习者的合作能力、团结意识、人际交往能力等非认知技能,使其更好地适应生活。

最后,在安排教育形式时,以灵活的形式为主,与学习者的学习、生活相协调,巩固终身教育的地位。

(3)使教育资源的配置更加合理

多媒体技术与计算机网络的普及使得社会成为一个密不可分的整体,学习者可从自身的学习目的、学习需求出发对学校、课程及教师进行自由选择,学校之间、学校与社会之间逐渐失去了明确的界线,社会教育资源将因学习者的需求而合理分配,人为因素的影响会越来越弱,社会人力、物力、财力等资源将会得到更加充分的运用。

2.信息技术教育的特征

信息技术教育在教育教学中的应用是非常广泛的,通过对学习过程和学习资源的高效开展与利用,直接推动了教育教学的发展,并表现出信息技术教育发展的时代特征。信息技术教育的特征具体表现如下。

(1)以学生为本

教育是为了培养符合社会发展的高素质人才,满足社会发展的要求,因此在教育教学过程中非常注重学生的发展需求,并鼓励学生个人发展需求与社会发展需求相统一。

在信息技术教育的应用过程中,教学过程的开展不是要考虑教师应该教什么和如何更好地实现教师的教学,而是要将教学思考的重点放在学生需要学什么和如何更好地促进学生的学习方面。教育技术的使用就是要更好地促进教师教学过程的顺利开展,最终实现学生的身心健康发展,为学生的发展需要而竭诚服务。

(2)凸显教师

技术的发展依赖于人的创造,技术的应用依赖于人的实施,在教育技术发展过程中,技术的创造、创新与应用越来越重视人的作用。

在教育教学过程中,教师是一个非常重要的角色,也是教学的一个最重要的教学资源,随着技术的发展,教育对教师的要求越来越高,人工智能的发展虽然可以将教师的一部分工作"代劳",但是,教育不能离开教师的参与。教师的作用是不可替代的。

现阶段,随着社会发展对教育要求的提高,对教师的素质要求将会更高,教师实施教学,不仅仅是将教学知识直接向学生的输出,而且教师在教学中对教学技术的应用水平也直接关系到学生的知识吸收与掌握程度,优秀的教师能选择和应用最佳的教学技术与教学技术组合,从而为学生提供丰富的学习资源,引导和促进学生的知识体系构建。

新时期,随着多媒体技术、网络技术和人工智能技术的飞速发展,信息技术教育在教育教学实践中的应用更应关注人的因素,包括教学技术的实施,也包括新的教学理论、思想观念、方法等的引入。

(3)可选择性

信息技术教育的发展是与新时期的科学技术的发展不断相适应的,教学技术对教学的发展促进使得学生和教师有了更多选择,在教学技术应用上表现出不同教学技术的"适者生存"。

每一次科学技术的发展都是一场科技革命,在新的技术革命中,会有各种新技术被提出并用于教育实践,哪一种技术的教学应用最有效,就能

第八章　大学英语网络教学的方法与实践

被最终保留下来,并进行广泛的教育推广。

在这里必须指出的是,信息技术教育的技术选择性更多地表现在有形的物质教学技术上,例如,在美国,1924 年诞生的教学机器,发展到 20 世纪 60 年代多达 83 种,但随着 PC 机的运用,很多教学机器都被淘汰掉了。先进的教学思想、教学方法的影响会持续发挥作用,并不会在新思想提出之后被否决。

（4）非替代性

信息技术教育的非替代性具体是指教学技术的发展是非替代性的。任何事物的发展过程都是一个"以新换旧"的过程,都是新思想、新方法、新工艺、新技术对旧的思想、方法、工艺、技术的代替,但信息技术教育的发展并非如此,一个新的教育技术出现以后,旧的教育技术并没有马上退出历史舞台,就如同当前信息化时代,多媒体教学技术（幻灯、投影或者电视辅助教学）、网络教学技术（利用多媒体计算机网络为核心技术进行教学）不断发展与更新,但是传统的教学形式依然存在,并且始终发挥着不可替代的重要作用。

信息技术教育的发展是一种累积性的发展,并不是后一阶段的技术体系简单地替代前一阶段的技术体系,随着信息技术教育的发展,信息技术教育体系内容日渐丰富、教学手段日益多样化,教师和学生在课堂上有了更多的选择。

二、大学英语网络教学的理念

（一）视听教育理论

1. 视听教育理论的核心——"经验之塔"

在教育中,教师会运用到各种视听教学媒体,这些教学媒体也发挥着非常重要的作用,视听教育理论也指出了这一点。视听教育理论是现代教育技术应用的基础理论之一,也是教育技术应用需要遵循的一个基本规律。

关于视听教育理论的研究,戴尔（美国教育家）撰写了《教学中的视听方法》（1946 年）,并对当时产生了巨大的影响。其中视听教育理论的核心——"经验之塔"理论就是出自这本书。"经验之塔"理论将人们获得的经验划分为三种类型:做的经验、观察的经验和抽象的经验,并将经验获取方法分成若干层次。

做的经验主要源自如下三个层面：直接有目的的经验、设计的经验、游戏的经验。其一，直接有目的的经验。在"经验之塔"模型中，位于最底部的是直接有目的的经验，指的是从日常生活的具体事物中获得的知识，这类经验最具体也最丰富，从日常生活中总结而来，学生获得直接经验是形成概念和进行抽象思维的基础。其二，设计的经验。通过间接材料（如学习模型、学习标本等）获得的经验就是设计的经验。由人工设计、仿制的学习模型和标本与实物是有差异的，如大小差异、结构差异、复杂度差异等，尽管如此，学生利用这些材料可以更好地理解实际事物。其三，游戏的经验。通过演戏、表演等获得的经验更接近现实。学生要获得关于社会观念、意识形态、历史事件等事物的经验，通过直接实践是行不通的，因此要根据这些事物的特点来设计相应的戏剧活动，让学生在活动中通过角色扮演获得逼真的经验。上述这三种经验的共同特征都是通过学生的亲自实践而获得，比较具体、丰富。

观察的经验主要源自如下几个层面。其一，观摩示范。学生先模仿别人，再亲自尝试，以获得直接经验。其二，广播、录音、照片与幻灯。学生听录音、广播，看幻灯与照片，可获取相关信息，形成视听经验。这些经验来源的真实性不及电视、电影，比较抽象，但和完全抽象的经验相比，还是具有直接性的。其三，参观展览。学生通过观察展览活动中陈列的实物、图表、模型、照片等事物而获取经验。学生在参观展览中看到的事物缺乏真实性，也不具有普遍意义。其四，电视与电影。学生观看电视与电影获得的经验是间接的。利用电视、电影艺术可以将教学中的难点内容形象地表现出来，表现手法有编辑、动画、特技等，采用这些丰富的手法可以生动形象地呈现教学内容，使学生理解起来更方便。电视和电影相比，具有直接功能，学生观看电视获得的经验比观看电影获得的经验相对来说更直接一些。其五，见习旅行。学生在参观访问、考察等活动中对真实事物进行观察与学习，从而增长见识，获得丰富的经验。在学生的学习过程中，抽象思维伴随其整个过程，只是在程度上存在某些差异。随着信息技术的推广与发展，应在这层经验和电视电影之间增加"计算机互联网"这个新的层次经验。以上经验的共同点都是通过学生的"观察"而获得，它们在"经验之塔"中的分布越高，就越抽象。

抽象的经验主要源自言语符号与视觉符号两大类。其一，言语符号。在"经验之塔"模型中位于最顶端的言语符号的抽象程度是整个模型材料中最高的。言语符号是事物与观念的抽象表示方法，包括口头语、书面语等。言语符号几乎不能单独发挥作用，而要和模型中的其他材料结合起来发挥作用。其二,视觉符号。学生在示意图、图表等事物中获得的经验都是视觉符号经验,如水的流动方向用箭头代表、铁路用线条代表等。这些符号是真实事物的抽象表示形式,学生在这些视觉符号中无法看到真实事物的形态。和语言文字相比,视觉符号更直观一些,学生要对视觉符号所代表的事物有正确的理解,这样才能学到知识,获得有价值的经验。

2."经验之塔"理论的要点分析

"经验之塔"理论的基本要点如下。

第一,"经验之塔"模型中最底层的经验是最直接和最具体的学习经验,学生容易掌握,层次越高,经验的抽象程度和间接程度就越强。最抽象的是顶层经验,这一层次的经验便于形成概念,应用起来较为便捷。学生并不是一定要经历从底层到顶层的这个过程才能获得经验;也没有说哪个层次的经验比其他层次的经验更有价值,对经验进行层次划分,只是为了对不同经验的抽象程度有一定的认识。

第二,观察经验在经验之塔中处于中段位置,和抽象经验相比,这类经验相对更形象、具体,更容易被学生理解,有利于对学生的观察能力进行培养,并使其直接经验得到弥补。

第三,获得具体经验并不是学习的目的,要在获得具体经验后过渡到抽象经验,以形成概念,便于应用。在推理中需要用到概念,思维与求知都要以概念为基础,这有利于对实践进行有效的指导。在教育中不能过分重视直接经验和过分追求具体化的教学,而要尽可能使学生达到普遍化的充分理解。

第四,在学校教学中,为了使教学更直观、具体,应充分运用丰富的教学媒体手段,这也是使学生获得更好的抽象思维的重要手段。

总之,"经验之塔"理论模型对学习经验进行分类,说明各种经验的抽象程度,这与人们的认知规律相符,即从具体到抽象、从感性到理性、从个别到一般。

3.视听教育理论的优劣

视听教育理论的核心是"经验之塔",其对现代教育技术起到以下几方面的作用。

第一,经验之塔理论划分出具体学习经验和抽象学习经验两种类型,提出学生的学习规律是从直观到抽象,这与人类的基本认识规律相符,为教学中对视听教材的应用提供了重要的理论依据。

第二，为划分视听教材的类型提供了重要的理论依据，即划分视听教材时，应参考的一个主要依据就是各教材所对应的学习经验的抽象程度，对视听教材的合理分类能够为划分教学媒体的类型和优化选择教学媒体奠定基础。

第三，有机结合视听教材与课程，这也是现代教育技术研究与应用的思想基础。

除了上述这些贡献，视听教育理论也具有以下局限性。

第一，只对视听教材本身的作用进行强调，而对设计、开发、制作及管理等一系列环节不够重视。

第二，视听教育理论对媒体在教学中地位与作用的认识不到位，认为视听教材只是教学的辅助手段，这会导致教育改革的不彻底和视听教育的作用得不到充分发挥。

（二）程序教育理论

程序教育的概念源自行为主义学习理论，该理论中对关于程序教育的原则进行了总结，随着教学原则的不断完善，程序教育理论也逐渐形成。程序教育理论提出，为了最大化地提高强化的频率，最大限度地降低教育中因出错带来的消极反应，应将教学内容分解为一个个相互关联的教育单元来有序实施。程序教育原则是根据刺激—反应—强化的原理总结而成的，具体内容如下。

1. 积极反应原则

斯金纳认为，传统教育以教师为主导，学生的学习存在很大的被动性，对于教师提出的各个问题，学生做出反应的机会并不多，这种学习方式是消极的，要改变这一点，就要在课件制作过程中尽可能让每个学生对每个学习单元都做出积极反应，学生做出反应的方式有选择、填空和输入答案等，这是让学生形成并保持积极学习态度的重要手段。

2. 低错误率原则

教师要根据具体教学内容和教学要求由浅入深地排列教学单元，使学生在学习过程中由已知到未知，尽量对每个学习单元都做出正确反应，最大限度地降低学生学习的错误率，使学习效率得到最大化的提高。

3. 及时强化原则

教师要在学生做出反应尤其是正确反应后给予"及时强化"，让学生知道自己的反应是否正确,并进行相应的调整。

4. 小步子原则

按照教学内容的内在逻辑,将其划分成多个小单元,再按一定的逻辑顺序排列这些小单元,制作程序化教材。学生遵照循序渐进原则来一步一步学习每个单元的知识,先从简单的单元开始,逐步向有难度的单元过渡,程度也越来越深。在今天的教学中,设计教学课件依然需要遵循小步子原则,但不同的是,行为主义学习理论的代表人物斯金纳主张尽可能细致地划分各个学习单元,也就是每个单元越小越好,这样容易造成学生厌学,不利于学生对学习内容的整体把握。现代教学如果要贯彻小步子原则,就应合理划分学习内容单元,单元大小根据教学目标、教学任务及具体教学内容而定。

5. 自定步调原则

传统教学中,所有学生以同样的学习进度来学习各单元的内容,因而导致学生发展的自由性受到了极大的限制。程序教学理论提倡围绕学生这个中心展开教学,让学生从自身情况出发对学习进度自由安排,学生按照自己的节奏学习,学习内动力会不断得到强化。

三、大学英语网络教学的模式

(一)慕课教学模式

慕课教学是基于关联主义理论建构起来的一种在线的教与学方式。慕课教学的诞生并不是偶然的,是随着网络技术的发展而不断发展的。

1. 什么是慕课教学

慕课全称是"大规模在线开放课程(Massive Open Online Courses)",英文简称为MOOC,这一模式源于美国,在短短数年时间,被全世界广泛运用。慕课这一模式是具有分享与协作精神的个人组织而成,将优异课程予以上传,让世界各地的人们可以下载与学习。慕课教学与传统模式的比较如图8-1所示。

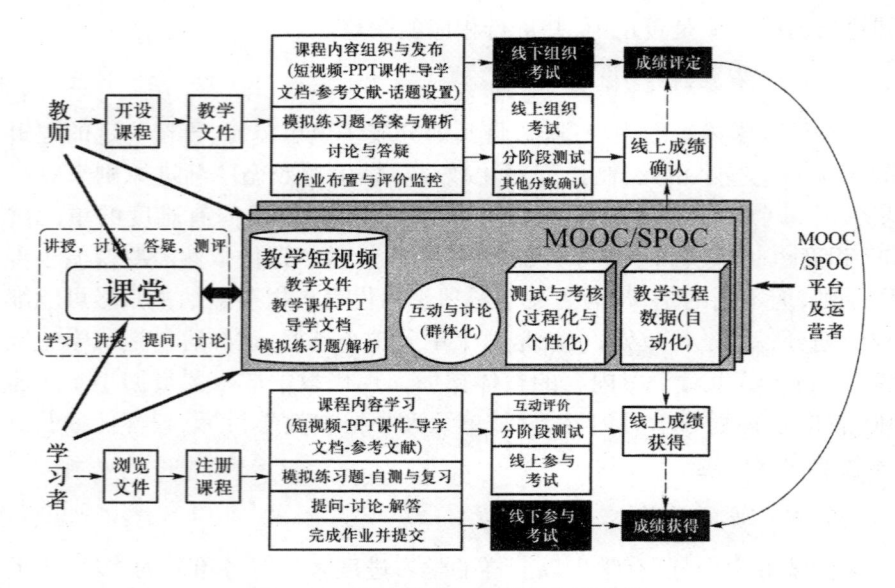

图 8-1 慕课教学与传统课堂的比较

（资料来源：战德臣等，2018）

从形式上而言，慕课教学就是将教学制成数字化的资源，并通过互联网来教与学的一种开放环境。本质上看，慕课教学是一种与传统课堂相对的课堂形式，因为其基于互联网环境而发送数字化资源，实施的是线上教学。学生完成了网上课程学习之后，通过在线测试，可以获得证书或证明。

一般情况下，慕课教学的要素包含如下四点：具有完整的教学视频，一般时间设置为6—10分钟；具有完善的在线考试体系，往往可以实现过程考核与个性考核；具有一定量的开放性话题，可以集中学生的学习兴趣与积极性；具有PPT、电子参考教材、模拟试题与解析等其他辅助资源。

在这些要素的基础上，慕课教学需要教师与学生之间的互动，如教师对信息的发布、回答学生问题等。慕课教学本身为学生提供了学习的数据，教师和学生都可以通过数据对学习状态进行分析，从而改善自身的学习情况。

2. 慕课教学模式的分类

根据蔡先金等人所著的《大数据时代的大学：e课程 e 教学 e 管理》一书，慕课教学模式一般划分为两大类，一种是基于任务的慕课教学模式，另一种是基于内容的慕课教学模式，下面就对这两种模式展开论述。

第八章　大学英语网络教学的方法与实践

（1）基于任务的慕课教学模式

基于任务完成为主的慕课教学模式（图8-2）即侧重于研究学生完成任务之后对知识与技能的获取情况。学习按照步骤开展，学生才能采用符合自身的学习方式，不受其他条件的约束和限制。通过对文本材料或录像材料等的阅读与观看，学生对学习成果予以共享，并通过音频、视频设计等将自己的某一项技能展现出来。这种就是以完成任务为主的慕课教学模式的体现，其对学习社区的研究也非常看重，因为社区是展现学生学习案例与设计的地方，有助于学习内容的传递，其并不关注学生学习的结果，也不对学生展开评价。

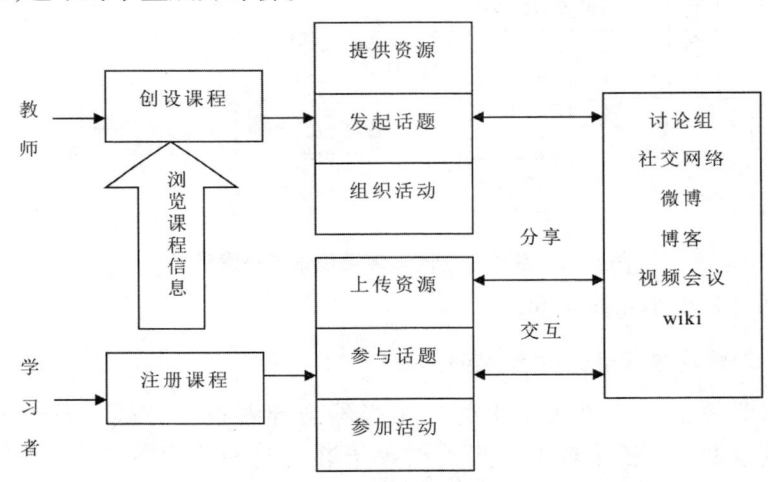

图 8-2　基于任务的慕课课程设计开发模式

（资料来源：蔡先金等，2015）

（2）基于内容的慕课教学模式

基于内容的慕课教学模式（图8-3）主要强调学生对内容的掌握，往往会通过总结性评价、形成性评价等形式，对学生的学习结果进行评价。当然，其对于学习社区也非常看重。

这一模式构建了很多名校的讲课视频，同时设置了专门的测试平台，学生可以免费学习，并获得证书。

但综合来说，上述两种模式具有如下几点特征。

其一，慕课课程的设计与组织是基于网络建构的。

其二，慕课课程的设计不仅涉及课程资源、视频等，还涉及学习社区等。

其三，慕课视频一般为8—15分钟之内。

其四，学生可以自由选择慕课课程的学习内容。

其五，慕课课程的设计对象是大规模的，面向大多数学生，并且设置的学习目标也是多样化的。

其六，慕课课程的设计具有交互性，是开放的、不断创新的。

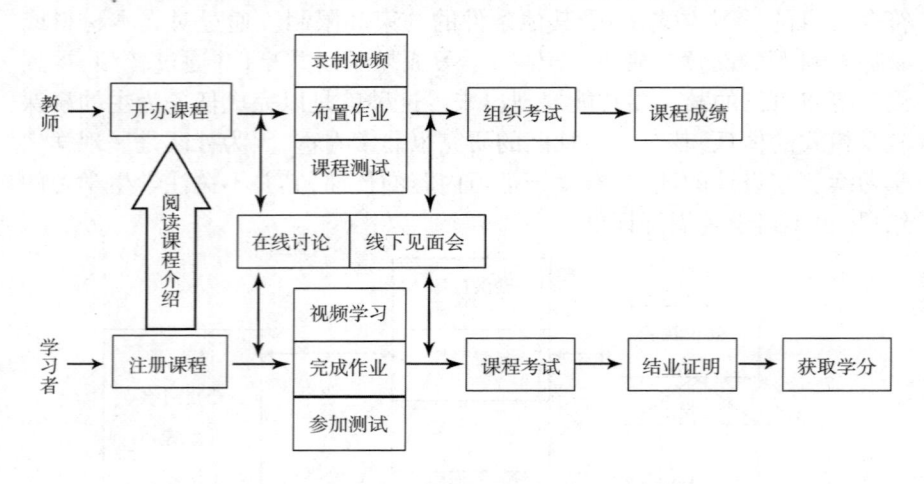

图 8-3　基于内容的慕课课程设计开发模式

（资料来源：蔡先金等，2015）

3. 大学英语慕课教学模式的意义

慕课教学在英语教学中的运用必然会导致教学方式与理念的变革。这就是说，慕课教学对当前的英语教学具有重大的作用，具体表现如下。

（1）突出了学生的主体地位，提高了学生的课堂参与度

慕课要求学生在上课之前就完成相应的预习，在上课过程中由教师来答疑解惑，课后要求学生完成相应的巩固练习，无论是课前还是课后的作业都进行量化，计入总分。慕课这种教学模式改变了传统课堂教学中的师生角色，教师不再霸占整个课堂，而是成为学生学习的引导者和帮助者，学生不再是被动的接受者，而成为学习的主体，在各种作业的推动下，学生积极探索，变为主动的学习者，学习的参与度也显著提高。

（2）营造了良好的学习环境

良好的英语学习环境能显著提升学生的英语学习效率，但是目前的大学英语教学中仍缺乏有利于学生学习的英语环境，这对学生学习效率的提高起到了阻碍作用。而英语慕课教学模式可有效弥补大学英语教学的不足之处。慕课的应用依赖于互联网技术，具有很强的交互性，在慕课学习中，学生和教师能够随时随地沟通，双方的交流不受时间和空间的限

第八章 大学英语网络教学的方法与实践

制,而学生与学生之间也可以彼此交流和分享学习经验,进行合作学习。此外,通过慕课学习,学生可以与世界各地的学生聚集在一起学习英语,相互之间交流和讨论,不仅能营造良好的英语学习氛围,还能接触地道的英语,提高他们的跨文化交际能力和综合英语素质。

（3）充分利用碎片化时间

慕课教学的视频一般时间不会太长,多在 10—15 分钟,短时间的学习能够使学生集中注意力,高效率地进行学习。慕课教学模式不存在时空的限制,学生可以对自己的学习进度加以自主安排,充分利用碎片化时间,对于不理解的知识内容可以反复观看视频进行学习。

（4）扩大学生知识储备

在我国,大学英语教学主要是通过课堂教学的形式展开的,面对繁重的课业压力与紧张的教学时间,课堂教学所能带给学生的英语知识实在有限。而慕课教学以网络为平台,向学生提供了更为丰富的知识储备,方便学生及时更新自身知识。同时慕课的在线课程还包含在线论坛与小组讨论,极大地丰富了学生的学习兴趣与效率。

（5）具有更强的针对性

基于传统的英语教学模式,大学英语教学常采用大班授课的方式,由于教师面临的学生众多,很难详细了解学生的个体情况,更难以开展有针对性的教学,对此教师不得不以单一的标准进行统一授课,从而限制了学生的个体发展。而慕课教学模式有效解决了这一问题,由于慕课关注学生个人诉求,通过慕课教学,学生可以根据自己的爱好、学习水平等选择适合自己的学习内容,真正实现了因材施教。

4. 大学英语慕课教学模式的方法

一般来说,在英语教学中,慕课教学往往会通过如下几个步骤来展开。

（1）重构课程模式

基于慕课的大学英语教学属于在线教学模式,有着传统英语教学没有的优势,但本身也存在一些无法避免的缺陷,如师生之间无法面对面交流,这使得教师不可能彻底做到因材施教,只能根据大部分学生的学习情况来讲解内容。这就使得慕课教学要与传统教学有机结合,采取优势互补的方式重构英语课程教学模式,实现二者的资源整合,提高大学英语教学效果。

两种教学模式有效结合的方式是教师以传统的课堂教学为主、慕课英语教学为辅的形式开展教学,以课本的知识为主要内容,同时辅以慕课教学模式,充分利用慕课所拥有的海量教学资源进一步丰富教学内容,对课本知识进行延展,使学生根据自身的实际情况进行自主学习,扩展知识面。在教学中,教师要将学生置于课堂教学的主体位置,进行师生之间的互动,针对学生的具体问题进行解答,帮助学生理解和学习。在课下,教师可以通过慕课平台对学生进行知识的拓展和补充,满足学生不同层次的需求。此外,教师可以通过慕课模式布置课后作业,并通过网络实时监控学生的完成情况。

（2）科学制作教学视频

慕课是通过视频来传达内容的,所以教学视频是慕课教学的基础与核心,教学视频的质量直接关系着慕课教学的最终效果。对此,教师在运用慕课进行大学英语教学时,应针对学科的特点,精心地制作视频,不仅要控制好视频的长度,同时要科学、精致地安排视频内容。对于视频的长度,通常维持在10分钟左右,视频时间太短将无法充分展现教学内容,视频时间过长则会使学生产生倦怠心理。教学视频贯穿于慕课教学的始终,课前通过慕课视频使学生提出疑问,提高课堂教学的针对性;课中可用慕课视频加强学生的理解和记忆;课后让学生通过慕课视频加以复习和巩固。慕课视频的内容要具有针对性,突出教学的重点和难点,使学生进行有针对性的学习。

（3）完善课程评价体系

课程评价体系是教学的重要环节,是促进学生投入学习的重要手段。学生是否重视一门课程的学习,很大程度上源于这门课程在课程体系中所占的地位和比重。因此,要想促使学生积极地投入慕课学习,就要加大慕课在课程中的比重,提升其在课程体系中的地位。例如,教师要求学生根据自身的情况进行一个或多个慕课课程学习,同时针对慕课课程安排平时作业,并将平时作业的完成情况纳入平时成绩中,将慕课的期末成绩纳入学生的期末成绩中,以调动学生学习的积极性。

此外,完善课程评价体系,还应建立完整的慕课教学考核制度。首先,根据英语教学标准,对学生的英语综合能力进行考核。其次,对学生的学习态度及能力进行考核,并检查学生的自主学习效果。最后,考核学生的慕课知识学习情况,包括学习时长、任务完成情况、学习效果等,增强学生的英语实践运用能力。

（4）教师积极发挥作用

慕课在大学英语教学中的作用不言而喻,但是慕课教学模式尚有待完善,需要教师参与相关的培训,而且学生水平各有差异,需要教师实施有针对性的教学。因此,在慕课教学模式中,教师依然扮演着很重要的角

第八章 大学英语网络教学的方法与实践

色。首先,教师应该积极探索能够激发学生主动性和积极性的慕课课件。其次,教师需要对学生的基本情况有一个清晰的了解,保证慕课课件能够被大多数学生理解和把握。最后,教师还需要了解不同学生的自主学习能力,锻炼学生的心理素质,使他们尽快适应新兴的教学模式。

(二)微课教学模式

随着网络技术的推广,人们的学习方式在逐渐发生变化,这时微课悄然进入人们的视野,并对各个领域产生了重要影响,其在英语教学领域也不例外。可以说,微课为英语教学开辟了一个新视角,提供了一个新平台,逐步推动英语教学向前发展。

1. 什么是微课教学

对于"微课"的概念,目前还未统一,不同的学者观点不同,下面介绍一些有代表性的关于微课的观点。最早提出"微课"这一概念的学者胡铁生,他通过借鉴慕课的定义,认为微课即微课程的简称,即以微型视频作为载体,对某一学科的重难点等教学知识点与教学环节来设计一个情境化且支持多种学习方式的网络课程。

之后,胡铁生又对这一观点进行了改进,认为微课是根据新课程标准及课堂教学的实际情况,以教学视频作为载体,对教师在课堂中针对某一知识点或教学环节而展开的精彩教学活动的有机结合体。

郑小军、张霞则认为,微课不等同于课堂上的实录,而是从某个重难点出发创作的视频,即微课聚焦了重难点问题,将那些有干扰的信息排除掉。

上述众多学者的概念是非常具有针对性的,在一定程度上将微课的特征反映出来。本书作者对于胡铁生的定义更为推崇,认为从本质上说,微课是一种支持教与学的微型课程。

2. 微课教学模式的具体分类

当前,在微课教学中,有几种模式是非常常见的。下面这几种模式的构成要素有着较大的差异,但是各有各的特点与使用范围,下面就对这几种模式展开详细的论述。

(1)非常4+1微课资源结构模式

该模式在教育部组织的全国高校微课教学比赛中是被人们极力推崇与倡导的模式,这一模式主要由五个要素组成,具体如图8-4所示。

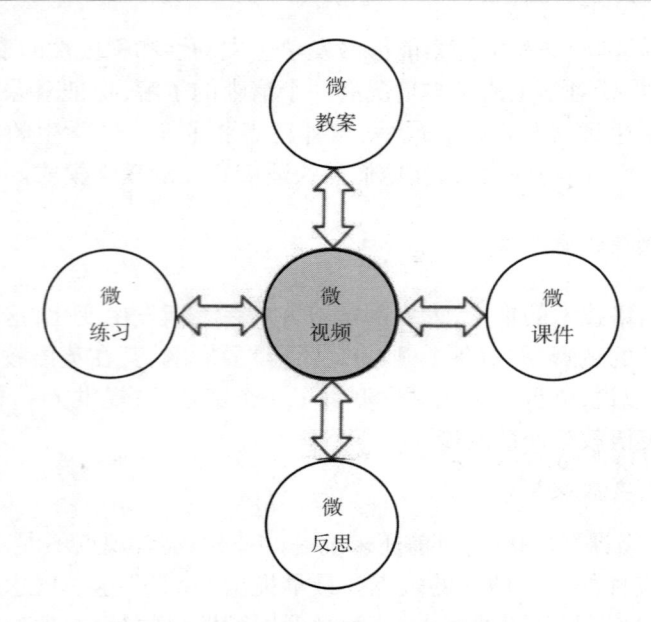

图 8-4　非常 4＋1 微课资源结构模式

（资料来源：王亚盛、丛迎九，2015）

在图 8-4 中，"1" 代表的是微视频，占据着最核心的地位，是核心的教学资源，其他四项包含微教案、微课件、微练习、微反思，是围绕这一核心建立起来的，并配合这一核心完成教学过程的构建。因此，"4" 是指与微视频关系最为密切并与之配套的四种资源，即上面提到的微教案、微课件、微练习、微反思。这一模式的结构非常简单，但是适用性非常强大，对于那些独立的、内容简单的微课设计具有强大的借鉴意义。

（2）可汗学院微课教学模式

这一教学模式是非常独特的微课教学模式，其建设成本较高，但是适用面是非常广泛的，具体如图 8-5 所示。

在这一微课教学模式中，教学设计者、教师、学生三者之间相互促进，但又是相对独立的。可汗学院主要将对教学设计的工作完成作为主要目标，合作学校的教师应用可汗学院的微课视频和练习等作为自己的教学资源，组织学生展开自主学习。同时，也组织学生在课内展开翻转课堂教学。这一微课教学模式有如下几点特征。

第一，可汗学院本身并不存在翻转课堂教学模式。

第二，可汗学院与学校是独立的实体。

第三，可汗学院属于一种在线教育。

第四，可汗学院对于知识的传授非常看重。

第五,可汗学院的教学很难实现人才综合发展目标。

第六,可汗学院很难提升学生的综合能力。

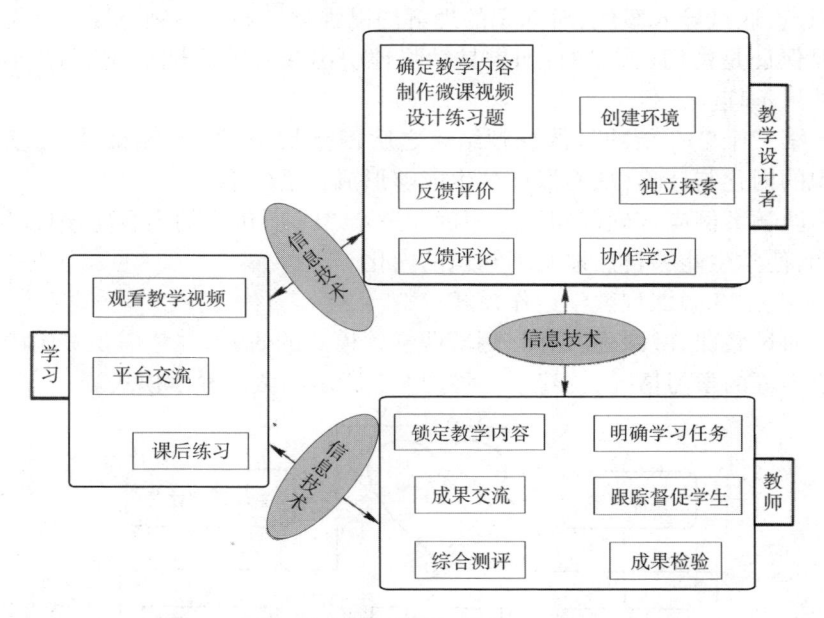

图 8-5 可汗学院微课教学模式

(资料来源:王亚盛、丛迎九,2015)

(3)111 微课内容构建模式

这一微课教学模式是指在每一集的微课设计中,注重把握好这三个"1"的教学环节,结构模式如图 8-6 所示。

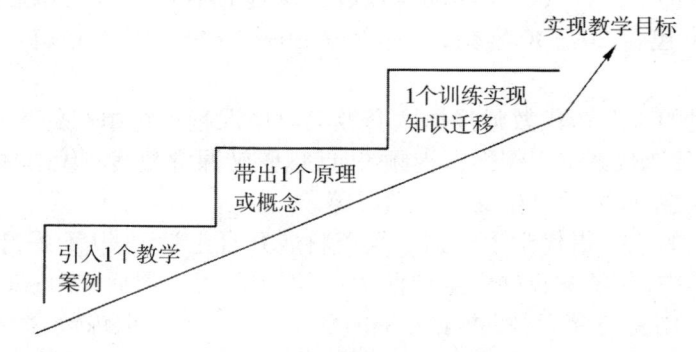

图 8-6 111 微课内容构建模式

(资料来源:王亚盛、丛迎九,2015)

第一个"1"指的是用 1 个案例将教学情境引入,在教学中最好使用一些行业的适用案例进行导入,这样能够让学生明确学习的意义和价值,也能引起学生学习的兴趣和积极性。

第二个"1"指的是通过前面的导入,引出一个本集微课需要学习的知识点,通过导入案例,对知识的理解加以强化。导入案例与知识点的关系要保证是密切、自然的,如果是勉强地引出或者关联性不强,那么会导致结果不佳。

第三个"1"指的是微视频结束之后,利用1个总结、测试操作,实现知识的内化与迁移,从而保证学生能够形成自己的能力。

教学案例应该确保知识点明确。三个"1"所包含的内容应该要环环紧扣,使学生能够自然地实现知识的内化。

(4)123 微课程教学运作模式

通过微课、微课程、慕课、翻转课堂等模式的研究,并考虑现在国内外中小学等的学习情况,构建了一种图 8-7 所示的微课教学模式。

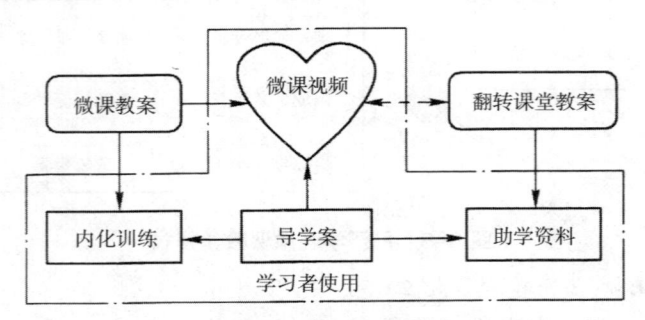

图 8-7　123 微课程教学运作模式

(资料来源:王亚盛、丛迎九,2015)

这里的"1"指代教学活动应该以微课程为中心。一般情况下,一门微课程中包含 20—30 集微课,那么这 20—30 集微课视频就可以称为一组。

这里的"2"指代教师根据两套教案对微课程进行组织的教学活动。其中,以微课教案来组织微课视频设计,以翻转课堂教案组织具体的学习内容、课程结束之后学生的自主学习等。

这里的"3"指代学生根据三组资料展开自主学习,从而提升学习的效果。其中,导学案指导学生课前学习、课中学习与课后学习;助学资料指导学生创新与探索,解决学习中的疑难问题;内化训练包含微课平台中进阶式的训练与检测,还包含一些创新课题研究等,从而便于知识的内化与迁移。

这一教学模式具备如下三个特点。

(1)运行模式分别考虑到教师和学生两大主体的活动内容和关联要

求,使微课程教学运行有机统一,不会产生割裂。

(2)两个教案均以微课视频为核心且各有侧重点和目的性,构建了一个微课程的系统性、完整性教学方案。

(3)指导学生自主、有序和科学地进行学习的三组教学资料密切配合,使不同基础的学生都能得到相应的支持和帮助,减少因学习差距引起的恶性循环,促进全体学生基本上能同步提高学习业绩。

3. 大学英语微课教学模式的意义

在大学英语教学中运用微课开展教学,可以为学生创造直观且优良的教学环境,能让学生将全部精力放在英语学习上,对于英语教学而言意义重大。具体而言,微课在大学英语教学中所发挥的作用体现在以下几个方面。

(1)推动了大学英语教学模式的改革

教育改革的推进深受新型教育模式的影响,大学英语教学改革也在这种模式的推动下不断深化。传统的大学英语教学模式形式陈旧单一,无法满足学生的需求,也无法适应当代社会的需求。通常是一节课中课程讲授量大,往往会超出学生的接受限度,学生多感觉课堂教学无聊乏味,如果使用微信或者QQ发布英语知识点讲解,则会更加受欢迎,因此微课是当代创新性的教学方式,属于知识的传递者,能够满足学生的具体需求。将微课教学运用于大学英语教学,可以加速教学改革,更新教师的教学结构和教学理念,使教师顺应时代的发展和学生的需求,也能让英语教学跟上时代发展。此外,微课推动着大学英语课程内容和体系的改革,微课通过时代信息技术,整合教学资源,可以扩大教学途径,转换学习视角,丰富教学资源,改革课程体系。

(2)顺应时代发展

互联网技术的发展,使得人们更加方便地获取和接收信息。随着互联网进入微时代,微视频、微信、微博等逐渐兴起,并成为人们日常生活中的重要部分。就教学而言,学生对手机的关注多于对课本的关注,教师传统的对段落和知识点的讲解方式只会让学生觉得枯燥乏味,对此有些学生甚至不带课本,而是随身携带手机等工具上课。在信息化时代,学生更能接受数字信息化的学习模式,偏向于既简单通俗又富有趣味性的知识信息,而微课作为信息技术发展和教学改革的产物,能有效满足学生的这种学习心理,对于激发学生的学习兴趣发挥着重要作用。

(3)满足不同层次的学习需求

教师在使用微课教学时,会将微视频上传到微信或者QQ等平台上供学生分享，此时那些在课堂上没有记笔记或者存在理解障碍的学生可以根据需要反复观看视频内容，温习所学内容，进而加深和巩固所学内容。

（4）创立新型的师生关系

在大学英语课堂教学中，教师普遍使用多媒体进行教学，就是以书本内容为核心，以 PPT 的形式讲解课文知识。受课堂时间的限制，教师在讲解过程中语速较快，模式单一，大多数学生未能完全掌握课堂知识，而且对课堂教学缺乏兴趣，因此教学效果往往不佳。而在微课教学中，教师的角色发生了变化，不仅是传授者，也是解惑者和引导者，教师除了向学生提供学习资源，还会指导学生有效学习，满足学生不同层次的个性需求，这有利于改善师生的紧张关系，拉近师生之间的距离。

（5）培养学生的自主探究学习能力

培养学生的自主探究能力是大学英语教学的重要任务之一，因此在大学英语教学中，教师应注重培养学生的这一能力。有效利用网络和微课教学的优势，可显著提高学生的自主探究意识和能力。具体而言，教师在向学生讲解英语课文时，可结合教学中重点内容和课文中出现的不同角色，先播放相关的视频让学生观看，然后对他们进行分组，让学生以小组为单位讨论课文内容，并进行创意表演。通过这一过程，学生不仅积极性被调动，而且能积极自主探究学习内容，加深和巩固对课文的内容理解。

4. 大学英语微课教学模式的方法

从当前的教学实践分析，微课教学有着广阔的前景。虽然英语教学中微课教学的设计是当前关注的问题，但是也不能忽视英语教学中微课教学的实施。

（1）构建微课学习平台

英语教学中微课教学主要是基于视频建构起来的，同时需要互动答疑、微练习等辅助的模块，这些在之前的英语微课教学的构成中有详细提及。但是这些模块的构建对于学生英语学习兴趣的提升、教师信息化应用能力的提高等都是十分有帮助的。在这之中，微慕课平台是一个较为创新的平台，即运用微课教学展现慕课教学的专业化与系统性。这一平台结构更为灵活、知识含量更高，是一个较好的平台。

（2）开发与共享微课资源

当前的英语教学中教学资源设置不平衡现象凸显，而微课教学的出现，使得教学资源可以通过互联网传送到各个地方，便于各个地方及时更新与推进，实现真正的资源共享。

第八章 大学英语网络教学的方法与实践

（3）提升微课的录制技术

英语教学中微课教学要求视频录制技术较高，并且尽可能保证简单化，使教师便于执行，同时不断提升自身的录制技术。

另外，微课视频研发人员也应该不断对技术进行提升，追求卓越的技术，使得英语文化教学中微课教学的实施得到更大范围的推广。

（三）翻转课堂教学模式

翻转课堂是运用互联网思维创新教学的产物，核心在于将互联网开放、自由、平等的特征与英语教学的本质与规律紧密结合，形成对教学活动、师生关系等要素的重新思考与定位。在基于班级授课的框架下，翻转课堂引入网络学习新思维，对课堂的时空加以拓宽，实现传统课堂与网络课堂的有机结合。也就是说，翻转课堂作为一种全新的英语教学模式融入传统课堂中，颠覆了传统课堂的基本结构，为英语教学注入了新的活力。

1. 什么是翻转课堂教学

通常来说，大家对翻转课堂最朴素的解释就是，将传统的课堂学习和课后作业的顺序进行颠倒，即将知识的吸收从课堂上迁移到课外，知识的内化则从课后转移到课堂，学生课前在网络课程资源和线上互动支持下开展个性化自学，课堂上则在教师引导下通过合作探究、练习巩固、反思总结、自主纠错等方式来实现知识内化。

目前看到的最初的翻转课堂实施结构模型（图 8-8）来自美国富兰克林学院数学与计算科学专业的罗伯特·塔尔伯特（Robert Talbert）教授，他在"线性代数"等很多课程中应用了翻转课堂教学并取得了良好的教学效果。

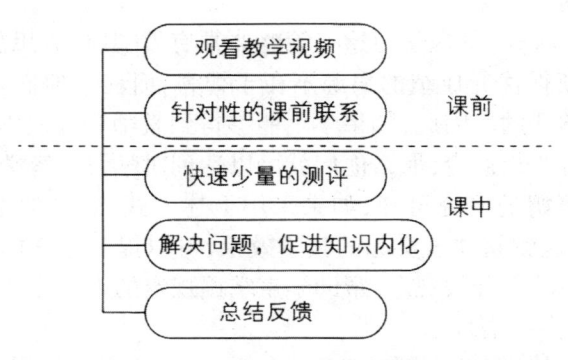

图 8-8 罗伯特·塔尔伯特的翻转课堂教学结构图

（资料来源：孙慧敏、李晓文，2018）

这一模型为后续学者、专家进行教学模式探索提供了基本思路。

随着教学过程的颠倒,教与学的流程、责任主体、师生角色、课内外任务安排、学习地点和备课方式等方面都发生了明显变化。与传统意义上的课堂教学结构相比,翻转课堂颠覆了人们对课堂模式的思维惯性,改变了学生学习流程,从新的角度揭示了课堂的新形式、新含义。有人认为,"翻转课堂"打破了持续几千年的教学结构,颠覆了人们头脑中对课堂的传统性理解,倡导先学后教、以学定教,赋予了学生更多的学习自主性和选择性,强化了师生之间的沟通与交流,实质是学生学习解放的一次革命。这不仅契合了国家教育信息化发展规划指导思想的核心——创新学习方式和教学模式,它也因此被称为是传统教学模式的"破坏式创新",成为信息技术与学习理论深度融合的典范。

2. 翻转课堂教学模式的理论依据

掌握学习理论、学习金字塔理论等,从教学本质层面对翻转课堂教学的实施奠定了理论基础。它们从认知观、学习观等角度出发,对翻转课堂教学的实施提供了理论指导,也印证了翻转课堂在实施过程中对学生学习成果与多元发展的促进价值。

(1) 掌握学习理论

"掌握学习"指的是学生基于足够的时间与最佳的学习条件,对学习材料进行掌握的一种学习方式。这一理论源自20世纪60年代美国北卡罗里那大学的约·卡罗尔。在卡罗尔看来,学生的学习有的快有的慢,但是只要给予他们充足的时间,那么每一位学生都可以获得学习内容。

之后,芝加哥大学心理学家本杰明·S.布卢姆(B.S.Bloom)基于卡罗尔的理论,提出了"掌握学习"教学法,这一理论为后期的教学模式改革提供了帮助。

在布卢姆看来,掌握学习这一策略非常有效,其核心思想在于强调学生之所以未获得优异成绩的根源不在于智力,而在于他们未能获得充足的时间与教学帮助。因此,如果学生能够得到教师和其他学生的帮助,并能够与个别需要相适应,那么他们就可以达到对学习内容掌握的水平。

根据布鲁姆的研究可知,如果采用上述方式,80%的学生可以掌握80%的内容,这就超越了实际的教学效果,可以提升教学的质量和水平,还有助于学生破除分数观念,帮助学生掌握规定的内容。

(2) 学习金字塔理论

美国学者埃德加·戴尔(Edgar Dale,1946)率先提出"学习金字塔(Cone of Learning)"理论,它用数字形式形象显示了学生采用不同的学

第八章　大学英语网络教学的方法与实践

习方式在两周以后还能记住的内容多少（平均学习保持率），如图8-9所示。

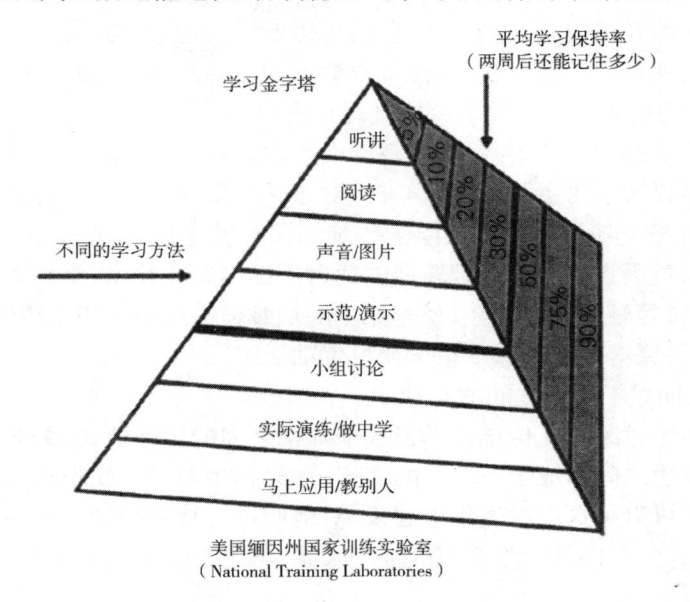

图8-9　学习金字塔理论

（资料来源：孙慧敏、李晓文，2018）

由图8-9可以看出，不同的学习方法达到的学习效果不同，研究表明在两周之后，学生对知识的保持率从5%—90%不等。

通过进行定量分析，学习成效金字塔揭示出从简单的灌输式学习到深入体验式学习对学生的影响的转变，也对提高学习效率的途径进行描述，启示学生应该动用自身的多种器官来展开学习。学生只有对多种知识进行主动掌握，他们才能真正地在做中学。

上述两大理论为翻转课堂的提出描绘了框架，从而为翻转课堂提供指导。

3.大学英语翻转课堂教学模式的意义

翻转课堂教学为大学英语教学提供了新的平台与良好的契机，从本质上体现了英语教学改革的深化，帮助英语教学突破困境，为学生的英语学习提供便利。下面就具体分析大学英语翻转课堂教学的意义。

（1）增加了教学形式的多样性和趣味性

用于翻转课堂的教学视频的制作对教师的专业能力有着很高的要求，要求教师所制作的视频内容简洁、形式多样、幽默丰富等。基于这些要求和特点，翻转课堂有效增添了大学英语教学的趣味性，不仅能创造良好的学习环境,而且能有效激发学生的学习兴趣。此外,很多的翻转课堂教学视频涉及的内容十分广泛,包括英语音乐、英文电影、英语小说等,这些内容与课程教学息息相关,使得教学形式生动形象,更加多样化。

(2)使得大学英语教学更加直观和简单

在传统的大学英语教学中,教师的教学内容主要是以课本为主,呈现方式也是以板书为主,这种教学方式对于学生来说不仅不够直观,而且不利于理解相关知识。如果仅限于传统的课堂教学模式,根本无法有效培养学生的英语运用能力。翻转课堂通过借助多媒体技术,将相关的图片、音乐、视频等融入教学视频,使得原本晦涩难懂的英语知识变得直观和简单,也使得原本沉闷的课堂教学变得生动活泼。

(3)加深了学生之间的互动

翻转课堂改变了传统教学模式中师生之间的相处方式,翻转课堂中,教师与学生之间形成了一对一的交流。如果学生对某一知识点存在质疑,那么教师可以将这些学生集中起来,对他们进行特别指导。另外,在翻转课堂中,教师不再是学生知识的唯一来源,学生与学生之间还可以进行互动学习。

(4)能够使学生反复学习

在传统的大学英语教学中,教师不可能兼顾所有学生的需求和感受,只能按照教学大纲要求和步骤统一进行授课,这就会使部分学生跟不上教师的节奏,无法有效掌握课堂教学内容。而翻转课堂教学可以有效解决这一问题,在翻转课堂中,学生可以随时暂停、重放视频,直到自己看懂、理解为止。

(5)能够提升学生的主动意识

在翻转课堂教学中,师生之间的互动频繁,学生的主观能动性被充分调动,学生掌握着学习的主动权。基于翻转课堂教学模式,学生可以根据教师提供的资源首先进行自主学习,还可以在课堂上与教师展开学习方面的探讨,进一步深化与掌握知识内容,这有效体现了学生的主体地位,而且淡化了对教师的依赖性。

4. 大学英语翻转课堂教学模式的方法

翻转课堂作为一种颠覆传统课堂的教学模式,其教学设计过程当然不同于传统教学设计过程。虽然国内外出现了各种各样的翻转课堂教学,但它们都建立在课程资源、教学活动、教学评价和支撑环境这些要素的基础之上,因而翻转课堂教学的设计也是以此为依据的。

第八章　大学英语网络教学的方法与实践

（1）设计英语教学过程

美国创新学习研究所（Innovative Learning Institute，ILI）提出了翻转课堂设计流程。翻转课堂的设计过程主要包括确定学生课外学习目标、选择翻转内容、选择传递方式、准备教学资源、确定课内学习目标、选择评价方式、设计教学活动、辅导学生八个主要环节。

其一，确定学生课外学习目标。英语教学中翻转课堂教学过程的设计首先要确定学生的学习目标。翻转课堂使得课内教学和课外教学进行了颠倒，学生总共需要完成两次知识内化过程，第一次知识内化是在课外自主学习新知识，第二次知识内化是在课内完成的。显然，课内和课外对学生的要求是不同的，学生需要在课内外实现不同的学习目标。

其二，选择翻转内容。当确定了翻转课堂的课外学习目标后，就要结合学生本身的认知规律和特点去选择课外自主学习的合适内容。课外学习目标主要是低阶思维的目标。

其三，选择内容传递方式。选择内容传递方式是指确定学生的自主学习内容通过什么媒体工具表现出来。教师要结合持有的接收设备情况、学习者的地理位置、学习内容的形式和资源大小等因素，选择与学生开展个性化学习、传递内容形式丰富、传递速度快、获取方便的内容的传递方式。

其四，准备教学资源。在确定了学习内容及其传递方式后，就可以搜集相关的网络学习资源供学生学习，或者开始制作、开发新的相应的学习资源。在该环节中需注意，无论是利用已有的学习资源还是自己开发新的学习资源，均需与先前确定的学习内容保持一致，并且资源的形式、大小等要求也需和传递工具相匹配。

其五，确定学生课内学习目标。第一环节确定的是课外学习目标，是针对低阶思维技能的学习目标；本环节确定的是课内学习目标，是针对分析、评估和创造等高阶思维技能的目标。因为在课外学生能参与的更多是培养其识记、理解和应用等的学习内容，而在课内学生是通过与同伴和教师面对面地交流、讨论和开展协作探究等活动。所以，这一环节的学习目标与第一环节的学习目标有所不同。

其六，选择评价方式。在教学正式进行前，教学中的主体者和主导者，即学生和教师都要对课堂教学活动提前做好充分的准备。对于教师而言，选择一种合适的评价方式非常重要。低风险的评价方式应该是教师的理想选择，它是指不对学生的评价结果进行分数、等级的评比，而仅作为发现学生学习问题的一种教学评测方式。通过低风险的评价方式，教师可以发现学生学习的真正难点，以便教师和学生调整教学计划和学习计划。

低风险的评价方式有很多,其中一种就是常用的课前小测验,这些小测验的题目量并不多,一般只有3—4个问题,针对的是学生在课外自主学习的内容,其不仅仅是检测学生在课前学习的事实性知识,更重要的是为学生提供一个综合应用所学知识的机会。通过课前小测验,教师能及时地把测验中出现的问题反馈给学生,学生也可以向教师提出自身遇到的问题,并通过与教师交流促进问题的解决。

其七,设计教学活动。如前所述,课外的学习内容和活动主要帮助学生解决识记、理解类的知识,在课内则是帮助学生解决学习难点,并充分应用所学知识,学习更深层次的内容。当通过课前评价了解到学生真正的学习难点后,教师需针对性地设计具有导向性的课堂教学活动,以便更好地培养其分析、评估和创造等高阶能力,可采用如基于项目的学习、基于问题的学习、协作探究学习等形式。

其八,辅导学生。教师作为教学的主导者,在各种形式的教学活动中都要充分发挥自身的主导作用,只有这样才能取得良好的教学效果。具体而言,在学生进行教学活动时,教师需提供相应的脚手架,为学生更好地开展活动提供必要的支持。另外,在必要的时候,教师还应该为某些理解学习内容和活动有困难的学生提供个性化的辅导。在整个学习活动中,教师需给提出疑问的学生以及时的反馈,在学生汇报学习成果或学习结束后,教师要进行统一的总结反馈,以促进学生进行知识的内化和升华。

(2)开发英语教学资源

其一,支持翻转课堂的信息化教学资源。广义的教学资源是指用于教与学过程的设备和材料,以及人员、预算和设施,包括能帮助个人有效学习和操作的任何东西。而随着信息技术的发展,信息化教学资源的概念就出现了,它是指在以网络和计算机为主要特征的信息技术环境下,为教学目标而专门设计的或者能为教育目标服务的各种资源,包括教育环境资源、教育人力资源和教育信息资源。

随着信息化资源的发展与应用,翻转课堂教学理念才得以提出。从上述翻转课堂的完整过程可知,支持翻转课堂需要用到的信息化教学资源主要包括教学视频、进阶练习、学习任务单、知识地图和学习管理系统五大类。

翻转课堂教学的实施,不仅需要上述教学资源作为主要资源,还需要借助一定的教学辅助工具软件,该类教学资源几乎贯穿于翻转课堂的全过程,其作用主要是帮助教师进行教学视频的制作、师生间开展交流协作、学生学习成果的展示等。按照作用于翻转课堂教学开展过程中的不同方面,可以将教学辅助工具分为视频制作工具、交流讨论工具、成果展

第八章　大学英语网络教学的方法与实践

示工具和协作探究工具四类。

其二,遵循资源选择原则。翻转课堂的资源包括教学视频、进阶练习、学习任务单、知识地图、学习管理系统和各类教学辅助工具等。每一类资源都不是完美的,不存在放之四海而皆准的资源。每类资源都各具特点,并且每类资源可供选择的具体资源种类、载体类型众多,因此教师应根据教学实际需要选择合适的翻转课堂的教学资源。一般而言,翻转课堂教学资源的选择需遵循最优选择原则、具有较强兼容性、多种媒体组合。

最优选择原则是指教师根据教学内容和教学目标的要求,选择存储和传递相应教学信息并能直接介入教学活动过程中的载体,就是选择教学资源。

具有较强兼容性是指当众多便携式的移动智能终端在大学英语教学中广泛应用以后,大学英语教学不仅变得更加高效,也发生了一场变革。在这种情形下,翻转课堂理念变得普及起来,翻转课堂的应用也得以在大范围内开展。翻转课堂实施的普遍现象是,学生利用各类移动设备,如平板电脑、智能手机等进行课外自主学习,课内教师利用移动终端设备进行授课。因此,资源载体的改变,迫使资源的形式也做出相应的改变,要求其必须兼容各类学习终端设备,在各类终端设备中都能流畅运行。

多种媒体组合是指翻转课堂教学真正做到了以学习者为中心,这对后期的教学资源的选择也有着一定的指导作用,在选择教学资源时,教师应该考虑学生的兴趣、生活现实,尽可能选择丰富的教学资源形式,即有机结合文字、图片、声音、视频、动画等多种媒体形式。

（3）设计英语教学活动

根据前面所述的翻转课堂的完整过程,翻转课堂教学活动设计包括课外活动设计和课内活动设计两个部分。

其一,设计课外学习活动。翻转课堂的课外学习活动一般属于线上活动,主要包括以下几类。

在线学习。在课外,学生通过阅读相关的电子书籍、资料或观看教师提前准备好的讲授视频,掌握并理解课程中的重要信息。在线学习主要有阅读电子教材和观看教学视频两种形式。有时为了加深学生对信息的理解,在线学习的材料还附加一些引导性问题、反思性问题、注释、小测验等,用于辅助学生进行自主学习。

交流讨论。通过在学习管理系统中开辟一个专门的讨论区,或借助专门的在线交流工具,教师和学生以课外学习内容为主题展开交流和讨论。讨论主题既可以是教师预设的,也可以由学生创设。这样,一种师生在线辅导和生生自组织学习的学习模式就形成了。借助这种学习模式,学生掌握学习内容的速度较快,并且掌握的层次较深,从而为课内的学习活动做好准备。

在线测评。在学生完成了新知识学习的任务后,可以进行在线测评。在线测评一般采用低风险、形成性的评价方式,不仅检验了学生的学习成果,还提供一个学生反馈问题的机会。通过在线测评,教师和学生在课内教学活动开展前针对问题提前做好准备。

其二,课内学习活动设计。根据翻转课堂的特点,影响翻转课堂教学效果的最大因素是如何通过课堂活动设计完成知识内化的过程。在设计课堂活动时,关键要看情境、协作、会话等要素是否有利于学生主体性的发挥,从而促进学生达到高阶思维能力的目标。课内学习活动一般可以分为个体学习活动和小组学习活动。

第二节 大学英语网络教学实施的必要性

国内很多高校对互联网环境下的课堂教学实践进行了多次探讨与尝试,但是在具体的实施过程中,能够取得明显效果的学校并不多,这不得不引人深思。因此,本节具体探讨大学英语网络教学实施的必要性。

一、与传统课堂的碰撞与对接

(一)与传统课堂的碰撞

互联网技术下的大学英语课堂与传统课堂的碰撞主要体现在教育理念上,因为当前的教育仍旧难以摆脱"应试教育"的枷锁,互联网技术下的大学英语教学要求革除传统教育理念、教学方法上的弊端。下面就对这两点做具体论述。

1. 难以摆脱"应试教育"的枷锁

众所周知,在互联网技术下,传统的教学模式已经与当今的课堂不相适应,但是面对毕业、就业压力,当前的大学英语教学仍旧未脱离"应试教育"的枷锁。当前的大学英语教学要求学生要学会自主探究、自主预习、自主总结,同时培养自身学习的习惯与思维,要在教师的指导下体验概念与规律的探究过程,并在学习中培养求知精神。但现实是,在大学英语课堂教学中,很多教师主要侧重于讲授,对学生进行满堂灌式的教学,未能顾及每一位学生的接受与感受情况,使学生的主体地位丧失。也就是说,当前的大学英语课堂教学中,教师的教学思想还未根本改变。

很多家长对于学生的考试成绩过分看重,却忽视学生整体素质的提升,教师也未考虑学生的全面发展与终身发展,一味地追求成绩,导致课堂教学主要以知识传授为主,教学过于机械化,搞题海战术,这就很容易让学生丧失探究能力与解决问题的能力。

因此,如果不对传统教学观念与方式进行改变,包含互联网技术下的大学英语教学在内的任何教学形式都很难进行到底,教学大纲的要求也就很难实现了。

2. 互联网技术要求革除传统教学理念、教学方法上的弊端

由于应试教育理念的存在,很多大学英语教师在教学理念与方法上存在着某些问题,这对于他们自身的专业发展是非常不利的,也会影响学生的全面发展。具体来说,这些问题和弊端表现如下。

首先,教师将教学视作教学目的实现的一种方式和手段。教学是传输知识的过程,因此教师只关心对教学手段的研究,而并未探究教学的目的何在。

其次,教师认为教学是教师教与学生学的拼接,教师将书本的知识教授给学生,学生被动地接受,这如同将知识灌输给学生一般,学生只是接收知识的容器。

最后,教师在教学中忽视了学生主观能动性的发挥,缺乏与学生进行互动,也缺乏让学生与其他学生进行互动。

基于此,传统教学模式下的教学阻碍了学生人格的全面发展,使得学生成为应试的机器,这样的教学与教学目的相背离。

互联网技术下的大学英语教学要求教师对教育观念进行改变,他们是否愿意改变,是必须要解决的首要问题。这种教学模式还需要教师具备一定的信息素养,这样才能做得更好。可见,互联网技术下的大学英语教学要求教师具备较高的素质与能力,要不断地在知识的海洋中充实自我,要不断发挥自身的气场对课堂的节奏与进度加以控制,要有宽广的视野来引导学生探索更大的世界。

(二)与传统课堂的对接

虽然传统课堂教学有着明显的弊端,互联网技术下的大学英语教学的优势也凸显出来,但并不是说要完全舍弃传统课堂,而是要求二者的完美对接。具体而言,主要从如下几点着眼。

1. 学校作息时间安排问题

互联网技术下的大学英语教学需要学生花费很多的课后时间展开自主学习，要求教师在教学时间上进行合理安排。在互联网技术下的大学英语教学中，教师不应该占用学生过多的课余时间，应该让他们能够有时间展开自主学习。学生在课后的主要任务就是观看教学视频，进行针对性练习。

2. 学科适用性问题

目前，国外很多的互联网技术与大学英语教学结合的实践都是针对理科来说的，并且理科具有明确的知识点、概念等，教师只需要讲好一个公式、一个例题就可以，因此容易实施这一模式。但是，对于文科来说，其讲授的内容比较广泛，需要师生之间展开思想、情感上的交流与沟通，因此这对文科类教师提出了一个大的挑战。

这就要求，教师要不断提升教学视频的质量，通过教学视频，将所要讲述的知识点进行概括，将相关的理论加以阐述，让学生在课后查阅相关的资料，并进行主动思考，然后在课堂上与教师或其他学生进行讨论，直至深化对该问题的理解。

因此，对于不同的学科，教师需要采用具体的策略来实践互联网技术与大学英语教学的完美结合，并从学生的反馈情况入手，对相应的教学情况加以改革。

3. 教学过程中互联网技术的支持

互联网技术下的大学英语教学的实施必然需要互联网技术的支持，从教师对教学视频的制作、学生的观看等，都需要互联网技术的参与。但是当前，网络宽带、速度等问题对我国各大高校开展在线教学有了一定的限制，因此在实施互联网技术下的大学英语教学时，学校需要对这一问题加以解决。

同样，在教学视频制作的质量上，教师也需要进行拍摄、剪辑等，因此需要一些专业人士的辅助，当然不同的学科有不同的风格，教师需要根据自身学科的特点来定。

4. 对教师专业能力的挑战

在互联网技术下的大学英语教学的实施过程中，教学视频的质量、与学生展开互动指导、课前学习任务设计等都需要教师完成，因此要加强对教师的培训。在提升他们专业理论水平的基础上，不断提升他们的科研能力，对学生的个体差异进行关注，并给予个性化指导。同时，在教师的技

第八章 大学英语网络教学的方法与实践

术素质上也需要进行培训,便于他们制作出生动活泼、丰富的视频资源。

二、应用型人才培养的呼唤

(一)应用型人才的培养目标定位

对于应用型人才,一般可以认为有三个关键特征。

第一,具有人才的特征,即他们的素质较高、能力较高,具备一定的专门知识和技能,能够进行创造性的活动,为社会做出一定的贡献。

第二,具有应用型的特征,这一特征与学术型人才与技能型人才相对应,应用型人才主要面向的是基层,不仅具有扎实的基础与素养,还具有应用型的思维,具有较强的动手能力,善于运用自身掌握的知识,将理论知识付诸实践。

第三,具有创新性特征,这一特征要求人才在富有变化的时代中紧随时代的步伐,必须开拓自己的视野,具有逆向思维与发散性思维,能够将自己的想法付诸实践。

基于此,在应用型人才培养目标的定位上,知识结构以"厚基础、宽口径、重应用、强创新"作为培养人才的基本原则,强调学习的目的就是在于会应用,突出新技术、新理论等在行业中的灵活运用。能力结构侧重指挥、组织等应用能力的训练与培养,凸显创新精神与创新意识等。人格结构强调要具有强烈的探究欲望,具备高度的团队合作意识等。

为了更好地培养应用型人才,教师不仅要对当前社会经济发展的需求有清晰的认识,还要对未来的发展走向予以明确,为学生拓展就业之路、创业之路,为他们未来的职业规划考虑。

面对当前国家经济转型与接轨的需求与特征,教师以能力本位的学习作为着眼点,积极探索培养全新的应用型人才,对学习方式、学习内容等进行改良,努力将学生的学习兴趣激发出来,帮助学生掌握扎实的理论知识,使他们具备较高的应用能力与专业素养,能够采用科学的思维方式进行学习与管理,让他们在开放的环境下有自己的坚守,不盲从,能够抒发自己的创新见解,在竞争中求得生存与发展。

面对未来的不确定性,教师们也在不断地进行思考。随着互联网技术的发展,如何为学生规划更好的未来呢?当前,人与人之间的竞争越来越激烈,一些岗位可能会消失,那么什么样的人不会被社会淘汰呢?教师在大学阶段需要教授给学生什么呢?这些问题都是教师思考的问题,教师应该研究学生的适应能力以及他们的核心素养,不断培养他们分析问题的能力,让他们在浩瀚的知识海洋中学会学习、主动学习,学会终身学习,教师要教会他们面对复杂的环境应该作何选择,应该如何把握时机,从而使自己更好地融入社会,超越自己。

（二）应用型人才培养对课堂教学的要求

为了能够培养出高素质的应用型人才,为了能够让学生将知识转化成现实生产力,有些教师对课程体系进行了一系列的调整,支持学生可以对自己的专业进行自由的选择,鼓励学生进行创新活动。课堂作为学生学会知识的主要渠道,是体现学校办学理念、实现人才培养目标的主要阵地,是不断创新与改革的据点,理应向应用型人才的培养方向转变,快速做出反应。具体来说,需要从如下三个层面着眼。

从教学内容上说,不过多地追求逻辑是否严密、定义是否准确,不侧重对知识的发现与整理、理论的争论与演变,不局限在教室与教材上,而是要与学生的生活与专业贴近,抓住该领域知识的前沿,对成熟理论要点有清楚的认识与应用。

从教学方法与手段上说,要求实行生成性的教学观,让学生运用感官与实践,对自己学习中的问题进行有效的解决,推动学生从自身的经验背景出发来理解与认识知识。注重课堂教学方式多样化,具有灵活性,采用模拟教学法、案例教学法等方法,创设教学情境,引导学生对专业知识进行灵活的应用,利用理论与技术对问题进行解析,培养学生的实践应用能力。采用探索性教学、启发性教学等方法,引导学生进行探索,培养学生的创新性思维。运用现代技术与手段,满足学生个体的需要,促进学生多元能力的发展。

从时空维度上说,教师要不断拓展课堂教学的时空,拓展学生学习与训练的时空,让学生跟随专业的最新动态,获得更多、更真实地参与操练的机会,帮助学生实现自主学习、研究学习。

三、对大学英语课程相关要素的影响

（一）对大学英语教师的影响

在信息时代,互联网技术的广泛应用对大学英语教师有巨大的影响,具体表现如下。

（1）互联网技术对大学英语教师的最大影响在于学生获取知识途径更加多样化了,大学英语教师不再是学生教学信息源的唯一来源。

（2）新时期，新的媒体和技术的应用对教学观念、方式和手段也带来了极大的冲击，对大学英语教师的教学过程影响显著。

（3）互联网技术在大学英语教学中的应用对教师素质能力的提升有重要作用。将现代互联网技术融入课堂中，可以优化教学方法、提高教学效率。但是，由于学生选择学习的时间、内容等具有了灵活性和自由度，很可能会导致学习的失控。就传播学的角度来说，大学英语教师不仅是教育信息的传播者，更是把关人，因此应该考虑实际情况，对信息有针对性地选择，科学调配教学过程。

（二）对大学生自身学习的影响

互联网技术的教学应用对大学生的影响分析如下。

（1）大学生是现代教育技术发展的最大受益者。现代教育技术提供的个别化、网络化的学习方式，可以使大学生根据自己的特点和水平选择合适的学习进度，在轻松的环境中学习，实现真正的"教育平等"。

（2）互联网技术的应用改变了大学生获取信息的途径，改变了大学生基本的听、说、读、写的方式，学习者具备了更加自由化、多样化的表达方式。

（3）信息社会，任何一名学习者都必须具备一定的信息素养，具备独立的终身学习能力。现代教育技术不仅对教师的教学能力有了较高要求，对大学生的自主学习能力也有了较高的要求，要求大学生具有信息社会要求的观念、意识和现代教育技术能力。

此外，信息发展对教学的影响不仅局限于上述几个方面，信息发展推动了教育现代化发展，推动了教育教学的改革，现代化的教育教学是以培养创造型人才为目标的新型的现代教育体系。信息的发展通过互联网技术影响教学，不仅体现在教学物质基础、教师与学生"教"与"学"的影响方面，还间接促进了教育思想现代化、教育内容现代化、教育管理现代化。

（三）对大学英语课程资源的影响

互联网技术的发展与应用，推动了优秀学习资源的共享，学校、公益组织、个人都参与到教学资源共享的过程中来。当前，通过信息化技术的共享，大学英语教学课程资源主要有以下几类。

1.CORE

CORE 是指中国开放式教育资源，是中国优质教育资源的世界推广。

CORE充分借鉴与吸收了美国麻省理工学院、耶鲁大学、牛津大学、剑桥大学等世界一流大学的优秀开放式课件、先进教学技术、教学手段,通过教育创新,不断提高我国的教育质量,并将我国学校的优质的教育资源向全世界推广,实现优质教学资源的积极交流与共享。

2.OOPS

OOPS,即开放式课程计划,是将国外一流大学的开放课程翻译并制作成中文课程,面向我国的师生授课,使我国师生能更好地享受到优质的教学课程。

3.OCW

OCW是Open Course Ware的简写,是世界优秀学校教育资源的全球共享,这些学校将本学校所开设的全部课程的教学资料与课件在网上公布,以便于全世界范围内有需要的人下载与参考学习。

4.网易公开课

网易公开课是通过视频免费分享国内外著名学校的公开课程,如OCW翻译成为中文的课程。

现代教学媒体和互联网技术在大学英语课堂教学中的应用越来越普遍,这些媒体和技术的使用对教育过程、教学过程、教学方法和手段均产生了深刻影响。课程资源的共享是新时期信息化教学带来的一个最显著的教育教学改变。

为了推广和普及信息化教学,我国开通了"校校通工程",使全国90%左右的独立建制的中小学校能够上网,共享网上教育资源,在提高中小学学科教学质量的同时,也为教师的再教育提供了条件。

在网络信息时代,个人、教育机构、学校与外界进行不同层次的信息沟通、信息获取、信息利用、信息共享,实现互联网技术与教学的有效整合,促进了教学的发展,也促进了教师与学生的发展。

第三节 大学英语网络教学的特征与原则

从大学英语教学的理念与模式中可以看出,大学英语网络教学要比传统教学更具有优势。但是,大学英语网络教学也有自身的特征,并在教学中还需要遵循一定的原则。因此,本节就对这两个层面展开分析。

第八章　大学英语网络教学的方法与实践

一、大学英语网络教学的特征

（一）更新大学英语教学的理念

网络技术的创新与应用可使教师对教学过程与教学资源利用有新的思考，进而促进教学观念的更新。

传统的大学英语教学以教师为中心，教师作为传授知识的主体，在大学英语教学过程中发挥着十分重要的作用，而且这种作用被放大化，整个教学都围绕教师来进行，学生只是被动地参与学习。教师是教学技术（黑板、教学教具模型）的绝对使用者，学生只是被动观看。

在大学英语教学观念方面，网络技术的应用为大学英语教学的发展提供了新思路、新思想、新办法，促进了现代教育观、现代学校观、现代人才观的形成。

在现代大学英语教学中，网络技术在大学英语教学过程中得到了广泛利用，不仅增加了师生之间的交流与沟通、实现了师生之间交互的双向教学，教师从单纯地讲授书本知识转变为利用多媒体技术进行教学设计，网络技术在大学英语教学过程中的应用，学习者从被动地接受知识转变为利用网络技术进行自主学习，学生能更加主动地获取知识，教师也在大学英语教学过程中逐渐建立起以学习为中心的观念；"应试教育"更加彻底地向"素质教育"转变。

（二）提高大学英语教学的质量

网络技术的应用极大地提高了英语教学质量。具体来说，大学英语教学质量的提高表现在大学英语教学过程中真正实现了英语教学目标，促进了学生的德、智、体、美等多方面的发展。网络技术在大学英语教学过程中的应用对于学生的多方面素质的发展均有较高要求，学习过程中学生的各项知识与技能不断得到提高，手、眼、耳、鼻、口各个感官共同应用到英语学习过程中，还促进了学生大脑思维的发展，可实现学生的全面发展。网络技术对大学英语教学质量提高的促进作用具体分析如下。

首先，网络技术为教学提供技术支持，能为现代大学英语教学提供一个良好的交互环境，给学生提供更自主学习的机会，使学生更加主动地投入到学习中去，更加积极地去收集、处理、加工、反馈各种学习信息，有助于增强学习效果，促进学生主动发展、个性化发展，提高个体化英语教学品质。

其次，在新时代，网络技术与大学英语教学的结合无时间、空间的限制，有利于创建大学英语教学的大格局，能更加高效地调动各种大学英语教学资源，使得优质的大学英语教学资源得到有效整合，扩大优质的大学英语教学资源的受益面，进而促进大学英语教学质量的整体提高。

最后，现代化的大学英语教学强调高素质全面发展的人才的培养，强调学生的发展应与社会发展相适应，现代大学英语教学为提高教学质量和促进英语教学为社会现代化发展服务，新的大学英语教学观念将会催生新的大学英语教学质量评估体系和评价方式，并有助于建立信息全面的大数据跟踪与检测，促进每一名学生的真正发展。

（三）提高大学英语教学的效率

生产技术的改革必然会促进生产效率的提高，在教育领域，技术也具有相同的提高教学效率的作用。

所谓教学效率，具体是指一定时间内完成的各种教学任务，或者完成相同教学任务量使用更少的教学时间。网络技术的发展和英语教学的结合可缩短英语教学时间，能更加高效地实现教师和学生在英语教学过程中的知识输出与输入。

在大学英语网络教学过程中，丰富而先进的网络技术可使学生综合利用多种感官进行学习，使学生充分获取知识，有实验证实，在学习过程中，学生利用的感官越多，越有利于学生对知识的记忆、理解，就越能帮助学生获得较佳的学习效果，进而提高英语教学的效率。

（四）促进大学英语教学的改革

网络技术的发展是大学英语教学改革与发展的制高点和突破口，引起了大学英语教学领域的多方面变革，具体分析如下。

1. 大学英语教学组织形式的变革

在传统的大学英语教学中，大学英语教学组织形式是以学校、班级和课堂为主场所，在大学英语教学过程中，也重视学生的个体化发展，提倡个别答疑、分组学习，但是，受多种条件限制，学生的统一化教学仍是主要教学形式，学生的个性化教学难以实现。

随着网络技术在大学英语教学中的应用，学生的小组学习、个别化学习成为可能。例如，网络化的传输功能能在各种学科实现实时交互学习。

第八章　大学英语网络教学的方法与实践

2. 大学英语教学手段与方法的变革

网络技术在大学英语教学实践中的应用,为教师的多样化灵活教学提供了更多的技术支持,也能丰富学生的感官体验,有助于提高教师和学生的教与学的积极性与主动性。

教育手段多媒体化,教学方法多样化,在大学英语教学实践过程中,教师对多样化的英语教学工具与方法的选择,能为学生不同教学内容的学习提供最佳的教学环境与教学体验。

3. 大学英语教学模式的变革

在大学英语教学模式上,传统的英语教学模式限于教室、教师、黑板和教科书。现代教学媒体改变了原有英语教学过程的结构,形成了多种人—机结合的教育新模式。

网络技术在大学英语教学中的应用突破了有围墙的学校模式,使教师的"教"与学生的"学"均摆脱了学校、课堂、时间、地域的限制,远距离教学的模式——"网络大学""开放大学""全球学校"得以实现。

(五)扩大大学英语教学的规模

网络技术能扩大教育规模,加速英语教学的发展。

从当前我国的大学英语教学现状来看,国家正在实施科教兴国战略,充分利用网络技术,开展各种远程教育,更多偏远地区的学生受益,客观方面大大节省了师资、校舍和设备,并有效促进了大学英语教学规模的扩大。

(六)转变大学英语教学中师生的角色

在大学英语网络教学中,最大的障碍是教师角色的转变。很多研究者认为,网络环境下的英语教学通过"传递信息"和"吸收内化"过程的转变,教师由知识的传授者转变为学生学习的指导者、服务者;学生由被动的接受者转变为主动的研究者。

二、大学英语网络教学的原则

(一)以学生为中心原则

大学英语网络教学需要坚持以学生为中心的原则。在学习过程中,学生考虑自身的特点与实际水平,主动参与到学习中,选择与自己能力相匹配的内容。在人际交互过程中,学生能够主动地思考,并动手进行操作,从而激发学生学习的主动与积极性。

总之,这种以学生为中心的互联网技术不仅为学生提供了自由的学习空间,还为学生提供了大量的学习内容,保证他们在学习中不断提高,获得更佳的学习效果。

(二)主导式自主学习原则

以网络为核心的现代信息技术逐渐进入到外语教育领域,这就导致以教师为中心的传统教学转向以学生为中心、以教师为主导的教学,以单纯传授知识与技能的教学转向既传授知识与技能,又注重语言运用能力与学生的自主学习能力的培养的教学。

也就是说,当前的大学英语教学应该以网络为依托,集合文字、图像等为一体,通过运用各种传播手段,以个性、开放的形式对大学英语教学的信息加以存储与加工,并进行传播,将互联网技术与大学英语教学紧密结合,将课堂教学与互联网学习紧密结合,以学生为中心,学生展开以教师为主导的自主学习,即为主导式自主学习。简单来说,主导式自主学习即一种有目标指向的积累性的学习方式,学生基于教师的主导,在宏观目标的调控下,从自身的需要与条件出发,制订并完成具体目标的一种学习方式,其主要表现为教师在学习中充当参与者的角色,学生将自身的独立性与主观能动性发挥出来,实现教师与学生的良性循环与有机结合。

在主导式自主学习中,主导指的是教师创造一切与学生学习相关的环境,引导学生建构对周围世界的认知。自主指的是不同于对教师的依赖,而是采用一种独立的方式进行学习,但是这种学习不是自由的学习,而是自主学习,其需要学生形成积极的学习态度,对自己的学习内容、学习目的有明确的认识,并采用恰当有效的方式展开学习。同时,这种自主还强调基于目标的指导,学生要进行自我调控,主动参与到学习中,并努力实现目标。

虽然自主与主导有着不同的视角,但是二者对于世界的认识、对于知识的整合以及对意义的建构等的实效性与主动性都非常注重,都是将提升学生的素养作为着眼点。就这一意义来说,二者是密不可分的关系,自主以主导作为航标与指向,主导以自主作为助推器与支撑单位。

（三）多元互动教学原则

教学是人与主体之间交流情感与思想的过程。教学的效果好坏并不取决于教与学,而是取决于教与学主体间的互动结果。所谓多元互动教学,即在互联网环境下,大学英语教学中教师与学生之间、学生与学生之间、师生与机器之间的相互作用,是一个以促进学生主体认知重组为基础的多层次的交互活动,目的是实现意义的建构。

多元互动教学使现代的大学英语教学的教师、学生、教材等要素形成了立体的网络,学生置于真实的情境中,运用自身所学的知识与技能,通过对一系列的语言实践活动进行观察,并不断进行探索与试验,逐渐掌握语言知识与技能的意义。就这一层面来说,互动在语言教学中被认为是运用语言最本质的特征,是学生获取外语知识的一条必经之路。

在语言教学活动中,语言是知识体系与技能体系的融合,实践性较强。语言教学内容的传授也是教师和学生共同参与的过程,彼此之间通过合作完成任务,从而使学生获取知识。通过多元的互动,学生能够不断发现语言使用的规则以及他们对语言使用的反馈情况,同时将新的语言形式与规则运用到自身的实践中,通过多种实践,学生可以对语言运用的规则加以感悟,与语言表现形式进行对比,体验语言的社会功能,完善自身的语言体系。

网络技术与大学英语教学的整合导致原有的教学要素进行重新配置,从而产生一个具备外语教学过程的、虚拟的网络教学环境,为多元互动教学开辟了一个新的空间。

第四节　大学英语线上线下混合式教学模式

除了慕课教学、微课教学以及翻转课堂教学,混合教学模式也登上社会舞台。开展混合教学,即将课前、课中、课后等环节融合起来,实现更高目标的产出,培养出更多优秀的英语人才。其改变了传统的灌输式教学模式,将学生作为中心,在教师的指导下展开学习。本节就对混合式教学模式展开分析和探讨。

一、什么是混合式教学

混合式教学的本质或核心可理解如下。

首先,依托技术,在"教"与"学"的过程中进行信息和知识的传递。但是在传递的过程中,需要选择合适的时间和对象,采用合适的教学技术和通过合适的技能来优化教学,确定学习者的学习质量和业绩。

其次,混合式教学不是在线学习与课堂面对面学习的简单混合,而是有关"教与学"多个维度和方面的组合或融合。这些维度可以是教学理论、教学模式、教学活动、学习主体、课堂学习环境、在线学习环境、教学媒介、教学材料、教学资源、学生支持服务等。

再次,混合式教学的关键是对"教与学"的所有要素进行合理筛选和优化组合。混合式教学是为达到"教"与"学"的目标,对"教"与"学"的要素进行优化组合,以期获得最佳效果。

最后,混合式教学本身是一种教学理念和教学策略,该策略需放置于信息化和网络化的教学大环境中。该理念可包容各种教学理论、多元的教学方法、多样化的学习目标和学习环境,集各种教学资源于一体,实现师生、生生和人机之间的有效互动。

总之,混合式教学的核心内容应该是融合各种教学方法、教学资源、教学模式、教学媒介和学习环境,在多种教学理论的指导下,将课堂教学与网络学习环境有机整合,注重双主角色(即学生为主体、教师为主导)和辅助角色(教学管理员、技术客服等),注重学生的自主学习、协作学习和个性化学习。混合式的教学通过整合在线环境的灵活性和以学生为中心的特点以及传统教学中的交互优势,试图创建一个最有效的学习环境。

混合式教学的特点可大致归纳如下。

(1)时代性。混合式教学是教育国际化和信息化的一个必然产物,在教育领域备受关注。而且,随着科技的发展和教育技术的不断更新,混合式教学也将被赋予新的科技内涵。

(2)实用性。混合式教学源于企业培训。后来,很多国家将其用于教育领域,包括中小学教学和高等教育的教学、教师培训等。该领域的探索和实践研究表明,混合式教学被证明是非常有效的教学方式。可以说,应用和研究领域非常广泛。

(3)多元性。从混合式教学的定义中便可知"多元"的特征,"教"与"学"多种要素的整合,以及各个教学维度的有机结合。同时,其涵盖的理论基础也是多元的,涉及认知主义、行为主义、建构主义、社会文化理论、教育传播理论等多种教学理论。

（4）动态性。从混合式学习的首次出现到后来经历的几个阶段可知，混合式教学随着时代和环境的改变而不断完善和发展，教学模式、教学方法、教学内容等日趋多样化。

二、混合式教学的理论依据

在理解混合式教学时需要引入很多理论，如建构主义理论、认知理论等。没有理论基础，就很难将研究成果运用到混合式教学环境中。理论对相关研究的作用有很多层面：从研究的概念化到方法论的发展以及研究问题结果的解释。但理论的选取直接关系到能否一针见血地挖掘现象背后的本质问题。

本书将主要介绍两个可以探讨混合式学习及其要素的理论视角：创新扩散理论和课程创新理论。之所以选取这两种理论是因为它们有助于理解带有强科技元素的混合式学习的复杂性。创新扩散理论的视域非常广阔，甚至为混合式学习描述了宏伟蓝图。课程创新理论可用于指导语言教学中的混合式学习，可视为一种创新产品。

（一）创新扩散理论

创新扩散理论由埃弗雷特·罗杰斯（Everett Rogers）于2003年提出，是一种被广泛接受的用来解释社会变化一般规律的理论。其中心思想是任何形式的创新和其运行过程，并将其扩散到全世界。理论揭示了创新扩散、发展、创新决策过程的属性和使用频率、使用分类、扩散网络等方面。罗杰斯的创新扩散理论始于农业领域的创新，特别是玉米杂交种子在爱荷华州农村地区的扩散，罗杰斯在20世纪50年代中期首次做了这个研究。从那以后，各个领域的学者都开始广泛使用该理论，将其用于社会学、交际学、教育学、市场营销、人类学、公共卫生医疗等。不管是哪个领域，他们都使用相近的定性、定量方法进行扩散研究。定性的研究主要通过案例分析、观察法和访谈的形式，而定量研究主要是问卷调查的方法。创新扩散曾用来解释各种创新做法和对象，如用于沸腾的开水、发展中国家疾病传播的预防、高速公路拼车专用道的设立、美国家庭个人电脑的购买等。这些做法和使用对象的共同之处就是为使用者提供创新的理念。

罗杰斯（2003）对创新的界定是"任何个体或使用单位所认为的新理念、新做法或新事物"。该理论最主要的两大内容是创新的属性和创新决策过程。在罗杰斯看来,每一种创新都有五个帮助或阻碍扩散的属性:相对优势、兼容性、复杂性、可测试性、可观测性。相对优势是指用户是否将这种创新视为一种优势,创新带来的优势越多,采用的速度就越快。相同的关系同样适用于兼容性:对创新的看法是否与使用者已有的经验和价值观兼容。另一方面,复杂性对使用有着消极的影响,因为创新越复杂,接受的可能性就越低。可测验性是指用户能尝试该创新的程度。可观察性是指某种创新在被使用之前能被观察的程度。可测验性和可观察性对创新的使用起着积极的作用。这些属性在帮我们理解用户对创新的看法上至关重要。同时,罗杰斯理论中的相对优势和复杂性又是技术接受模型(Technology Acceptance Model)框架中的重要元素。技术接受模型是用来描述人们如何接触和使用新技术的一个理论模型。在该模型中,罗杰斯的相对优势和复杂性可大体理解成预估有用度和预估使用简易度这两大特性。预估有用度是指某种技术提高工作效率的预估水平,预估使用简易度代表着某种技术可以多大程度上减轻工作量。

  罗杰斯理论中的另一重要内容是创新决策过程,它向我们解释了个体从接触某类创新到完整使用该创新的全过程。该模型中有五个阶段:知识、说服、决策、执行和确认。"知识"阶段是个体接触某种创新、了解其目的和功能的过程。该阶段涉及创新的三类知识。认识—知识(某创新中所包含的信息)、如何—知识(有关如何使用该创新的信息)及原则—知识(该创新的运行原则)。说服阶段是第二阶段,是一个表示个体对某创新形成看法的阶段。这种看法可以是积极的或负面的,反过来又可以影响该创新能否被采用。同时,为了了解该创新是否可以在某特定的环境中运行以及为了减少有效性的不确定因素,个体通常还会向其他个体、可靠的来源或者媒体寻求评估信息。同行一般是该阶段主要信息来源,为新用户提供支持并减少创新结果的不确定性。决策阶段用来决定用户是否采用该创新。当然,在使用之前,个体会在自己所处的环境中先试用该创新。他们有时候也会从其他渠道寻求额外的信息。试用后,如果认为这种创新是有利的,那么就会马上进入执行阶段。执行阶段就是使用创新的阶段。该阶段的特点是对创新的持续性使用,最后就会开始有规律地定期使用。用户会通过技术协助和正强化等形式寻求使用支持。一旦该创新被制度化了,执行阶段就结束了,开始进入了确认阶段,这也是最后的阶段。确认阶段的创新会完全成为一种当前的例行做法,这时候用户开始将这种创新推荐给其他人。

第八章 大学英语网络教学的方法与实践

（二）课程创新理论

罗杰斯和其他扩散理论研究者的观点被用于 Numa Markee 的语言教学和教师教育研究中，为此 Numa Markee 创立了课程创新理论（1997）。该理论特别适合语言教学的专业人员，因为创新课程是如何设计、实施并得到沿用都为语言教学人员提供了很好的指导意见。Markee（1997）认为，课程创新就是"研发产品被管理的过程，主要的产品是教学和(或)测试材料、方法论指导下的技能以及教学价值观，这些产品在潜在的用户看来都是创新的产品"。Markee 从 ESL 项目的教学助教中找到了很多的课程创新资料，为第一个主要产品，即新的教学材料找到了来源。这种新的教学素材都是由所有的教学助教研发的。第二个主要产品，即新的操练方法，这些新的操练方法都是来自 ESL 课程项目中 5 名助教的教学体验。为了更好地记录参与者的数据，Markee 曾建议用纵向数据法进行数据的收集，最后，Markee 表示新的教学价值观的研发比较困难，因为其本身具有抽象性和复杂性。他也总结道："方法论和态度上的变化是没有规律的，如何找到材料中的变化也存在一定难度。"

该理论告诉我们，在信息技术不断推进的环境下，教学需要满足学习者的需求。混合式教学设计非常关键，涉及教学内容、教学策略、学习者的特征分析、教育媒介的选取、教师和学生活动的设计等多个元素。不管哪个理论，其基本的理论假设都是一样的，即在有意义的教学情境中，每个个体都应是积极的行动者，旨在寻求和构建自己的知识。混合式教学的目的是为学生创设既真实又多维度的语言学习环境，能将学生的学习与之前的知识甚至现实世界相联系。

三、大学英语线上线下混合式教学模式的优势

（一）方便灵活

信息科技与互联网的发展及其所带来的便利，使得英语教学视频可以在网上广泛传播，多样化的视频教学形式，如专题讲解、碎片化学习、视听说一体的视频教学等教学形式开始出现，使得英语教学的灵活性大大提高。首先，学生可以通过网络方便快捷地获取多元化的教学资源，不受时间和空间的限制而进行碎片化的学习。其次，教师可以网络资源提升自身的专业素质和水平，从而开展形式灵活、多样化的优质教学，提高英语课堂教学效果。

（二）贴合需要

在大学英语教学中运用线上线下混合式教学模式,能有效加强学生的学习体验,提升学生的学习效率,而且切合学生的实际需求。首先,网上含有大量的英语教学视频,学生可以根据自身的水平和学习需求,自主选择优质课程,有针对性地利用教学资源。其次,通过线上线下混合式教学模式,学生可以获得丰富的学习体验,会形成自主探究的学习习惯,满足个性化发展需求。

（三）切入精准

相较于传统的教学模式,线上线下混合式教学模式切入点精准,在整体上能够扩展学习空间。该教学模式引发了教师主导的课堂格局的改变,通过丰富的线上资源来充实课堂内容,并且通过线下形式多样的个性化实践措施丰富学生的学习体验,进而精准地切入学生的爱好点,拓展学生的学习空间。将线上线下两种模式混合应用,能够有效改变教学的思路,切实优化教学质量。

四、大学英语线上线下混合式教学模式的具体步骤

线上线下混合式教学模式在英语教学中的应用大致分为以下三个阶段。

（一）课前阶段

在基于线上线下混合式教学模式的英语教学中,教师在授课之前要针对具体的教学内容和学生的学习情况选择切合的课程资源,并且结合实际情况设计能够培养学生自主学习能力的学习任务,以充分利用教材和网络课程资源。例如,"朗文交互学习平台""新理念外语网络教学平台"等都是可以实现师生交互的移动网络平台,通过这些平台,教师可以将教材中所涉及的学习计划、学习目标、学习重点、学习难点、学习主题等相应的预习内容和学习任务等及时发到学生手中,学生可以根据任务的要求通过不同的方式,如个人独立思考、小组讨论等,有效地获取知识背景,高效地完成预习任务,而且在这一过程中,自主学习能力也会相应地提高。在这一阶段,教师可以利用自主式的学习平台,充分实现师生之间的互动,为学生提供有效的在线咨询,为学生答疑解惑,向学生提供

有针对性的辅导和帮助,进而切实提高学生的自主探究精神和自主学习能力。

（二）课堂阶段

所谓线下,也就是课堂上的面授。在这一阶段,主要是通过课堂的教学平台和自主学习平台的相互融合,展开具有针对性的多媒体辅助教学。首先,教师根据学生对课前预习的完成情况进行检查和分析,重点指出相关问题。其次,运用多媒体创设富有情境化的教学内容,进一步提出问题,引发学生积极思考,进而激发学生的探究意识。再次,教师结合教学实际情况和单元主题,设计相应的学习任务,鼓励学生积极讨论,也可以通过情景对话、角色扮演等方式,激发学生参与的积极性,促使学生主动参与课堂教学活动。最后,教师鼓励和引导学生进行总结和反思,可以让学生进行自评或学生之间进行互评,进而总结学习内容,激发学生的学习动机和自主探究精神,巩固学习知识,同时提升协作互助意识和英语应用能力。

（三）课后阶段

在课后阶段,教师可以通过线上线下混合教学模式进一步补充相应的学习材料,有效拓宽学生的视野,加深学生对所学知识的理解和掌握程度。在课后,学生也可以利用网络平台寻找相应的复习资料,进一步加深学习效果,增加练习的实践,扩大知识范围,更好地完成相应的学习任务。课后巩固延伸了课堂教学的空间,能够显著培养学生的自主学习能力,也能够为学生养成良好的终身学习习惯打好基础。

第九章　大学英语生态教学的方法与实践

进入 21 世纪，人们认识到人类之所以进步，与生态有着紧密的联系。对于大学英语教学而言，从生态学层面进行研究符合可持续发展的规律。可以说，就生态语言学而言，大学英语教学是一个完整的微观生态系统。因此，本章就对大学英语生态教学的方法与实践展开分析。

第一节　大学英语生态教学简述

21 世纪被认为是生态世纪，生态学的思想被人们所熟知，成为人们生活与工作的新方法。很多教育工作者也将视角转向对生态学理论的研究，并将这些理论成果用于大学英语教学中，这就是所谓的大学英语生态教学。谈到大学英语生态教学，首先来谈一谈生态课堂，进而分析大学英语生态教学的本质。

一、生态课堂

随着环境问题的日益严峻，生态化已成为人类生存和发展的一种趋势。生态学已经在各个领域都有所渗透，"生态"一词涉猎的范围也非常广泛，人们常用其对美好的事物加以描述与界定。

当然，文化背景不同，人们对"生态"的定义也不一样，多元世界的存在要求多元文化的融入，正如"生态"追求物种多样性的理念一样，从而保证生态的平衡性。

"课堂"从广义上说是进行各种教学活动的场所，其在教师、学生、环境之间形成一种多功能综合体，是一个充满意义与生机的整体，是焕发出生命活力的一种复杂系统。

第九章　大学英语生态教学的方法与实践

（一）生态课堂的定义

生态课堂是从生态学的视角出发，对生态状态下的课堂加以研究的学科，其强调教师、学生、教学信息与组织、教学环境、教学平等等环节要实现和谐统一，是对师生关系、课程结构等进行的新型建构，是一种各个环节之间彼此联系与和谐共生的教学形态。

（二）生态课堂的主要观点

生态课堂的第一要义是可持续发展，核心在于以人为本，因此教学中教师应将学生作为主体，教师处于主导地位，促进学生的全面发展，基本方法是保持课堂中各个要素之间的平衡。生态课堂的本质就是焕发生命的活力，激发生命的潜能，提升生命的品质，实现生命的价值。

二、大学英语生态教学的本质

教育要以人为本，因此大学英语生态教学也应该这样。人的生命发展具有多元性，而学生个体的发展具有多样化，这包含他们身心和谐的发展、个人的求知欲、与他人和谐相处的能力等。

但是，学生个体的发展不能牺牲他人，因为教育面向的是全体学生，所以要兼容并包，对其他学生要予以尊重。因此，大学英语生态教学的本质就在于通过生态课堂，让学生逐渐汲取成长所需的营养，同时通过物质、能量等转换对生态课堂产生影响，为他人的成长创造条件。可见，大学英语生态课堂本身是一个良性循环的过程，是物质、能量与信息的转换，不仅促进学生生命成长，还促进了社会的可持续发展。

三、大学英语生态教学的理论基础

对新时代高校英语课堂与生态教育的融合展开研究，必然会涉及一些生态学的基本概念，并运用一些生态学的基本理论，如生态学、教育生态学、生态语言学，同时还会将系统科学理论融入进去进行探讨。

（一）生态学理论

21世纪被大家视作生态世纪，生态学的理念逐渐融入人们的内心，成为人们生活、工作不可或缺的一部分，也是一种新的理念与方法。由此，

很多教育工作者也将研究视角转向生态学,并将其运用于具体的教学实践中。

1. 什么是生态学

生态学是研究生物与环境之间相互作用的一门学科,包括生物个体之间、群落之间、生物和非生物之间的相互作用。该词是由自然学家亨利·索瑞于1858年提出的,但他没有给生态学以明确的定义。德国著名博物学家艾伦斯·海克尔在其所著的《普通生物形态学》中初次把生态学定义为"研究动物与其有机或无机环境之间相互关系的科学,特别是动物与其他生物之间的相生相克关系"。该词由希腊语 oikos 和 logos 发展形成,oikos 表示住所,logos 代表知识,因此对生物"居住"的研究是生态学的本义。

在这之后,作为现代科学体系中的一个关键学科——生态学,得到了确立并慢慢发展起来。一般情况下,研究环境系统是生态学的范畴。"环境"是指相对于人类创造的世界而言的自然世界。生态学研究自然界的各要素以及各要素之间的互动,包括生存、生命、生产之间的密切关系,体现了整体性、总体性和全面性的特征。

2. 生态学理论对高校英语课堂的启示

课堂属于一个微观层面的生态系统,其内部教育生态规律是客观存在的,因此生态课堂的构建必须在教育生态规律下,对教学活动进行合理的安排,这样才能提升教学质量。

(1)限制因子定律对高校英语课堂的启示

生态课堂中的限制因子是达到耐受限度甚至超过耐受限度的一种环境因子。在课堂生态系统中,其主要涉及两种。

①物理性生态因子。某种固定的物理性因素出现不够或者过度的情况时,就会导致课堂教学中出现限制因子,对教学活动产生影响。例如:

学习空间的不足或者拥挤的时候,就会对学生产生一定的心理压力。

学习设备达不到学生的需求时,就会导致学生出现精神上的渴求,对学生的学习兴趣产生影响。

教学媒体的度也会对学习效率产生影响,教学过程中可以通过听觉、视觉等多个通道,对学生的学习加以促进。如果仅仅采用单调的教学媒体,这样会使得课堂教学过于沉闷单一,如果使用的教学媒体过度,也会对教学资源造成浪费,学生仅仅停留在表面的视觉冲击上。

②人为性生态因子。在课堂生态系统中,除了非生命的物理性因素外,对教学造成影响的其他因素被称为是人为性生态因子,这些因子主要

第九章　大学英语生态教学的方法与实践

包含如下三个层面。

第一,与课堂教学活动不存在直接相关性的师生活动,如社会调查、课外活动等,教师布置过多的作业,对学生的课下时间进行占用,或者家长对学生的一些课外活动并不支持,导致学生课外活动的展开,成为一种限制因子。

第二,在课堂上,教师、教学管理者、学生等的一些个体或者群体活动,如教师与学生的合作学习等。在课堂上,教师不能仅仅对少数学生加以关注,否则那些处于活跃地带之外的学生就会逐渐对学习失去兴趣。

第三,教材设置、课程设定、各种规章等。教学内容应该与学生的真实生活联系起来,对学生的最近发展区予以关注。如果与学生的生活世界脱离,那么他们的学习就会变得抽象,学习内容就成为课堂教学的限制因子。

(2)生态位原理对高校英语课堂的启示

生态位指的是每一个物种在群落中的时间与空间位置以及与机能之间产生的某种或者某些关系。任何物种在生物群落中都会有特定的位置,并且也都有着特定的功能,对整个系统的稳定性与完整性进行维持。在课堂教学中,每一位学生也都有各自的"生态位"。在不同的教学过程中,学生所处的生态位也是不同的,分别扮演着不同的角色,如参与者、优胜者、落后者等。

学生自身知识、能力等以及教师或者他人的评价对这种生态位的形成作用非常巨大。其中,教师对学生的评价会对学生的自我效能产生影响,进而对学生的学习成绩产生影响。因此,在教学过程中,教师应该对不同生态位的学生进行平等的对待,帮助学生找到适合自己的生态位,从学生的不同特点出发,选择适合自己的教学内容与方法,使不同生态位的学生都能够得到应有的进步与发展。

(3)耐度定律和最适度原则对高校英语课堂的启示

课堂生态系统中的个体、群体等对每一种环境因素都会存在一定的耐受能力与承受能力,达不到这种耐受度或者过度超过这种耐受度的都会对课堂教学产生不利的影响。在实际的课堂教学中,应该从如下几点来考虑是否实现了最适度。

①教学资源的量。教学资源上要考虑教室、实验室等物质条件是否充足,教师是否使用了合理的教学工具、是否控制好教学媒体等。

②学生作业的量。对待同一个教学内容,不同学生的作业耐受度明显不同。教师在布置作业的时候,应该从学生的耐受范围考虑,同时对那些学习能力强的学生适当增加作业量,保证他们能够进行充分的学习。

③教学内容的难度。学生的学习能力存在差异,因此教师应该对知识的深浅度把握好,从不同学生的特点出发,采用不同的教学要求,对不同层次的问题进行设计,让学生找到适合自己的知识。

④教学节奏。教学节奏应该控制得当,如果学生长期处于紧张的状态,对于他们的身体健康非常不利,如果学生长期处于松弛的状态,对他们潜能的发挥也是非常不利的。

(二)教育生态学

教育是一门时代科学,教育生态化是基于社会生态化发展起来的,未来的教育应该呈现出生态化的趋势,这与时代的发展相符合。教育也将通过生态化的发展,对中国社会生态文明建设起着非常重要的作用。

1. 什么是教育生态化

对于"生态化",一些国内的研究者将其定义为"生态学化",其意义是将生态学原理在人类的全部活动中进行渗透,用人与自然和谐发展的观点对不同的问题加以认识与思考,从社会与自然的具体可能性出发,采用最优化的手段处理人与自然的关系。因此,教育生态化指的就是随着社会各个领域危机的出现,现代的教育必须对自己的发展方针等进行调整,让教育走向生态学化,建立起与生态规律相符的教育系统,从而不断培养出具有生态知识、生态技能、生态智慧的新人。

就目前的研究来看,教育生态化的实现又包含两大途径:一是生态教育,二是教育生态。二者的产生都是源自生态危机,最终都是为了建构和谐的生态系统。但是二者所达成的方式不同。生态教育的核心在于教什么,因此是以生态知识作为内容展开教育,与可持续教育关联紧密,目的是培养学生的生态意识,让学生能够更好地保护环境。教育生态的核心在于用什么来进行教育,即以生态学作为研究视角,目的是研究教育如何作为社会生态系统中的一个子系统来发挥作用,从而更好地发挥教育的育人功能。

2. 教育生态学相关理论

20世纪七八十年代,生态学的原理逐渐扩大,逐渐向人类社会科学的层面上渗透,同时也促进了教育生态学的进步与发展。下面重点介绍一些相关的理论。

(1)花盆效应

在生态学上,花盆效应被称作局部生态效应,是奥地利地质学家修斯

第九章　大学英语生态教学的方法与实践

(Eduard Suess)在他的地质学论著中提出的。我们都知道,花盆是一个半人工半自然的小生长环境,虽然与自然的生存环境不同,但是只要具备适合作物生长的温度与湿度,那么作物就可以长得很好。但是,这样导致它们对生态因子的适应性、生态位等下降。也就是说,由于生存环境变坏,环境的竞争力也逐渐下降,个体的功能逐渐衰落。因此,花盆里面的植物如果离开了人的照料,那么就会经不起任何风吹雨打,很容易就会枯萎,这就是所谓的花盆效应。

（2）边缘效应

1942年,生态学家比切尔(Beecher)提出了边缘效应的概念。他发现在两个或者多个不同的生物群落交界的地方,会出现不同种类的生物共同生长的情况,并且群密度也有着很大的变化。有些物种的生长可能更加旺盛。例如,在田间进行试验的时候,虽然有着相同的土壤条件,但是由于每一种植物所占的空间不同,以及受到不同的小气候的影响,周边地区与中央部分的植物在颗粒数、植物高度上会出现明显的不同。这种现象就被称作边缘效应。

中国生态学家王如松和马世俊对边缘效应下了定义,即认为在两个或者多个生态系统下,由于某些生态因子与系统属性存在差异,就会造成系统某些行为与组分的变化。

边缘效应源自强烈的竞争,但是以和谐共存的结果收尾。按照性质划分,边缘效应有静态的和动态的两种。前者是外界没有稳定的能量与物质输入,边缘效应是不稳定的。后者是移动的边缘效应,有能量、物质的输入,边缘效应相对稳定。

（3）整体效应

所谓整体效应,即生态系统各个组分在质量上的变化,以及在相互作用的过程中对本系统或者更高级系统所产生的大的效应。其中,生态连锁反应是最典型的整体效应。

例如,欧洲曾出现过严重的鼠疫,很多人死于鼠疫这种现象。这是因为当时人们杀害了很多猫。就是因为杀害了猫,导致很多人死于鼠疫。又如,近些年,由于人们对野生动物的保护,导致很多地方野猪增加,这对当地的农作物等造成了损害。

整体效应还包括另外一种,那就是1+1＞2的现象。具体地说,生态系统具有不同的层级,下一层级的两个或多个系统作为生态因子组成更高一层的生态系统,但新系统的结构功能会大于那些生态因子的简单叠加。

（4）活水效应

所谓活水效应,即随着生态因子不断优化,能量物质不断输入,导致生态系统的平衡状态。一潭水是一个生态系统,其由鱼、虾等物种和水、气候等非生物环境组成。通过观察发现,如果这潭水没有活水的流入,那么可能很短时间就会被污染,水草、鱼、虾等都会因此死亡。从生态学角度思考,这一生态系统很容易出现失衡。因此,生态学认为,要想维持生态系统的平衡,就需要保证能量的流动。

3.教育生态学理论对高校英语课堂的启示

(1)花盆效应对高校英语课堂的启示

花盆效应给教师带来了如下思考。

如何为学生创造适合他们的学习环境?

如何培养学生的环境适应能力?

如何在牵手与放手中实现平衡?

如何将学生培养与社会实践相结合?

(2)边缘效应对高校英语课堂的启示

在高校课堂中,边缘效应有着独特的应用价值。在高校英语改革过程中,全国高校广泛推行个性化教学,因此根据边缘效应,教师应该思考如下问题。

如何在教学中对一些边缘区加以确定?

如何通过能量物质输入,提高边缘区学生的学习竞争力?

如何运用边缘效应对分级教学进行指导?

学生座位的位置是否对学习有影响?

(3)整体效应对高校英语课堂的启示

生态教育具有整体效应,因此需要教师认真进行思考与运用。在高校英语课堂中,教师需要思考如下问题。

如何利用 1+1＞2 的效应,做好学生的分类指导问题?

如何抓住每一个细节,提升课堂教学的整体效应?

如何提升教师的整体素质与能力?

如何理解教学与科研良性互动对教学的整体作用?

(4)活水效应对高校英语课堂的启示

在教育领域,活水效应给教师很多启发。就高校英语课堂来说,活水效应可以激发教师去思考如下问题。

为什么以及怎样让师生树立终身学习的理念?

如何对教学环境进行优化?

如何对教学方法进行科学合理的变革?

就信息化教学改革而言,如何提高师生的信息素养?

第九章　大学英语生态教学的方法与实践

（三）生态语言学

生态环境不仅是人们生存与发展的基础条件，还是语言意义得以进化与发展的基础。语言与生态之间的关系与人与自然的关系是相辅相成的。同时，生态环境的多样化也导致语言形式出现了多样性。

1. 什么是生态语言学

"生态语言学"领域存在两个基本概念：语言的生态/语言生态学（ecology of language/linguistic ecology）和生态语言学（ecolinguistics）。二者经过20多年的发展和评判，当前基本融合成一个统一的概念和学科术语：生态语言学。生态语言学是社会科学，是生物生态学与语言学和哲学的交叉学科。这一崭新的语言学分支研究语言在发展生态、解决环境问题方面的课题。

蒙根（Haugen）率先提出了"语言的生态"概念。他把语言比喻成生物，把语言的社会环境比喻成生物的生成环境。语言与社会环境（包括人）的互动和平衡，就称为"语言生态"。

豪根认为不同环境中习得的语言和习得者的语言态度都是不同的，而语言及其使用受到社会的制约。进入20世纪80年代后，语言生态学的定义逐渐丰富。但从迄今发表的有关文章和著作中不难看出，豪根的"语言生态学"概念被不少学者认定为"生态语言学"的起源。

"语言生态（学）"是否属于"生态语言学"，曾存在分歧。有学者认为前者是研究语言在生态环境中的互动，常常把对濒危语言的保护比作对生物物种的保护。所以，他的研究核心是语言本身，而不是语言对具体生物或物理生态系统的关系和影响。但有学者认为这种认识太肤浅，因为语言的变异实际上是与生物的变异紧密相关的。之所以存在两者之间的关系，是因为具体范围的生态状况取决于当地的语言变化，或某种主流语言的威胁。究竟"语言生态（学）"是否属于"生态语言学"？经过一番辩论，结果是折中地把语言生态学归于生态语言学的范畴，只要其研究的最终目的是维护生态平衡，而不是仅停留于保护语言本身。

另外，有人认为"生态语言学"的正式产生是20世纪90年代初，当人们认识到语言研究不仅需要观察其社会环境，而且也需要注重其生态环境的时候。这种观点起源于韩礼德（Halliday）发表的具有指导意义的论文《意义的新思路：对应用语言学的挑战》。该论文提醒语言学研究者须关注生态环境对语言的影响，并且警示学者们在21世纪所要面临的挑战是：当语言受到生态系统严重破坏的影响时，语言学研究者该怎样去发现和解决语言的生态问题。韩礼德列举的语言生态威胁的主要问题就是"经济增长"。当人们大量使用英语词汇,如 large,grow,tall 和 good 等的时候,就意味着,人们在促进经济增长、发展的同时,却忽视了由此给生态带来的负面影响。

自韩礼德的观点发表以后,带动了生态语言学研究的较快发展。韩礼德的研究侧重分析具体的语篇——而不是泛指某种语言——对生态的威胁。1999 年,东京国际应用语言学大会上,费尔(Fill)的主旨发言再度提出生态语言学。会上,苟特利(Goatly)和瓦尔哈根(Verhagen)还组织了专题研讨和工作坊。此后不久,费尔等建立了颇具影响力的学术信息网络"生态语言学",这些事件标志着生态语言学进入了更加系统和完善的发展阶段。

2. 生态语言学相关理论

(1)生态互动观

生态思维观不但关注互动观本身,而且关注互动所产生的现象。伽纳强调,就生物生态而言,如果要理解生物怎么样和为什么会与他们的环境因素互动而产生影响,就必须首先研究互动观自身的本质:互动是长期的还是短暂的;一次性的还是延续性的;主动的还是被动的;敌视的还是友好的;平等的还是主从的。这些问题的答案是理解动态整体系统及其内部事物特点的基础。毫无疑问,人与人之间的生存竞争方式与人与野兽之间的生存斗争方式相比显然是不同的。再如,一只没有人豢养的野狗,每天为生存而寻觅食物,与别的动物打斗;它的行为、外形、性格一定会与坐享其成的万般受宠的家狗迥然不同。这些差别正是由它们与生存环境的互动本质所决定的。

在话语和它所处的语境之间也存在互动观及相互影响的作用。语言的根本作用就是让使用者能与其他人群进行互动、交流。人类对语言起源存在各种各样的猜想;其中之一是自我发泄(如因疼痛而大哭,因愤怒而咆哮)。如果真是这样而且仅仅是这样,即没有人与人之间的交流,语言便不可能成为今天的样子。有的语言学家不认为互动观与话语意义有关,而认为意义是由词汇和语法决定的,语言表达就是使用正确的词汇,表达符合语法的句子,使别人能理解,才是具有意义的句子。

然而,生态思维观认为互动(交流)是语言的基本功能。语言之所以发展成现在的形式,其原因就是人们在交流。交流需要语言,而又促成了语言的产生和发展。既然语言离不开人与人之间的交流,语言形式的形成和发展定与他所在的交流有关,同时形成使用于它的语境。这种语境包括语言和非语言形式。非语言形式指眼神、面部表情、手势、体态等。此外,还有说话人的相互了解、对对方的推测、生理心理状态、社会背景、文化习惯等。所有这一切,构成一个复杂的网络,交互作用、影响,呈现突出的互动性。

(2)生态环境观

一提到环境,人们往往只会联想到处所,但生态思维观的环境概念并不只是包括处所;它不但包括实体,而且还包括抽象的概念(如文化、习俗、价值观等)。即使指处所时,也注重处所内部的各种事物的相互影响。例如,某故事发生的环境——一个小山村;这里的环境概念不仅仅是故事的实际背景,故事中的主人公性格和事件色彩与这个小山村的大人小孩、一草一木、山山水水等的环境因素都休戚相关,并且它们形成一个动态的整体,不断地交互影响、变化、发展。实际上生态思维观的环境观源于上文探讨的整体观、动态观和互动观;而三者的重点就是把它们所在的环境作为缺一不可的研究对象;即使要深入细致地研究某一方面,也不能脱离环境。

生态思维观不认为环境只是语言的背景,而是语言的基本组成部分:语言意义远不只是语言符号的串连。伽讷做了一个比喻:独立于语境的抽象语言系统,就等于只有魂而没有身体的"人"。如果真有这种东西存在的话,也没有人能够看得见、摸得着。如果这样来观察语言,正如传统语言学完全脱离语境来研究语言那样,是触及不到真实的语言和它的实质的。语言是实实在在的存在,人们每天使用它;每一个字每一句话都是在语境下的产物,总伴随着具体的时间、地点、场景、会话对象。所以,研究语言离不开语境。

3. 生态语言学理论对高校英语课堂的启示

(1)教学环境观

众所周知,环境因素对高校英语教学产生重要影响,英语学习是知识、经验与环境互动的结果。这里的环境不仅涉及自然环境、物理环境,还涉及一些非物质因素,如制度、经验等,甚至还包括一些大的层面,如社会环境、人文环境等。因此,英语学习要注重学生与环境之间产生的互动作用,强调学生是在与各种环境的互动中习得语言的。

(2)教学互动发展观

生态教育观指出英语教学中存在很多相互影响的因素,如师生、环境、内容、方法等,这些因素相互影响,通过师生与生生之间的互动,才能构成一个真正的学习共同体,实现师生之间的进步与成长。

（3）教学多元文化观

语言是对人类文明进行传承的文化载体,掌握一种语言,其实就是对语言交际功能的掌握,从而使学生掌握一种新的观察事物的角度,多一种新的文化体验、多一种思考问题的方式。英语教学的一个重要目标在于传承多元文化,因此我们要用开放的心态对不同国家的文化有清楚的看待,用包容的心态对本土语言文化与外来语言文化进行辩证处理,提升学生的多元文化观。

（四）系统科学理论

系统科学的很多理论容纳了科学的方法论,对于很多学科都非常适用。系统科学正在向所有科学结构层次渗透与拓展,并在生态学研究中有着广泛的应用,并且促进了生态学理论的发展。

1. 系统科学理论分析

系统科学主要是以系统作为应用对象与研究内容的一门科学。也就是说,从系统的角度出发,对客观世界的学科展开研究,这就是系统科学。系统科学对系统的要素、结构、行为等多个层面展开研究,尤其是研究客观世界中存在的系统问题与现象,其研究领域也非常广泛,涉及工程技术、自然科学等多个层面。

古希伯来的宗教神学、老子的自然人学、古希腊的自然哲学这三大古文化中都体现了系统思想。作为一门新兴学科,系统科学是1930年左右产生的。1937年,贝塔朗菲(Bertalanffy)提出了著名的系统论,这为系统科学的产生奠定了基础,因此贝塔朗菲也被视作系统论的创始人。

系统科学与其他的一些重大科学革命类似,标志着人与自然、社会之间的新形式的对话。这场对话的主要内容在于用系统思想、原理、方法等对事物进行研究与观察,对传统科学的方法进行革新,建构人类思维的新模式。大致来说,系统科学主要包含如下三个阶段。

（1）系统科学的形成阶段(20世纪40—60年代)。

（2）自组织理论的建立阶段(20世纪70—80年代)。

（3）复杂系统科学的兴起阶段(20世纪80年代中期以来)。

这三个阶段的代表性理论包含系统论、控制论、信息论、突变论等。现如今,系统科学已经成为20世纪以来发展最为迅速的一门科学。系统科学的进步与发展使人们对客观世界的认识水平不断推进,从平衡态转向非平衡态,从线性转向非线性,从他组织转向自组织等。

第九章 大学英语生态教学的方法与实践

2. 系统科学相关理论

20世纪以来,随着科技的不断进步,生产力的不断发展,人类社会出现了很多新的概念,因此需要用新的理念进行解释与研究,系统科学正是在这一情况下产生的。

(1)系统论

一般来说,系统是由具有相互联系、相互制约的若干组成部分结合在一起并且具有特定功能的有机整体。在许多工具书中,"系统"概念都被赋予若干种定义。

当然,对于系统的分类,也是多种多样的。早期就被认可的分类应该说是自然系统和人造系统。前者就是已经存在的自然物形成的系统,而实际上大多数系统是属于经过人的有意识的实践活动的创造而出现或形成的系统。也就是说,自然系统和人造系统相关联或相结合而后形成复合型的系统,如社会系统、科学理论系统、信息系统等。

系统具有目的性、整体性、环境适应性等特征。

目的性。人造系统目的性非常明确。所谓目的,就是系统运行要达到的预期目标,它表现为系统所要实现的各项功能。系统目的或功能决定着系统各要素的组成和结构。

整体性。一个系统至少要有两个或更多的可以相互区别的要素或称子系统所组成。系统是这些要素和子系统的集合。作为集合的整体系统的功能要大于所有子系统的功能之总和。

环境适应性。系统在环境中运转。环境是一种更高层次的系统。系统与其环境相互交流、相互影响,进行物质的、能量的或信息的交换。不能适应环境变化的系统是没有生命力的。

(2)信息论

对信息的直观而又通俗的理解就是"消息",它总是伴随着一种传递的过程。在信息论中,发出信息的一方称为信源,接受信息的一方称为信宿。信息从信源到信宿的传递必然借助于某种物理手段,称之为信道。信源产生某种物理量的变化,称之为信号,所要传递的信息就包含在这种信号中。通过信道,信宿感受到一种变化的物理量,就可以按照既定的规则破译出其中包含的信息。可以说,信息论是信息传播论,是对信息本质与传播规律进行研究的理论。

传播源自拉丁文 communicure,是共享、共用的意思。英语中的传播 communication 被译为沟通、交流、传递等。当前,传播一般被解释为传播者运用一定媒体与受传者之间进行信息传递和交流的社会活动。传播有自我传播、人际传播、大众传播和组织传播四种类型,这是按照传播涉及人员的范围及传播对象划分的结果。关于传播的理论与模式,下面主要列举几个具有代表性的。

①香农—韦弗模式。美国伟大的数学家香农曾喜欢研究一些电报通信问题,他在20世纪40年代提出了一个和通信过程有关的单向直线式数学模型。之后又与著名信息学者韦弗共同对这个模型进行了改进,将反馈系统加入该模型,于是便形成了香农—韦弗模型,如图9-1所示。该模型在技术应用方面发挥了重要作用。

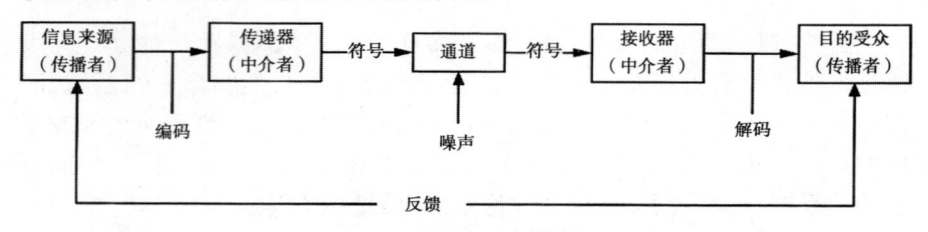

图 9-1　香农—韦弗模式

(资料来源:刘长江,2014)

②施拉姆模式。被称为"传播学鼻祖""传播学之父"的施拉姆在上述传播模型的基础上,于1954年对有关"经验范围"的传播模式进行了构建,如图9-2所示。

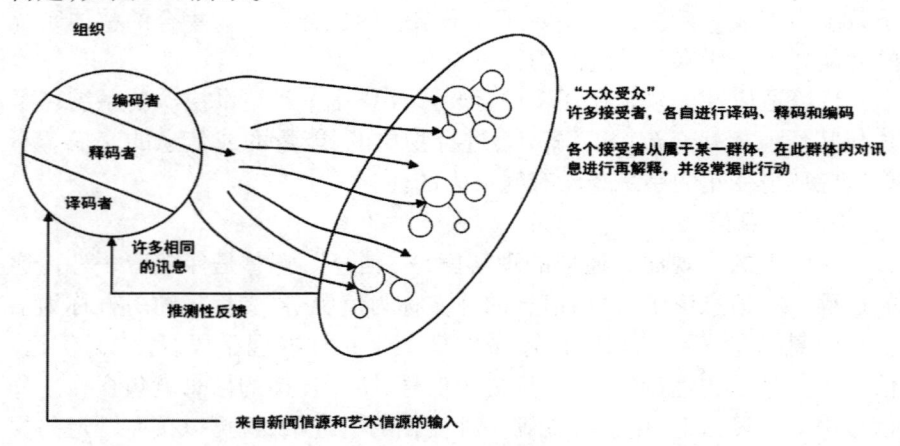

图 9-2　施拉姆模式

(资料来源:刘长江,2014)

该模式指出,在信息传播过程中,传播者和受传者都是不可或缺的主体,受传者除了对信息加以接收并进行解释外,还会做出相应的反应,传播过程本身就具有双向性和互动性。这一模式也指出,传播者与受传者要进行真正意义上的交流,需要在双方共同的经验范围之内传播信息。只有这样,信息才能被双方共享。所以,教学传播过程可用施拉姆模式来解释。

根据施拉姆传播模式,教师在教学过程中应对学生的身心特点、知识水平、兴趣爱好、个人经验等情况予以全面考虑,尽可能在双方共同的经验范围内传播教学内容,使学生更好地掌握知识,并促进其经验范围的不断扩大。

③拉斯韦尔模式。美国学者拉斯韦尔指出,传播过程是由"谁""说什么""采取什么途径""对谁""产生什么效果"五个线性要素共同组成的一种线性结构,也就是"5W模型"。从传播学的角度来看,这五个因素分别对应的是信息源、信息本身、受传者、媒体以及期望的产出。它们之间的关系如图9-3所示。

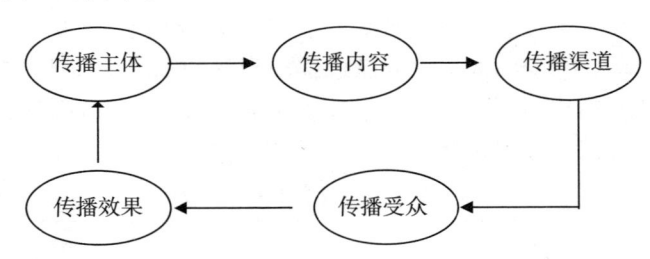

图9-3 拉斯韦尔模式

(资料来源:刘长江,2014)

3. 系统科学理论对高校英语课堂的启示

(1)系统论对高校英语课堂的启示

系统论的这些观点对分析课堂生态具有积极意义,有利于从生态系统的角度思考以下问题:

课堂生态的系统属性有哪些?

课堂教学的整体目标是什么?

如何优化课堂生态结构?

如何协调课堂生态中各生态因子(即教学要素)的功能,以达到系统总体的最佳目标?

信息化课堂生态的动态特征是什么?

如何实现自然平衡?

（2）信息论对高校英语课堂的启示

利用以上信息传播模式可以对教学过程进行解释与说明，这些模式为教育传播学研究奠定了重要的理论基础。

①指出教学过程的双向性。早期传播理论片面地认为传播过程是单向的，也就是受传者对信息内容被动接受的过程。这种理论对信息接受者作为独立个体所拥有的主动性和自主性没有正确的认识。施拉姆模式指出传播过程是双向的互动过程，传播主体不仅包括传播者，还包括受传者。之所以能够循环不断地进行传播，主要是反馈机制在起作用，这也说明了受传者的主体作用。按照施拉姆传播模式，教学过程中包含教师与学生共同的传播行为，教师传播教学信息，学生接受的同时也做出反馈，因此要从教与学两方面出发来设计与安排教学过程，并将学生的反馈信息充分利用起来，及时调控教学过程。

②说明教学过程包含的要素。拉斯韦尔提出了"5W"直线性传播模式，用该模式可以解释一般传播过程。有人以此为基础构建了"7W"模式。该模式指出，传播过程包含7个要素，将该模式运用到教学中，也能说明完整的教学过程包含七要素，如表9-1所示。

表9-1 教学过程的要素

who	谁——教师
says what	说什么——教学内容
in which channel	用什么方式——教学媒体
to whom	对谁说——教学对象
where	在什么情况下——教学环境
with what effect	有何效果——教学效果
why	为什么——教学目的

（资料来源：瞿堃、钟晓燕，2012）

需要注意，在教学过程研究、教学设计安排及教学问题解决中，这些要素都应纳入考虑范围。

③确定教学过程的基本阶段。传播是一个连续的、不断变化的过程，具有明显的动态性。为便于研究，可将其划分为六个阶段，每个传播阶段都对应教学过程的一个环节，具体分析如下。

其一，确定教学信息。将所要传递的教学信息确定下来，这是教学传播的首要环节。教师要从教学目标出发来确定要传递的教学信息。通常，要传递的教学信息出自专家按照教学大纲精心编写的课程教材中。在这一阶段，教师要对课程教材认真钻研，细致分析各教学单元的内容，并进

第九章　大学英语生态教学的方法与实践

行适当分解,确定被分解后的内容所要达到的传递效果。

其二,选择传播媒体。这个阶段主要是进行信息编码,选择适当的媒体手段来呈现与传递信息,这个过程比较复杂,需要在科学原理的指导下循序渐进地完成。教师所选的传播媒体要满足以下要求:能将教学信息内容准确呈现出来;方便获取,且传播效果较好;与学生的知识水平、经验相符,使学生接受和理解起来更快一些。

其三,传递信息。在这个阶段重点是将以下两个问题解决好:确定媒体信号传播的范围;合理安排信息内容的传递问题,利用媒体对教学信息进行有序传递,尽可能减少外界环境对媒体信号的干扰。

其四,接受和解释信息。在教学过程中,学生作为教学主体,不仅要接收教师利用教学媒体传递的教学信息,还要对此进行解释,做出反应。从传播学的角度来看,这个环节主要是进行信息译码。学生先用感官接收信号,然后从自身知识水平与经验出发将接收的信号解释为信息意义,并在大脑中加以储存。

其五,信息反馈与教学评价。学生接收并解释信息后,知识得到增长,智力得到发展,但还需要通过评价来判断预期教学目的是否实现。观察学生的行为变化、课堂提问、课后作业、阶段性测试等都是可采用的评价方式。

其六,调整再传递信息。对比信息传播效果与预期教学目标,发现教学的不足,及时调整传播内容、传播媒体,然后再传递,以达到预期教学目标。例如,对于课堂上出现的问题,要在课堂上迅速解决;对于学生课后作业中存在的问题,如果是个别问题,以个别辅导为主,如果是共性问题,需要在课堂上集中解决;对于远程教育中的问题,多提供有价值的资料,或创造条件提供面授辅导。

④揭示教学过程的规律。随着传播学与教育学的不断融合,现代教学与信息传播逐渐拥有了共同的规律,将传播学与教育学理论方法综合运用起来对教学过程与规律进行研究,可有效提高教学效果。

下面具体分析传播理论揭示的教学过程的规律。

其一,共识律。共识的含义有以下两点:教师对学生的知识水平和经验予以尊重,在共同经验范围内建立传递关系;教师以教学目标、教学内容的特点为依据对教学方法与媒体进行选择与运用,以便向学生传授知识和技能,使学生将已有经验和即将接受的教学内容信息建立联结,从而取得良好的传播效果。

共识是教师与学生在教学传播活动中顺利交流与沟通的前提与基础。学生的知识水平、已有经验及发展潜能是教师选择、组合及传递教学信息时必须参考的依据与考虑的要素。学生的知识与技能水平在不断变化，教学传播也是动态的变化过程，所以一般不存在绝对的"共识"状态，而是一个螺旋上升的反复变化的过程，即不共识—共识—不共识等在共识经验的创设中，教师必须依据学生的"最近发展区"来设定教学目标。

其二，选择律。选择教学内容、教学方法和教学媒体是教学传播过程中的主要工作环节，对这些教学要素的选择要与学生的身心特点、学习规律相符，要为教学目标而服务，争取以最小的代价最大化地实现教学目标。选择教学媒体在教育传播活动中最受关注。师生选择教学媒体一般与需要付出的代价成反比，与可能取得的教学成效成正比。所以，在教学媒体的选择中，要想方设法选择那些需要付出代价最少的教学媒体，花最小的代价取得最好的功效。

选择教学媒体的规律是，对于功效相同的教学媒体，优先选择需要付出代价少的，对于需要付出相同代价的教学媒体，优先选择能够取得良好功效的教学媒体。

其三，谐振律。谐振指的是传递信息的"信息源频率"接近接受信息的"固有频率"，在信息传递中，二者产生共鸣。要维持教学传播活动，并提高传播效果，就必须具备谐振这个条件。师生双方能否达成谐振，与信息传播的速度快慢、容量大小有关，如果速度、容量不合理，就会导致传播过程受阻，传播活动无法继续。

教师传递信息的速率和容量要与学生认知的规律、接受能力相符，此外，还要在教学中营造宽松和谐的信息传递氛围，建立民主的师生关系，并注重对学生反馈信息的收集与对教学传播过程的调控，只有满足这些要求，信息传播的谐振现象才能顺利产生。不仅如此，教师还应有节奏地变换使用各种媒体方法与手段，才能使谐振现象长期维持下去。

其四，匹配律。匹配指的是在教学传播过程中，对教学对象、教学目标、教学内容、教学方法、教学媒体环境等因素进行深入剖析，使各要素按自己的特性有机和谐对应，从而维持教学传播活动的循环进行。

围绕预期教学目标而有机组合各教学要素，发挥各要素的优势与作用，从而增强教学系统的整体功能，这是实现匹配的主要目的。每个教学要素所具有的特性、功能与意义都是多元化的，要充分发挥各要素的功能，为教学目标的实现创造条件，使既定的目标能够顺利达成。如果在教学传播活动中，各要素游离松散，功能得不到发挥，则预期的目标就很难实现。

教学中采用的传播媒体直接影响教学活动的匹配效果。因此，在教学传播过程中，要对需要用到的各种传播媒体的特性、功能有全面的了

第九章　大学英语生态教学的方法与实践

解,这样才能合理组合这些传播媒体,取长补短,发挥各自的优势与功能作用,最大化地提高教学传播过程的效率与效果。

⑤发挥教学传播过程的功能。教学系统的结构是在系统各要素相互组合和联系的基础上构成的。这种结构可能是功能较弱的静态结构。只有在信息传播中让系统各要素相互联系与作用,并产生连续循环的动态过程,系统的多重功能才能形成。教学传播过程就是在教学系统各要素相互作用的基础上产生的循环动态过程。

教学系统内部信息传递是实现教学系统多重功能的基本条件,而要维持教学传播过程,需要教学系统各要素具备一定的条件或满足一定的要求,并在此基础上实现自己的教学传播功能。具体分析如下。

教师层面。作为教学系统中起主导作用的重要组成部分,教师应达到较高标准的要求,如精通专业、熟悉教材、了解学生、教学态度端正、传播技能良好等。此外,教师在教学中必须对教学系统的其他要素及相互关系有深入的了解,如教学对象、内容、方法、媒体、环境等。教师自身功能的实现需要具备以下几个条件:教师在所教学科领域的知识水平要高于学生,教师通过不断地学习来提高自己的知识水平;教师要有良好的教学技能,如语言表达技能、教学媒体运用技能等;教师对教学活动要有良好的调控能力,包括调节自身状态和师生关系等。

学生层面。学生完成学习任务,各方面素质协调发展是教学系统功能实现的首要标志。学生实现其功能要满足具备几个条件:明确的学习目的、一定的学习能力、良好的自控能力。

教学内容层面。具体来说,要做到随着社会的发展与时代的进步而不断更新教学内容;在教学内容体系中纳入具有潜在发展意义的前沿知识,注重理论与实践的有机结合;按照学科逻辑、学生认知规律来编排教学内容,如从已知到未知、从整体到部分;教材内容纵横联系、融汇贯通,便于学生接受,又能启发学生探索。

教学方法层面。根据教学规律、教学目的任务、教学内容特点、教学环境、学生的适应性及教师的教学能力选用教学方法;对各种有效的教学方法进行适当的优化组合,达到优势互补、相得益彰的效应。

教学媒体层面。根据教学目标任务、学生特点、学校教学条件合理选用教学媒体;了解各类教学媒体的优缺点,综合使用教学媒体,达到相得益彰的效应;教学媒体功能的发挥受其自身特点及一些实践因素的影响,如媒体操作的复杂程度、媒体资源软硬件添置的可能性、媒体资源配合使用的灵活性等。在教学媒体选用中要综合考虑这些影响因素,将不良影响降到最低。

教学系统中每个要素的功能都直接影响教学系统的运行,只有充分发挥教学系统各个要素的功能,才能保证教学系统的正常运行。此外,教学系统中各要素之间的相互关系与作用情况直接决定了教学传播效果,因此要按照信息传播的规律与法则来传播教学信息,以最大化地提高教学传播效果。

四、大学英语生态课堂的构建

无论对于教师还是学生而言,大学英语生态课堂都是一个全新的教育观念,需要每一位教师付出自己的心血来经营和追求。要想构建一个完整的大学英语生态课程系统,这个过程是十分困难的,包含创设课堂环境、和谐师生关系、加强课堂互动、构建多元评价机制等。下面就来具体分析这几项内容。

(一)创设和谐生态课堂环境

对于师生而言,课堂是他们演绎生命意义的舞台。创设一个和谐的课堂环境,是师生完整生命能够自由成长的基础与前提。生态课堂创设,不仅涉及物理环境的创设,还涉及心理环境与文化环境的创设。

1. 物理环境创设

大学英语生态教学中生态课堂的物理环境,是由自然环境和一些教学设备构成的,自然环境包含照明、光线、噪音等,教学设备包含教师布置、书桌布置等,这些在课堂教学互动中发挥着不同的生态意义与功能。

(1)适当的光线和照明

在课堂中,适当的照明与光线对于教师和学生都有重要作用,尤其是对于学生的健康与心理等。例如,如果光线太弱,那么学生在学习中就会感到视觉疲劳,甚至产生厌倦心理;如果光线太强,那么学生就会受到过度的刺激,导致对健康产生不良影响等。

(2)降低噪音

噪音会对人的生理机能产生影响,这是不容置疑的,而且会让人感觉到非常的不舒服,也会影响学生的心理,如使他们感到焦虑,记忆力下降,甚至思维变得迟钝等。在教室中,噪声大小与教室位置、班级学生密度有关,与位于城市的位置有关。也就是说,班级人数多,那么噪声就偏大;离城区越近,噪声就越大。

另外,学生对噪声的承受能力会因为个性、性别等产生差异。因此,

第九章 大学英语生态教学的方法与实践

要想构建一个大学英语生态课堂,在位置上要远离城市中心或者比较喧嚣的地方。其次,对于班级的规模也应该予以控制。一般来说,公共英语的班级较大,教师应该根据具体的情况,对不同形式的教学活动进行安排,从而减少噪音。

(3)布置教室

作为课堂活动的场所,教室的教学设备、内部构架等都需要精心的设计与安排。教室内课桌的摆放以及墙壁等的布置,是否整洁干净等,都将决定师生是否能感觉到精神上的舒适感与愉悦感。

形状不同的教室,其有着不同的优点。一般来说,梯形的教室适合讲座,长方形的教室适合课堂讲授,因为这样的教室便于安排座位;圆形的教室适合小组交流与讨论,这样座位的布置也是圆形的。

另外,教师站立的位置与座位编排会对师生之间的互动产生影响。

因此,教室的布置应该具体问题具体分析,考虑课堂活动的要求和内容,一般需要考虑:是否对师生的课堂互动有利,是否对生生之间的讨论与交流有利,是否对开展小组学习与自主学习有利等。

(4)编排座位

传统课堂中的学生座位一般是采用"秧田式"的编排方式,即横成行、纵成列,学生面对向教师讲台。此外,还有"圆桌式""半圆形""马蹄形"和"客厅式"等座位编排方式。

在课堂环境中,座位编排也是非常重要的,其对学生的态度、情感、行为等都会产生影响。根据研究,一般依赖教师较强的学生往往学习积极性都较高,并习惯坐在最前排;对教师依赖性差,喜欢开小差的学生往往学习积极性不高,习惯于坐在后排;而那些希望引起教师注意的学生则往往会选择中间的位置;比较胆怯的喜欢挨着墙坐。

但是,由于教学活动的类型与形式多样,学生的个性特征也呈现了鲜明的特色,因此并没有固定的座位编排,甚至每一堂课、每一个教室,学生都会变换位置,这就要求大学英语生态课堂的座位安排应该考虑教学活动的流程,同时兼顾学生的自由与健康,保证每一位学生都有一个舒适的学习环境。

2. 文化环境创设

在大学英语生态课堂中,文化环境包含物质文化环境与精神文化环境两类。前者指的是符号化与物化的结果,属于一种表层的文化环境;后者指的是态度、情感等,属于一种深层的文化环境。

在大学英语生态课堂中,物质文化包含课本、教室、教学设备等这些硬性文化,或者可以称为显性文化,这些文化会对人的行为产生不知不觉的影响,因此在创设生态课堂文化时,能够调动各种物质文化的积极性,如班训、班报等,这样可以使课堂更富有气息等。

生态课堂中的精神文化环境包含学生个体的思想与个性发展、学生群体的精神风貌与其他学生之间的关系、师生关系等,这种文化是隐性的,属于一种软文化。对生态课堂中精神文化环境的创设需要将课堂中各个力量凝聚起来,形成具有特色以及集体观念的生动课堂。

3. 心理环境创设

在大学英语传统课堂中,很多学生受学业压力的影响,存在一定的心理问题。因此,为了减轻学生的压力,教师需要考虑学生的健康情况,为学生创设一个自由、轻松的环境。

首先,家长要转变教育观念,对孩子的期待也要有一个限度,不能给孩子施加过多的压力,这样才能让孩子成为一个健全的人,而不仅仅是一名"好学生"。

其次,教师要做到以德育人、以理服人、以知教人,做到与学生和谐共处,平等相待。

最后,学校应该设立心理辅导课,发现学生的各种心理问题,并给予恰当的解决方法。

(二)确立民主平等师生关系

在开展有效教学的过程中,民主平等的师生关系是基本的前提。生态课堂中的民主指的是师生关系的民主,平等是师生地位的平等。在大学英语生态课堂中,每一位学生都有平等参与课堂活动的机会,且教师应该扮演每一位学生的激励者与合作者的角色。

在大学英语生态课堂中,要保证师生关系的民主与平等,可以考虑从如下两点着手。

就教师层面来说,应该充分考虑学生的实际需求,对每一位学生的问题都要认真对待,发挥学生的主动性与积极性,尊重每一位学生的人格与个性发展,并多与每一位学生交流,真正地了解每一位学生的情况。

就学生层面来说,应该充分尊重教师,并接受教师的指导与帮助,在日常学习中也要积极地配合教师。

总之,师生之间应该建立一种平等对话的关系,彰显课堂的活力,彼此之间没有压力与猜疑,共同探讨与研究,学生可以畅所欲言,从而使课堂呈现一种和谐之美。

（三）构建师生互动课堂交往

对于任何课堂而言，教与学都是其活动的中心，当然大学英语生态课堂也不例外，而师生之间的良好互动是课堂活动能够顺利开展的主要形式。

与传统课堂相比，大学英语生态课堂中的教学能够保障师生之间的平等交往，二者之间处于平等的地位。这种平等交往式的教学能够使师生之间展开有效对话与互动，而不是机械地教授与被动地学习。

在平等的师生互动下，必然会产生有效的课堂，即学生处于主体地位，也呈现了课堂的真实性。在这种互动状态下，师生都是一种教学资源，虽然他们有着不同的内涵，但是他们的地位是平等的，共同处于课堂双向互动的状态中，共同实现知识信息的共享。

第二节　大学英语生态教学的模式

大学英语教学是植根于中国社会文化语言生态环境之下，学生需要将英语语言知识作为载体，英语教师充当引导者的身份，帮助学生在对英语语言文化了解与接受的基础上，对语言概念体系加以构建，从而培养学生语言与思维"天人合一"的思维方式，促进他们形成和谐、统一、动态的交往模式。

大学英语生态教学模式下的教学环境不仅涉及课堂教学环境，还包含学校环境、社会语言学习环境等，但是课堂教学环境占据主要位置。

一、大学英语生态教学模式的内涵

大学英语生态教学是集合整体性、系统性、动态性、协调性为一体的一种教学模式，其从多个视角对教师、学生、语言、语言环境的作用进行分析和研究，并探讨了这些层面对语言习得的影响。因此，采用突现理论对语言生成进行整体的认识，采用多维时空的流变性对语言学习过程进行研究，采用符担性对语言学习与环境之间的关系加以探讨，这样才能对大学英语生态教学与研究有全面的认识，也才能更好地指导大学英语生态教学。下面就从这几个层面入手进行分析。

（一）生态语言生成观——突现论

近些年，"突现"已经成为语言学研究、复杂性科学研究热点话题。美国圣菲研究所最著名的就是对复杂性科学的研究，在他们的研究中，他们提出：复杂性实际上就是一门与突现有关的科学。2006年12月，国际权威期刊《应用语言学》(Applied Linguistics)出版了一个突现理论专刊，这就意味着这一理论开始进入语言学研究的范畴。但是，当前对于"突现"的概念还没有一个明确的解释。

语言是一个复杂性、动态的系统突现出的特征的集合，语言学习是特征突现的表现。语言这一系统在人与世界的交往互动中生态地形成，并且其是一个在不同集合、不同层次、不同时间相互影响、相互作用、相互适应的复杂系统。其中不同的集合包含网络、个体、团体等，不同层次包含人的大脑、身体、神经等，不同时间包含新生、进化、发育等。

那么，语言是如何实现突现的呢？著名学者迈克温尼（B. Mac Whinney）指出，对于语言突现这一问题，现在的描述还不够完善，但是不得不说的是突现论已经对很多语言现象进行了分析和描述。例如，人的发音过程主要依靠喉头、舌头等多个器官的协同作用，同时成人发音会对儿童产生影响等，因此音系结构就是对声道的生理制约而突现出来的。

史密斯（Smith）通过自己的研究证明，儿童学习新词是经过一段时间的学习之后，采用某种特殊的学习机制学到的。之后，斯密斯又进行了许多实验，其研究结果证实了，在语言学习的初期阶段，儿童遇到新词时往往是瞎猜来理解词义，等到他们具备了一定的语言知识之后，他们往往会理性猜测，当儿童的猜测能力逐渐突现之后，他们就能使用语言框架对词汇加以准确的猜测。

贝特和古德曼（E. Bates & J. C. Goodman）采用与史密斯同样的方式进行研究，他们发现儿童在对句法形式进行学习时，依然是在词汇学习过程中加以突现的，不过这一观点之后引起了人们的质疑。

20世纪80年代，厄尔曼（J. L. Elman）和迈克温尼等学者提出语言学习突现论。这一理论提出，语言表达是人类大脑深入到社会的各个层面而发生突现的。当人类在语言材料中出现时，简单的学习机制就会从感知、肌肉运动再到人类对语言材料的认知系统中展开，这就可以使复杂语言表达得以突现。

第九章　大学英语生态教学的方法与实践

（二）生态语言学习过程观——多维时空的流变性

一般来说，空间包含长、宽、高三个维度，时间包含过去、现在和将来三个部分。对于空间维度，人们是非常熟悉和了解的，但是对于时间维度，还未引起人们的重视，因为人们常常使用自然时间对人文时间、心理时间进行遮蔽，实际上，无论是人文角度，还是心理角度，都能够体验到现在、过去和将来，也能够对三者的区别与联系加以确认。

如果离开了过去、现在和将来，那么时间流程和时间观念就没必要提及了。从人文时间中的历史时间来说，可以划分为古代、近代、现代、当代，有些人也将当代称为后现代，但是后现代并不是时间概念，而是一种价值取向。人文社会科学不仅涉及过去与现在，还会谈论到未来，如人类学、历史学等都是对人类文化、历史等的未来进行预测与预期，而新兴学科"未来学"更是以未来作为时间坐标的。

就心理时间来说，现在往往与目前、当下、此刻等有着密切的关系，过去往往与回顾、回忆等心理活动有关；未来往往与期望、预测等心理活动有关。

普通语言学的研究一直都以时空语言研究为重点，但是自从索绪尔提出历时语言学与共时语言学之后，语言学对时空的理解都存在一定程度的偏差，因此有学者将时空观念引入语言学研究之中，便于人们从时间与空间视角对语言系统进行整体性理解。在时空观念之中，时间与空间被认为是概念的存在，而这一概念只能从语言系统整体性生态存在中获知与体现。

通过这一观念对语言加以认识，可以帮助人们追溯语言及其语言流变，进而将语言时空结构统摄下的语言特点揭示出来，以语言流变所展现的时空特征对其过程状态加以解析，从而理解与探析语言整体状态。

大学英语生态教学观从时空观的视角出发指出，语言学习在时间上的流变性较为明显，如现时语言学习模式必定是以前学习模式的复制与改造，同时对语言形成的经验与思维加以学习，构建以后语言学习的经验与思维。这样，以后的心智结构投射能力必然与当前的经验与思维相关。

（三）生态语言学习者与环境关系观——符担性

著名心理学家吉布森（Gibson）在对环境与特定动物间的对应关系加以描述的时候，用afford一词作为例子进行分析。众所周知，afford的含义是买得起、花费时间与金钱等,但是该词只能表达能力,而不能传达意愿。吉布森在对自然界中生物的知觉行为加以探索的过程中,发现动物与栖息环境的共存关系,当然这是从生态心理学角度出发考虑的,企图解释动物如何通过知觉判断供给它们生存的食物、环境与水源,并能够根据这种知觉判断采取一定的行动,实现真正的繁衍生息。

但是,对于环境与特定动物之间的特定关系,并没有专有的名词去阐释它,因此吉布森提出了"符担性"这一名词。之后,很多学者对符担性进行了研究和探讨。

故此,凡·里尔(V. Lier,2000)在他的一篇文章中指出,现代语言教学应该从对语言输入的强调转向对语言符担性的注重。因为从语言输入的理论考虑,语言仅被视作固定的语码,而学习仅仅被认为记忆的过程,从而将学习者对语言符担性的生态理解予以忽视。

韩礼德(M. A. K. Halliday)从语言习得视角出发指出,符担性的内涵即所谓的潜在意义。他指出,意义并不是在潜在行动中隐藏的,而是行动与行动者对环境的理解与感知的基础上突现出来的,这可以从图9-4中体现出来。

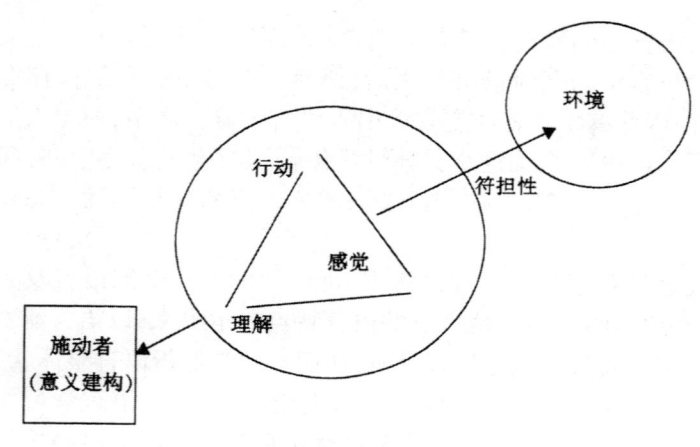

图9-4 符担性

(资料来源:徐淑娟,2016)

从9-4中可知,可以这样定义符担性,即学习行为者从自身理解方式出发,对环境进行感觉,尤其是自然环境,其潜在意义在于使语言教学设计更为合理,使语言教学实施更具有针对性,使语言教学反馈更加及时,并为对学生的发展进行审视提供参照。

第九章　大学英语生态教学的方法与实践

二、大学英语生态教学模式的操作程式

无论是普通的英语教学,还是英语教学生态模式,其都需要遵循基本的程式,即确定目标、选择内容、选用方法与设计评价。

（一）确定生态化英语教学目标

1. 语言知识目标的选定

一般来说,在语言教学中,语言知识目标的确定主要涉及两个部分:一是选定语言知识目标,二是选定文化知识目标。

通常而言,语言知识目标的确定应该从语言知识和文化知识两个方面入手。

（1）语言知识的目标

作为一种语言,英语也具有三种特征:符号性、稳定性与共有性。

语言具有符号性,指的是语言属于一个符号系统,是由音、形、义三个部分构成的。语言体系不同,其采用的符号体系也存在差异。从总体上说,语言不断发展,但是在发展的过程中也是一个相对稳定的系统,这就是语言的稳定性。所谓语言的共有性,即语言是一个民族的共有物,语言的音、形、义之间的联结是人为的,具有约定俗成性。

在选定语言知识目标时,首先就要求学生对那些约定俗成的符号有清楚的了解与把握,明确符号运作体系,了解各种语言规则,从而为语言的实际运用打下坚实的基础。

（2）文化知识的目标

文化知识的目标主要体现在如下几点上。

帮助学生树立多元文化意识。对世界文化多样性的了解,有助于人们建立多元文化的意识与观念。不同文化产生的背景不同,是不能相互替代的。基于全球化的视角,各个文化群体之间的交流也日益频繁,因此需要对异质文化予以理解与尊重,努力避免在交际过程中出现冲突。在英语文化教学中,教师应该努力培养学生积极理解不同文化,让他们对自身文化有清晰的了解,同时以正确的心态对待他国文化,应对世界的多元化。

发展学生的批判性思维。在英语文化教学中,教师应该不断培养学生的批判性思维,让学生对本国文化加以反思,然后采用多元文化的有利条件,对文化背后的现象进行假设,确立自己的个人文化观念。

为学生创造学习异质文化的机会。当中西方两种文化进行接触与了解时，不可避免地会遇到碰撞的情况，并且很多时候也会感到不适应。因此，在英语文化教学中，教师应该帮助学生避免这一点，让他们有更多机会了解异域文化，提升自身的文化适应力。

2. 学生发展目标的确定

语言是人们进行思维与交流的工具，语言的生成性与社会性区分了语言的符号系统与其他符号系统。语言具有社会性，要求每一位成员都能将语言视作一种任意符号，这就是语言的任意性，并能够用这一符号与其他人展开交际。语言具有生成性，即个体能够运用各种语言规则来产生无限的句子。从某一程度来说，语言的生成性代表了语言学习的生成过程，即学生语言发展的过程，其涉及生理机制的发展与人的思维的发展。对于语言的社会性，更深层次地将个体人转向社会人的必然性体现出来。

因此，英语教学生态模式的第二个目标即是确定学生的发展目标。从本体意义上说，学生的发展目标即学生在学习语言的过程中，对自身的语言智能加以完善，并以语言作为载体促进自身的文化发展，从而促进自身的世界观、人生观的全面发展。

（1）学生语言智能发展

英语语言教学不仅让学生对英语语言、语法、文化有所了解，更重要的是促进学生语言能力的进步，即促进学生语言智能发展。

著名学者加德纳提出了语言智能、数理—逻辑智能这些概念，其中最重要的一种智能是语言智能，其指的是对词义、词序存在的一种敏感性。简单说，就是一个具备高语言智能的人能够使用语言对自己的意思进行传达，能够顺畅地与他人交流，能够很好地展开阅读与写作，具有庞大的词汇量，能够合理运用单词的一种手段与方式。

同时，具备高语言智能的人的说服能力也非常强，对于他们来讲，单词不仅用于传达意思，还可以用于绘画。一般来说，诗人就具备较高的语言智能，因为他们能够将语言牢牢抓住，从而用其来表达复杂的情感。多语言翻译家一般具有特殊的语言智能。小说家与记者的语言智能超强，那些从事广告文案、节目主持工作的人也是如此。政治家往往是用语言来影响受众，因此他们的语言智能也必然是非常强大的。

人类从出生就具有较高的语言智能，其位于我们大脑中称为布罗卡区的一个特定区域，负责生成与语法规则相符的句子。如果这一区域受到损害，他们可能会理解某些单词或者句子，但是很难用这些单词来组合

第九章 大学英语生态教学的方法与实践

成句。语言智能的组合元素涉及阅读、创作、听力、写作等部分。无论在哪一个专业,都离不开语言智能。如果一个人的语言智能非常发达,那么他对语言的学习、掌握等就能成为他的优势区域。因此,如果能够以科学的方式对学生的语言智能进行培育,让他们能够发挥自身语言智能的潜力,那么就会出现很多的律师、演说家、作家等。

(2)学生文化观发展

随着英语教学不断进步与发展,英语教学生态模式认为英语教学不应该仅限于新课程标准中提到的"多维目标",而应该将语言教学推向"多元目标",即英语教育不仅囊括语言学习目标,还囊括社会文化目标等一些独立的目标。这些单独的目标也是非常重要的,并且这些目标不依附于其他目标,也不是其他目标的边缘地带。每一个目标都包含实质性的标准,不仅仅围绕语言运用来定义与辅助,还更加清晰地对英语教育功能进行定义,是对我国素质教育整体目标的有效落实,与我国当前的国情相符合。

英语教学生态模式下的"多元目标"主要包含五个部分,即对五个层面的重构。

第一,重构目标观。教师应该关注语言教学对于提升学生素质的重要作用,如帮助学生学会学习与生活,学会与他人展开交往,让学生具备批判性思维。

第二,重构情感观。这就是说在教学中应该设立社会文化目标,添加思维、情感、人际关系、生活态度等层面的内容。

第三,重构交流观。教师应该帮助学生认识到交流不仅限于与英语本族人展开交流,而应该与各国人展开交流。在交流过程中,学生要学会正确地表达自己、表达自己的文化,并对其他文化与思维方式有所了解与尊重。

第四,重构文化观。在实际的教学中,不应该仅仅将那些英语国家的流行文化视作主要内容,而是应该选择能够将社会进步文化反映出来的那些内容,即这些文化内容不仅有英语国家的文化,还有其他国家的文化。

第五,重构知识观。在英语教学中,应该考虑学生的年龄特点与思维特点,对社会文化知识目标加以设计,具体来说就是要求课程设计者、教材编写者应该考虑学生的接受程度,设定分段的目标。

(二)选择生态化英语教学内容

1. 语言知识的确定

在英语教学生态教学模式下,英语教学内容的选择需要考虑具体的标准。

(1)整体性与关联性

作为交流英美文化与信息的重要载体,英语语言主要涉及社会科学、人文、自然科学等多方面的问题,因此从某种意义上说,英语课程是一项综合性课程。这就要求在教学中,教师应该将各种学科知识融入进去,展开整体性教学。

对于我国学生来说,英语是一门外语,学习一门外语与学习母语显然不同,学习外语需要基于对异域文化理解的基础上,构建英语语言概念体系,培养学生全面发展的和谐、动态的互动交往活动。因此,英语语言知识的确定需要从客观规律出发,教材的编写、教学内容的选择应该基于国情,对国外先进的教学理念进行吸收,考虑学生的认知特点,确定不同的教学内容。

另外,英语语言各个要素之间是相互关联的。在某种程度上,英语语言结构可以对某些功能进行表达,简单来说就是英语的某些功能需要依靠结构来体现。例如,学生学习语音知识可以提升他们的听说能力,学习语言学习策略可以提升他们语言表达的顺畅性,学习文化知识可以提升他们的语言表达能力。长期以来,我国的语言教学重视这一点就忽视另一点,因此这就要求在英语生态教学模式下,应该将知识学习、文化学习、策略学习等方面联合起来。

(2)基础性与交际性

英语语言知识非常丰富,任何人甚至花费多年的时间与精力都很难掌握全部,因此对语言知识选择的首要标准就是基础性,教师应该选择那些学生必备的知识与技能,这样便于学生在以后的学习中逐步提升。

但是,英语是一种交际工具,因此除了具备基础性外,还需要考虑学生的实际需要。因为英语语言并不是词汇、语法堆积而成的,而是基于一定的语境选择恰当的语言,是一种活的语言。因此,英语语言知识内容的确定需要考虑交际性。

(3)时代性与规范性

英语语言知识包含了很多文化内容,这些文化内容在不断进步与发展,因此在英语生态教学模式下,语言知识应该选择那些进步的、与时代

第九章 大学英语生态教学的方法与实践

相符的文化内容,这样才能对未来社会的发展产生重要作用。

语言并不是固定不变的,而是不断进步与发展的,社会的进步也会导致语言的变化。当然,在演变过程中,英语语言有其自身的规律,因此英语生态教学模式下的英语课程内容选择应该反映语言的最新变化,选择那些规范的语言表达,这样才能与时代语言规范的蓝本相符合。

(4)趣味性与思想性

无论是英语语言学习,还是汉语语言学习,本身是一种枯燥的活动,尤其是英语语言学习是在汉语语言生态环境下进行的,就很容易让学生产生厌烦的情绪,因此在英语生态教学模式下,教师应该选择那些学生感兴趣的内容,并将本堂课的重点知识融入进去,这样让学生逐渐体会到学习英语语言的快乐,从而有助于提升他们学习的积极性。

除了趣味性,英语语言知识的思想性也非常重要。语言是社会文化的载体,因此必然会对人类的社会生活进行反映,是组成社会文化意识形态的重要方面。这就要求在教材中,应该将思想教育融入其中,让学生在学习知识的基础上学习他们的风土人情与文化习俗,但是要保持爱国主义与社会主义道德规范的熏陶。

2. 文化知识的挑选

作为一门外语课程,英语最大的功能就是促进自己与他人展开交际,并且是跨文化交际。这就要求在挑选文化知识时,应该把握一条主线,将本土文化与西方文化结合起来。具体文化知识挑选的内容,即文化教学的内容,会在后面章节做论述,这里就不再赘述。

(三)选用生态化英语教学方法

在英语生态教学模式下,确定了目标、选择了内容,还需要选用生态化的英语教学方法。

1. 加强学生对语言与文化知识的学习

不同民族有其自身独特的语言,这些语言都是民族文化特色的重要组成内容。在英语生态教学模式下,教师要引导学生正确认识语言与文化之间的关系,并正视不同文化之间存在的客观差异,从观念上进行思维转换,帮助学生形成更加完善的认知。只有这样,学生才能消除语言学习中因文化差异而引起的不必要的误读,加深对英语学习的理解与掌握。在具体的英语教学过程中,教师要从不同层面出发,如词汇、句法、语用、思维等,对中西方文化进行科学对比,提高学生的跨文化交际意识和能力。

2. 充分利用课堂教学

课堂是学生学习英语语言与文化知识的主要场所,因此教师应高效利用课堂时间展开英语生态教学。具体来说,教师需要在以下两个方面格外注意。

(1) 重视课前预习

在英语课堂正式开始前进行预习是非常重要的。教师可以要求学生在课前通过各种途径查询与教材内容相关的文化背景知识,并在课程讲授前与同学分析。例如,在讲授西方国家的 Christmas 和中国 The Mid-Autumn Festival 两个节日时,在课堂开始前,教师可以要求学生提前查阅与这两个节日有关的资料,除此之外还可以进行延伸阅读,了解中西方其他重要节日的异同之处。这样通过收集和查阅资料,学生已经对中西方节日文化的相关知识有了大致了解,在教师正式讲授时会更顺利地理解教材内容,吸收教材知识。

(2) 重视课堂讨论

讨论能够活跃课堂气氛,还能调动学生的积极性,启发学生的思辨能力。因此,教师要多组织课堂讨论活动。例如,教师可以让学生就收集的资料进行课堂分享,由于学生提前进行了查询工作,分享时就会更加自信,尤其是对于语言基础较差或性格较为内向的学生来说,分享可以让他们受到鼓舞,树立学习英语的自信心。此外,由于学生收集资料的途径不尽相同,分享发言的角度也有所不同,因此学生可以互相学习、取长补短、共同进步。

3. 组织言语交际活动

课堂时间毕竟有限,学生难以得到充分的交际训练,因此不能仅仅依靠课堂教学培养学生的跨文化交际意识与能力。对教师来说,应有效利用课外时间,努力创设第二课堂,组织各种课外活动,营造一个自然的英语学习环境。教师可以结合具体教学情况,组织与跨文化交际主题相关的言语交际活动,如学习沙龙、英语角、英语辩论赛、英语演讲比赛、英语话剧表演等活动。这一方面可以激发学生对英语学习的兴趣,另一方面学生通过参与这些活动,可以得到训练,提高跨文化交际能力。此外,教师可以鼓励学生阅读优秀的英语国家文学作品,或欣赏反映中西方文化差异的优秀影视作品,在阅读和欣赏中学习文化知识,提升文化素养。

第三节 大学英语生态教学中的生态失衡现象

如果从生态学的角度对大学英语教学进行分析不难看出,大学英语生态教学中存在不同程度的失衡现象。本节就来分析大学英语生态教学中的生态失衡现象。

一、大学英语生态教学中的结构失衡

（一）系统组分构成比重的失调

在大学英语生态课堂中,课堂生态主体与课堂生态环境起着非常重要的作用。前者的概念是较为容易把握的,指的是系统中的教师与学生这两大生物成分,但是后者就较为复杂,对于一名特定的学生而言,课堂生态系统中的主体有可能演化成影响其自身的环境。

因此,人们往往从结构、关系等层面来分析课堂生态环境,包含课前、课中、课后等情况。整体如图 9-5 所示。

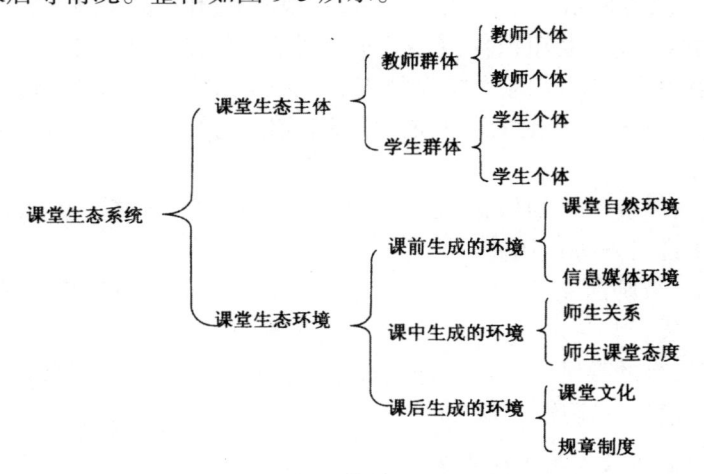

```
                         ┌─ 教师群体 ┌─ 教师个体
          ┌─ 课堂生态主体 ┤          └─ 教师个体
          │              └─ 学生群体 ┌─ 学生个体
          │                          └─ 学生个体
课堂生态系统┤
          │              ┌─ 课前生成的环境 ┌─ 课堂自然环境
          │              │                 └─ 信息媒体环境
          └─ 课堂生态环境 ┤ 课中生成的环境 ┌─ 师生关系
                         │                 └─ 师生课堂态度
                         └─ 课后生成的环境 ┌─ 课堂文化
                                           └─ 规章制度
```

图 9-5 课堂生态系统的主要组分

（资料来源：刘长江,2014）

从量变层面而言,课堂生态系统中各个部分的比重会产生变化。当然,这些变化是相对的变化。课堂生态作为一个系统,内部的因子会产生不断的变化与制约,因此科技的出现会对其因子产生要求。这就是说,如果其他生态因子不能与信息技术因子实现同等的变化,那么大学英语生态教学系统组分就会出现比重的失调情况。

(二)系统组分之间交互关系的失谐

除了系统组分构成比重存在失调,系统组分内部之间的交互关系也容易出现失调的情况,具体来说主要表现为如下几点。

1. 生态主体之间的失谐

大学英语课堂生态主体之间如同一个网格在一起交织,包含教师、学生之间的个体与群体、群体与个体等的复杂关系。在所有关系中,教师群体与学生群体间的交互是非常重要的部分。

要想保证教师群体与学生群体之间的和谐,就要保证他们的目标是一致的,理念是一致的,这样才能保证交流的顺畅,关系也会更为和谐。

但现实情况是,随着科技的引入,师生之间存在了明显的失谐情况,如教师与学生存在目标不一致、理念不一致的情况。

2. 教师与信息技术的失谐

教师的责任在于将知识整理出来并将知识进行转化,然后以信息的形式将知识传授给学生。在这之中,一般会运用到信息技术,因此信息技术是教师与学生知识传授的媒介。当然,信息技术会将信息完整地传达给学生,减少其间的损失情况,帮助教师完成教学任务。从理论上说,这一过程是和谐的。但是,很多不和谐的情况也不少见,具体包含如下几点。

第一,高校教师的信息化水平有待提高,很多教师还无法对现代化的信息技术进行熟练运用。

第二,教师所秉持的传统教学之理念同生态课堂所提倡的教学理论存在着矛盾。

第三,有的教师过分依赖网络教学,而有的教师却对网络教学持一种反对和不信任的态度。

3. 学生与信息技术的失谐

这主要表现在如下两点。

首先,信息技术的运用与部分学生的信息素养存在冲突。一些学生的信息素养低下,很难适应较高的信息技术水平,因此在学习中就会出现困难,会逐步丧失学习的兴趣和积极性。有时候,学生也会对网络学习的记录进行造假,这样的情况对学生的学习造成了严重的影响,也影响了教师的评价,很容易造成系统的失衡。

其次,学生的学习观念很多都是传统守旧的,这与现代技术很容易发生矛盾。一些人认为,网上有丰富的资料,便于学生学习,但是有些学生是持有消极态度的,因为他们认为中学时代的那种学习方式是更为有效的,很难接受现在这种媒体教学方式。因此,很容易出现失衡的情况。

4. 教材与信息技术的失谐

在大学英语生态教学中,信息技术与教材是不同的媒介手段,两者都是教师信息传输的手段与工具。因此,二者在应用过程中可能存在竞争与冲突的情况。为了避免这种情况,二者会根据自身的特长而刻意地避开,使彼此之间能够进行互补与发展。

但是现实中并不理想,很多大学英语教学平台的内容其实就是教材的网络版,并没有对教材加以延伸与拓展,甚至设计上还存在明显的缺陷,这就很难实现彼此的契合。

另外一个显著的问题是,教材一直被教师视为媒介,学生学习知识的渠道在教材中得到了限制,基于这样的模式,教材成了教学的中心,教学方式与内容都是老一套,这样很难发挥现代化的技术手段,教材与信息技术很难实现真正的相辅相成。

二、大学英语生态教学中的功能失调

（一）结构优化功能的衰减

系统与集合存在着明显的不同,集合仅仅是一些分散的人或者物进行聚集,而系统是一些元素在聚集之后,各个元素产生作用的结果。正是存在着这种相互作用的关系,各个元素才能进行调适,最终各个元素实现真正的和谐共处。

通过对系统结构进行观察不难看出,大学英语生态教学在信息化推进的时候,结构优化的功能在逐渐减弱。大学英语生态教学在信息化改革之前还能处于一种相对平衡的状态,但是随着信息技术的推进,这种平衡逐渐被打破,基于各种课堂环境因子,信息技术逐渐占据统治或者主导的地位,其在系统中的作用超出了系统自我修复的能力,这就使得其他要素不得不发生改变,因此课堂生态系统内部各组分的构成比例依然是失谐的,而且系统的自我修复能力已经明显弱化。

（二）关系调谐功能的减弱

通过分析可以看出，大学英语课堂生态系统当中的协调功能也有所减弱。我们可以通过以下两个方面来描述这种失谐关系。

第一，传统的教学理念和新近的改革理念存在失谐现象。一些教师、管理者持有的教学观都是非常传统的观点，不愿意对新的观念、策略进行接受，这就导致出现各种矛盾，如师生矛盾、师生与环境矛盾等。例如，一些学校在改革初期就出现学生对教师进行评估的结果集体下滑的局面，分析原因发现，学生对教师的很多做法不予认同，对改革初期的混乱局面难以容忍。

第二，改革的大力推进与现实进展缓慢之间的失谐。信息视角下的教学改革力度非常大，这就对课堂生态主体提出了更高的要求，但是现实是，一些教师和学生基于某项原因，信息素质低下，导致理想与现实之间存在明显的矛盾，如学生缺乏自主性、教师的信息素质不高、教材的编写与理想存在差距等。

但也要指出，上述的这些失谐现象不会同时都出现，也不会同时发生在一个学校、一个课堂生态当中。这些失谐的情况有些学校已经发生过了，有的学校正在发生，而有的学校可能明天会遇到。直至今天，这些失谐的问题仍然无法通过系统自我的修复能力来纠偏、来更正。

第四节　大学英语生态教学的优化与重构

在新时代背景下，由于人们并未对大学英语教学生态系统有一个正确的认识，忽视了大学英语生态教学的规律、原则与特点，导致系统内教师、学生、环境等出现了矛盾，形成了各种失调现象。为了保证大学英语生态教学系统的这些问题与矛盾能够得到有效的处理和解决，使生态失衡现象重新达到平衡，就需要从生态学理论出发，对生态因子之间的关系进行分析与协调，从而使各个因子能够兼容发展，最终实现整个生态系统的优化与重构。

第九章 大学英语生态教学的方法与实践

一、大学英语生态教学的优化

(一)大学英语生态教学的优化原则

大学英语生态教学的优化需要按照一定的原则展开,从而保证优化目标的明确。具体来说,需要坚持如下几项原则。

1. 稳定兼容原则

所谓稳定兼容,即对教学结构进行稳定,对教学要素加以兼容。就生态学角度而言,稳定与平衡有着密切的关系,兼容与和谐有着密切的关系,其中稳定是目标,兼容是实现目标的方法。

大学英语生态教学中必定包含很多要素,如教学要求、教学目标、多媒体等,这些要素在大学英语教学中起着十分重要的作用。一旦某个要素消失,整个教学结构就会呈现不稳定性,因此教学稳定的必要条件就是教学要素之间的兼容。

随着信息技术逐渐融入大学英语生态教学中,必然会对一些教学环境产生干扰,进而影响系统内部各个教学要素的关系。这时候,本身兼容的各个要素之间也会因为新要素的引入呈现不和谐现象,这时候就要求教师、管理人员、学生等都需要进行一定程度的改变,从而促进信息技术与各个要素之间的融合与发展。就教学管理层面而言,要改变传统的管理模式,给予教师充分的知识,优化教学的环境,从而使信息技术与各个要素更好地融合与发展。就教师层面而言,教师要不断转变自身角色,不能仅作为分析者与讲解者。就学生层面而言,学生也应该发挥自身的主动性与积极性,主动探究知识。

可见,各个要素只有在自己的生态位上发挥应有的作用,才能实现兼容,才能保证教学结构的稳定与平衡。

2. 制约促进原则

所谓制约促进原则,即对教学运转形成制约作用,促进个体的进步与发展。就生态学教学而言,教学中各个要素都有着特定的时空位置与功能,它们在自身的生态位上发挥自身的作用。但是,每个要素功能的发挥要遵循一定的原则,不能无限发挥,而制约就是这样的一种约束手段,促进是为了使大学英语生态教学环境更为优化。

信息技术的介入使学生能够自主学习、个性学习。实际上,在教学中出现很明显的信息技术误用情况,如对信息技术的过度使用、滥用、低值使用等,这些误用对学生的个体发展是极其不利的,导致我国大学生的自主学习能力与应用能力下降。信息技术的使用要考虑具体的教学目标,以学生为中心,运用恰当的方法,不可过度使用,也不能不使用,从而促进学生的发展,保证各个要素都能在各自的生态位上发挥作用,并且彼此之间相互依存。当然,功能的发挥需要设定在一定的范围内,不能随意扩大,也不能丧失他们的作用,要综合看待各个要素的功能,从全局出发进行把握,也不能失去微观意识。

总而言之,制约是为了更好地促进,促进又是合理制约的结果,这样大学英语生态教学才能更自然的进步与发展。

3. 可持续发展原则

可持续发展是 21 世纪教育的根本。1992 年,巴西里约热内卢召开的联合国环境与发展大会上提出了《二十一世界议程》,其中明确应该面向可持续发展对教育进行重建,从而将这一理念融入教育之中。

大学英语系统是高等教育的一个生态系统,应该坚持可持续发展原则。而社会的可持续发展主要归结于人的可持续发展,因此大学英语生态教学的发展也必然依赖师生的这些教学主体的可持续发展。就学生而言,培养学生的可持续发展能力,在这一观念下,教学的目标不仅在于知识的传授。

现代教育包含四大支柱:教会学生认知、做事、共同生活、生存,学生的能力也是随着这些理念逐渐发展起来的。大学英语教学改革的目的在于提升学生的英语学习可持续发展能力。这种能力指的是大学生在大学阶段及以后的学习和生活中,应该不断完善自我,不断发展。

从学科性质上说,这种能力指的是学生自主学习与自觉学习的能力。教师应该对学生的个性特点予以尊重,发挥学生学习的积极性与主动性,培养他们的探索意识与自身潜能,完成教学实践。

从教师层面上来说,要想实现教育的国际化,教师也需要遵循可持续发展原则,即如果仅仅是一些传统的教学理念,显然不能满足当前教学的要求,因此教师应该考虑国际化的形式,努力拓展自己的视野,拓宽自己的知识领域,培养自身的学术能力与思辨能力。

但需要指出的是,教师、学生与其他生态因子都是教学生态系统可持续发展的重要组成成分,因此这些因子之间不能损害各自的利益,任何一个因子的缺失都会影响其他因子的发展,影响稳定性与和谐性。

第九章　大学英语生态教学的方法与实践

（二）大学英语生态教学的优化策略

大学英语生态教学系统的优化需要在坚持上述原则的基础上，结合各个生态因子之间的关系，采用恰当的优化策略。当然，这是一个复杂的过程，在这一过程中，需要以教师作为突破，因为教师在大学英语生态教学中的作用非常关键，教师教学的态度、理念等如果发生改变，那么就会影响具体的教学情况。因此，只有保证教师的生态化发展，才能保证教学的优化。具体来说，需要从如下几点做起。

1. 促进教师的生态化发展

教师是国家大计，只有拥有好的教师，才能搞好教育。因此，要努力打造一支技术精湛、道德高尚的教师队伍，这是当前教育改革与发展的重要目标。

就教育生态学而言，教育生态系统主要由教师、学生、环境等构成，在这一系统中，教师是一个完整的生态主体，其对整个生态系统起着非常重要的作用。教师与其他环境之间要多进行能量与物质上的转换，因此其生存、发展必然是周围环境相互作用的结果。同样，大学英语教师在整个生态教学系统中也发挥着巨大的功能，教师的行为、理念等会对学生、教学等其他因子产生巨大影响。当然，要促进教师的生态化发展，需要做到如下两点。

（1）优化教师的生态位

在教育生态系统中，各生物主体之间与环境间是直接、间接的关系，这种关系可能是竞争关系，也可能是共生关系，他们共同对系统中的资源进行消耗。在系统中，每一个生物主体的位置都是特定的，这就是所谓的生态位。在生态环境中，教师要服从学校中的各种要求与规则，从而保障生态系统的稳定，同时还需要不断发展自我，不断适应变化的环境。显然，教师几乎与系统中的各个部分都有着密不可分的联系，生态位在这之中起着中介的作用。

在大学英语生态教学中，教师需要明确自己的地位，以学生作为中心与出发点。在信息技术背景下，教师需要有强大的适应能力。可见，教师是信息技术与大学英语生态教学整合的关键层面，对大学英语生态教学的发展起着十分重要的作用，并且随着环境的改变而不断完善与发展。

（2）提高教师的专业素质

一名合格的大学英语教师需要具备如下素质。

第一，专业知识扎实，专业技能充足，即词汇、语法知识与听、说、读、写、译能力齐备。

第二，人品修养与个人性格较好，即具有好学、谦虚等品质。

第三，现代语言知识具有系统性，也就是大学英语教师要系统了解语言的本质与规律，并能够用语言知识对教学进行指导。

第四，外语习得理论知识要把握清楚，尤其是要了解外语习得与外语教学的特殊性质。

第五，掌握一定的教学法知识，将教学法的优劣把握清楚，并取长补短。

当然，进入 21 世纪，除了具备上述素质外，教师还需要具备信息技术知识，不断转变自己的观念，提升自己的专业素质，从而向生态化方向发展。从内部来说，教师需要培养自身的反思精神，从外部来说，教师需要创建外在生态学习网络，通过参与与分享，不断提升自己的科研意识与水平，实现英语知识结构的更新，促进个人生态的进步与发展。

2. 建立和谐的师生关系

大学英语生态教学系统是相互联系的整体，在这一整体中，师生之间通过不断地交互，构成一个整体。在大学英语生态教学中，师生无疑是最重要的关系，是一种和谐共生的关系，他们通过交流与对话达成一致，教师以特殊的方式对自己的灵魂进行塑造，学生在教师的心里留下印记。

师生关系的三个要素如下所述。

第一，真实，即真诚，要求师生之间在交往时应该坦诚相待，诚实表达自己的观点与看法，教师不能将自己的意愿强加给学生。

第二，接受，即教师要相信学生能够进行学习，接受学生遇到问题时的那种犹豫和恐惧，同时要接受学生的冷漠。

第三，移情性理解，即教师要对学生的内心世界、生活环境等有所了解与把握，从学生的角度看待问题，真心地为学生着想。

可见，师生之间的交往活动不能仅依靠教师的话语来实现，还要与学生紧密相连，如果没有学生的发展，教学的价值荡然无存。大学英语生态教学不仅是为了传输知识，还是师生之间情感的互动，而要想实现教学目标，这样的互动是分不开的。

大学英语生态教学属于一种人文教学，即培养素质与人格的过程。就语言学习层面来说，学是首要的任务，而不是教，因为学习的过程就是在教师的指导下传递情感与信息的过程。师生之间要建立和谐的关系，需要做到如下几点。

首先，师生之前的地位要平等。这是开展课堂教学的前提条件，也是

第九章　大学英语生态教学的方法与实践

大学英语生态课堂的基本特征与心理环境,能够保证课堂生态系统的平衡,激发学生学习的动力与积极性。在大学英语生态教学中,师生这两大教学主体是有思想、有感情的人,彼此作为独立的生态因子,应处于平等的地位。

其次,师生之间要不断增进交往,拉近彼此之间的距离。由于中国学生谦虚、不张扬的性格使得他们很少与教师展开交流。尤其是当学生进入大学之后,教师上课来下课走的情况更使得彼此之间交流甚少,师生之间比较淡漠,缺乏互相了解,这让教学活动很难真正地展开。既然学生不能主动找教师,那么教师就需要多和学生接触,努力创造了解每一位学生的机会和时间,使学生对教师产生依赖感与信任感,或者他们可以通过邮件或者QQ、微信等进行交谈,这样避免了面对面的交谈,也使得学生减少一些尴尬。

3. 转变教学环境中的限制因子

教育生态学中的限制因子定律具有自身的特殊性。在教育生态学中,所有的生态因子都可能被认为是限制因子,如果某些生态因子的量比临界线低时,就可能出现限制作用,但是如果某些生态因子的量比临界线多时,也可能会产生限制作用。教育生态系统中的有机体不仅对限制因子具有适应性的作用,而且能够采用恰当的方法创造条件对限制因子进行转换,成为非限制因子。这一定律对于大学英语生态教学是非常适用的,即在大学英语生态教学中,每一个生态因子都可以进行转换,限制因子也同样可以转换成非限制因子。

教学生态系统即将复杂人际关系包含在内的系统,是一个集合智力、非智力等因素的系统,也是一个复杂的信息管理系统。要想对大学英语生态教学过程中的失衡现象加以调节,不断提升大学英语生态教学的质量,就需要明确这些限制因子,并将它们找出来加以改善,只有找准这些因子,才能对其进行转化。当然,要想找到这些限制因子,首先就需要进行观察,要认识到这些限制因子的限制界限,以及这些限制因子是如何阻碍教学发展的。

就目前的大学英语生态教学而言,教师需要从当前形势出发,使用信息技术展开教学,当然使用信息技术并不是说过多使用信息技术,要把握好使用的度。实际上,信息技术就是一种限制因子,因为如果学生不能进行网络自主学习,也同样对其自身发展不利。

当然,只找到限制因子还不够,还需要将这些限制因子转变成非限制因子,这样才能将这一复杂过程进行简化,发挥师生的主观能动作用,加强交流与合作,创造有利条件,消除限制因子的不利方面,推动大学英语生态教学健康、和谐地发展。

4. 构建开放和谐多维互动的语言环境

在生态系统中,生物并不是孤立的成分,而是与环境有着紧密的联系。环境对生物产生影响,生物也会对环境产生影响。受生物影响发生变化的环境又可以对环境产生反作用,二者是不断协同进化的过程。因此,在大学英语生态教学中,要对自然、社会中的物质环境、人文环境展开分析和探讨。

课堂是教学的主体,是教师、学生与环境组成的基本系统。大学英语生态课堂的物质环境不仅对师生的身心健康产生影响,还会对学生自主学习能力的发展产生影响。因此,课堂良好的物质环境能够使课堂更有活力。大学英语生态教学的课堂可以被认为是一个小的自然生态系统,其不仅需要广阔的场地,还需要光线、温度等因素,还不能有噪声的影响。只有这些物理环境达到标准,才能实现彼此之间的协调。同样,教室内座位的编排也是非常重要的,因为在课堂这一系统中,都需要时时刻刻的交互活动,这样才能保证课堂的动态性。

构建开放互动的语言环境,还需要为语言学习营造氛围。在大学英语生态课堂上,只有愉快、和谐的氛围才能让学生在学习的过程中得到解放,才能将自己生命的活力展现出来。在具体的教学过程中,教师应该考虑英语学习的特点,通过演讲、小组活动等,为学生创设语言交际的情境。

语言学习并不是将知识机械地传输给学生,而是多种因素综合的结果和行为。用语言展开交际是语言学习的目的,其需要语言来参与其中,因此教师需要从教材出发,做到将教材中的教学情境真实化,这样才能让知识的教授更加生动。当然,在大学英语生态教学中,还需要为学生创设轻松的心理环境,这样有助于师生之间的交往,促进班级的和谐,教师要为学生营造一个有助于互动的班风,从而打造有助于多维互动的心理环境。

二、大学英语生态教学的重构

(一)大学英语生态教学重构的前提

对大学英语生态课堂进行重构,应该基于信息化语境,对现代信息技

第九章 大学英语生态教学的方法与实践

术的生态位进行重新审视。

具体来说,就理论层面而言,大学英语生态课程的重构可以从如下三条路着眼。

第一种是在外语教学中完全放弃现代信息技术,使课堂生态重新回到平衡状态。

第二种是运用系统的组织与反馈能力,逐渐实现系统的自然平衡。

第三种是通过积极主动的调节,帮助系统重构信息技术环境下大学英语生态课堂的平衡。

显然,从这三条路上可以看出,第三条路是最可行的方式。

第一条路是一种倒退的做法。当前社会就是一个信息化的社会,而且信息化在当今社会有着重要性与不可逆转性,也是社会对教育现代化的要求。因此,要用发展、动态的眼光来看待信息技术,从而推进教学信息化。

第二条路对自然生态是一个不错的选择,但是从教育生态上来说,其需要耗费较大的时间成本。如果完全依靠自我调节而保持平衡与稳定,那么就会经历一个长期的过程,有的甚至是很难实现的,因为生态系统的自我调节能力是有一定限度的,这就是所谓的生态阈值。如果外来的冲击超越了这一生态阈值,那么就会导致自动调节能力的下降甚至消失,也很难再恢复生态平衡。因此,对于大学英语生态课堂这一人工生态系统而言,正确的方式就是采用合理的调节和干预,尤其是要以现代信息技术作为前提,运用信息技术的牵引力,在远离系统平衡态的区域中建立一个结构,从而实现系统的阶段化演化。

第三条路是在信息化语境下,对大学英语生态课堂进行重构,要发挥信息技术的作用。随着信息技术的发展,以及其在教学上的运用,信息技术的角色也在发生改变。具体来说,在信息技术背景下,教与学的方式应该发生改变,应该从教师中心转向学生中心。

总而言之,在大学英语生态教学课堂上,信息技术已经在教师、学生、环境等生态主体与环境因子中渗透与融合,对各个生态因子之间的交互起着十分重要的作用。在对大学英语生态课堂进行重构时,要对现代信息技术的生态位进行准确的理解和把握,减少生态因子之间出现重叠的情况,避免发生排斥与竞争。

(二)大学英语生态教学重构的路径

重构路径指重构大学英语课堂生态平衡的思路和方法。下面重点探讨生态课堂重构的路径。

1. 发挥信息技术作为主导因子的引领作用

在大学英语生态教学改革中,应该对信息技术在课堂教学中的生态位有一个准确的定位,进而发挥信息技术的引领作用,对课堂中其他因子进行调整,从而修复改革初期信息技术对大学英语生态课堂造成的失衡状态。

(1)在政策层面敢于推进大学英语教学信息化进程

要想发挥信息技术的引领作用,需要在政策上进行调整与号召。教育部高等教育司对教育信息化的趋势进行了明确的认识,并分析了大学英语教学改革的情况,制定了相关的政策与举措,推进信息化背景下的大学英语教学,打破了已经丧失的教学的死平衡,这给大学英语生态教学带来了契机。

(2)实现信息化教学的常态化和深层化

要充分发挥信息技术的引领作用,必须实现信息化教学的常态化和深层化。要想保证大学英语生态教学的可持续发展,需要推进信息化教学的深层化与常态化。前者指的是信息技术要与大学英语生态教学有机整合,后者指的是信息技术的运用要具有广泛性。这样才能促进信息化教学从粗放型转向内涵式,从而提高大学英语生态教学的效率与效果。

2. 恢复信息化课堂的生态功能

在信息化背景下,信息技术进入大学英语生态教学中,并逐渐发展成为一个重要的环境因子,这给系统结构实际上造成了一定程度的扰动,系统内部各个要素之间也会随着这一扰动而不断发生改变,因此需要对课堂生态系统进行调节与优化,从而逐渐恢复已经弱化的系统功能。

大学英语生态课堂受信息技术的影响,逐渐成为一个与平衡远离的系统,如果学校能够大力投入外语教学信息化的软硬件,那么信息技术就会拉动系统内部其他组分,从而进入平衡状态。

当然,这就需要建立一个课堂生态恢复机制,从而更好地对其内部的因子加以调控。调控过程一般遵循"认知—调控—获取反馈—再调控"的范式(图9-6),先了解影响因子的特点和作用方式,再针对影响因子采取相关举措,观察和获取系统对于调控的反馈信息,采取适当的调控措施。

第九章　大学英语生态教学的方法与实践

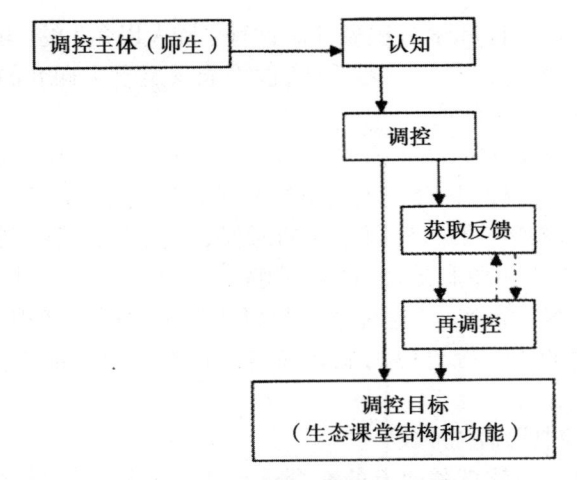

图 9-6　课堂生态恢复机制

（资料来源：刘长江，2014）

总而言之，信息技术与课堂教学的有机整合，有利于解决系统内部的失调问题，包括教师教学理念、教学角色与英语教学实践的失调，学生学习习惯、信息素养与英语学习目标的失调，多媒体、立体式教材使用方法与英语教学效果的失调，新的英语教学模式与传统英语教学系统的失调，传统评估方式与英语教学目标的失调等。

3. 创新信息化背景下的英语教学观念

以互联网为主的现代信息技术极大地促进了英语教学的变革，让很多先进的教育理念得到实施。可是每个高校推进改革的力度是不同的：教育科学支柱的运用程度不同、师资情况不同、学生对教学的愿望不同，有很多高校在改革英语教学信息化时，依然存在着"五重五轻"现象，让现代信息技术与落后教学观念之间发展失去协调。只有在短时间内转变英语教学观念，才能改变这种不平衡状况。信息化语境下英语教学存在的"五重五轻"现象具体表现在：

（1）重"教"，轻"学"

中国在很多学科里，长期存在着重"教"轻"学"现象，也就是说重视教师"教"的作用，轻视学生"学"的因素。近 20 年，英语研究得到进一步发展，很多英语教师注意到学生是学习中的主体因素，教师也起着主导作用。可是在实际的教学里，一些教师的行动和观念很不一致，仍然有相当多的英语课堂教学还是传统的"以教师为中心"的知识灌输型教学，几乎都是教师在课堂上不停地讲解，学生认真听课和不停地做笔记。教师只重视自己在课堂怎样讲，而不重视学生在课堂"怎么学"，不能充分调动学生的学习自主性和学习积极性。这种"授人以鱼"的"填鸭式"教学方法，不能发挥学生的自主学习潜能，也不能满足自主探究的需求。

（2）重"知识"，轻"能力"

现阶段还有不少英语教师的教学观念没有及时更新，认为英语教学还是和中学阶段一样，只管把英语语法知识传授给学生，把单词的用法传授给学生就完成任务了。教师上课的时候，反复讲解某些词或词语的用法，分析某种语法现象和句型，认真讲解文章的主要内容，把这当作外语教学的全部内容。事实上，这种教学只以传授英语语言知识为目的，却忽略了提高学生的语言综合应用能力和增强自主学习的能力，阻碍了学生的可持续发展。

（3）重"控制"，轻"开放"

有人把中国的教育和西方的教育进行比较分析，最终给出结论，影响中国学生创新能力发展的重要原因之一，就是中国教育一直重视纪律性，也就是重视教师严格控制和管理所有学生，重视培养认真听话但缺乏批判思维和创新思维的学生。这种说法有一定的道理，我国经过长期的严格控制，很多学生失去积极参与开放式学习的机遇，降低了学生的学习潜能，阻碍了学生个性发展和开放式思维习惯的形成。

（4）重"统一"，轻"个性"

统一步调的"满堂灌式"教学，它的优点是能关注学生的共性问题，缺点是难以达到"分类指导、因材施教"的个性化教学要求。在课堂里讲解一些共性的知识，更具有时效性，可如今建立在信息科技基础上的英语课堂，要求教师凭借网络和多媒体的方式，加强学生个性化、多元化、差异化的发展。如果不重视学生个性化发展，就很难培养出创新型的高素质人才。

（5）重"接受"，轻"探究"

很多学生还一直沿用着传统的英语学习方法，甚至这已经成为他们的习惯。他们的学习观点就是学习者对确定性的外部知识的理解和掌握，所以说大部分学生被动地服从"权威"，已经成了他们学习的习惯，经常消极地接受和理解以前的知识、经验和方法，这些知识也是教师用定论的方式传授给他们的。在整个学习阶段，他们主动参与的意识和探究精神不能充分发挥，也意识不到探究能力的重要性。这就是对英语教学中存在的"五重五轻"现象的具体解析，在当前的信息化教学改革中，已演变成严重影响英语课堂生态平衡的不和谐因子，阻碍了信息化语境下英语课堂生态的重构。只要转变教学观念，带动教学方式和学习方式的彻底革命，就会从根本上改变这一落后局面。

第九章　大学英语生态教学的方法与实践

（6）变"以教师为中心"为"以学生为中心"

建构主义心理学认为，知识是个体在与环境交互作用的过程中逐渐建构的结果。因此，知识不应该由教师教会，而应该由学习者自己进行建构。就以英语学习为例，英语不是教师教会的，而是学生自己掌握的。罗杰斯的"以学生为中心"的教学理论认为，学习活动的主要因素是学生，学生都有内在的潜力，他们也能够自动挖掘自己的潜能，学什么，怎么学，用什么进度学习等事情都应该由学习者自己决定，教师只充当帮助者和参与者的角色。

（7）变"知识传授"为"能力培养"

学习是一种过程，并不是一种结果，要重视学会什么，要重视"学会如何学习"，所以说，"授之以渔"比"授之以鱼"重要得多。能力培养要注重学生的自主学习能力、自主创新能力、元认知策略和学习策略的培养，教会学生会学习，让"教是为了不教"的教学理念真正实现。教师不能只注重讲授多少个语言点或多少个语法结构，而要帮助学生在学习的过程中获得知识可持续学习能力和创新能力。

（8）变"控制性学习"为"开放性学习"

开放课堂学习模式实质上就是让学习者自己掌握学习过程，让自己控制自己的学习行为。开放性学习实质上就是课堂权利向学生的开放，由此带动学习思想观念的开放，学习时间、空间的开放，学习方式的开放，学习体会和感受的开放，学习决策过程的开放和学习环境的开放。开放性学习方式的优点是能发展学生个性和能够提高学生的学习自主性，能够增强学习者的学习兴趣，充分发挥学习者多方面的潜力，促进学习者与教师、同学、资源等之间的信息交流。

（9）变"统一性学习"为"个性化学习"

英语教学要适应个性化发展的实际情况。个性化学习强调学生个性化学习方法的形成和自主学习能力的发展。个性化教学应通过个性化培养体系、个性化课程设置和个性化教学手段等，提高学习者学习的积极性，促进学生建立良好的学习态度，增强学生的学习能力，发展学生潜在的个性特长。开放课堂学习方法，能够促进学生独立性的全面发展。在开放学习的网络课堂上，学生们不再需要按照教师的统一要求去按部就班地学习，而是能够按照个人的意愿制订自己的学习计划，选择适合自己发展的学习内容，确定适合自身发展的学习步骤等。

（10）变"接受性学习"为"探究性学习"

接受式学习方法和被动学习、机械学习有一定的差别，是学习现有知识的一种学习方法，缺少挖掘探索创新精神，对创新能力的培养是没有益处的。研究性学习重视探索学习和发现学习。探究是人类的天性,通过探究,个体建立自己对于自然及人工环境的认识,对自身的认识。探究包括模拟驱动的探究性学习、兴趣驱动的探究性学习和问题驱动的探究性学习。和接受性学习相比较,探究性学习具有开放性、实践性等好多特性,可以增强学习者的学习水平和树立创新能力。

实现以上观念的转变,必将带动教师教学方法的变革,提高教学成效。但有一点需要说清楚,上述"五变"指教学观念的改变和教学重心的调整,但这并不是将"以教师为中心"和"以学生为中心","知识传授"和"能力培养","控制性学习"和"开放性学习","统一性学习"和"个性化学习","接受性学习"和"探究性学习"完全对立起来,我们不能完全否定前者,而是应以后者为主,前者作为适当补充。

4. 构建信息化背景下和谐的师生关系

(1) 传统教学中师生的"有限互动"

在互联网信息技术出现之前,教师与学生的交流与沟通的场所主要是教师、操场、学校活动中心。

在教室上课的过程中,教师与学生之间首先要完成本次课堂的教学任务,然后才能进行课程外学习内容的交流,因此,师生在学校各教学场所的交流是十分有限的,主要是教师在讲,学生在听,很多教师在完成教学工作后忙于其他事情(如进行科研),也没有时间与学生交流。课堂之外,学校教师在学校除了日常教学还有很多其他工作,学生的校园生活也十分丰富,由于师生的教与学的任务不同,在不同的时间段,他们需要分别在不同的空间场所内开展教与学的工作,这就更加使得师生课堂关系难以在课外继续保持良好的关系和联系。

课上的交流有限,在课外,教师与学生之间的交流更是少之又少,调查发现,很多学生在课外时间难以接触到教师,而且即便是有交流机会,也是"不怎么愉快"的"被动交流"。师生课外接触原因不过如下几种:学生犯错、犯规,教师训话;学生因考试、评优等问题寻求教师帮助;校园偶遇,礼貌问好。

上述情况充分表明了学校师生存在着交流障碍,这些障碍有主观和客观原因,有教学安排的局限性,也受制于教育技术所限,教师与学生在课外缺乏沟通与交流的平台。

(2) 网络教学中学生的"线上沉默"

网络信息技术的发展和教学应用为师生之间更加频繁的交流提供了技术支持,教师与学生可以通过 QQ、微信、校园网、教学 APP 等实现随时

第九章　大学英语生态教学的方法与实践

随地的线上交流,但是,由于线上网络课程教学中,师生不是面对面的,学生在教学中对教学内容的投入状态、对教师的回应在很大程度上靠自觉,因此,教师很难像在真实课堂教学中那样监督学生,也不能给每一位学生形成一种紧张、专注、融洽的课堂环境氛围,因此,很多学生在线上课程的学习中都处于沉默、"潜水"状态。

网络课程教学中,学生的"线上沉默"有一部分原因是课堂时空环境和氛围造成的,也受教学内容难易程度、教学内容呈现方式、教师的线上互动方式方法等影响。一般来说,学生的"线上沉默"主要有以下几种类型。

压制性沉默。压制性沉默的产生与传统课堂教学中教师的"教学权威"有重要的关系,在传统课堂教学中,教师是教学活动的"主宰者",学生处于被动服从的状态,这种教学关系在很多学生的头脑中根深蒂固,难以改变。在信息时代,传统课堂教学环境下的学生对网络教师、网络教材、网络课程产生的认知冲突,在教师面前具有压力,强行压制自己的真实行为与观点,由此产生教学中与教师互动过程中的沉默现象。

障碍性沉默。线上教学或内容难度大,或知识更新滞后,或操作技术复杂,超越了学生本身的生活经验、理解能力与操作范围,学生不知如何表达,也会产生教学中的沉默。

忌惮性沉默。网络教学中,教师为了推广线上教育资源,制订很多与学生有利害关系的教学奖惩机制与措施,强制学生在教学过程中与教师"互动",学生处于"被迫"状态,由此教学过程中产生了与教师的教学预想相反的教学状态,学生的这种"线上沉默"是对教师"强制"的反抗,也是对教师所制订的教学机制与措施的抵触。

（3）信息化教学中师生和谐关系的构建

对于学生来说,在教学中不应"畏惧"教师,也不应该"藐视"教师,应心存敬爱,课堂上认真学习、积极配合教师,同时也要大胆质疑,要敢于表达自己的感受、观点。

第一,无论教学模式怎么改变,教学都必须遵循客观教学规律,这一点在传统教学中如此,在新时期的信息化教学中也是如此。

信息化教学中,教师的教学内容选择,教学方法与手段选用,都应该符合学生的客观认知规律、年龄与性格特点,对教学过程的安排应尊重教学的一般规律与特征,不能为了单纯地求新、为了使用新型网络教学而开展网络教学,否则就会适得其反,本末倒置,引起学生对教学的不适应,也不利于教学的发展。

信息网络是平等交流的平台,每一个参与者都不受年龄、性别、社会地位、经济收入的影响,彼此都是平等的,信息网络技术上的教学是打破权威,拒绝单一、集中和封闭,更加强调多元、分散和开放的教学。师生关系是平等的、民主的、和谐的。对此,在教学活动设计与安排中,教师应以平等的心理预设启发式、互动式的教学活动,使学生在与教师互相尊重、协作、信任的环境中学习、成长。

第二,重视师生多元互动。在网络教学中,教师与学生之间的互动打破了时空界限,也必须注意到,学生之间的互动也打破了时空界限,甚至学生之间的互动(常被教师忽视)要比师生互动更加频繁、和谐、愉快,因此,教师应鼓励学生在线上、线下的交流,鼓励学生发现、讨论、探索,提高学生的合作、探索、创新能力。教师给予学生更加开放和自由的交往空间,能改善学生的教学思维与学习能力,也有助于促进师生关系的良好转变。

第十章　大学英语教学评价的方法与实践

教学评价是教学目标得以实施的保障，评价内容、评价方式都会对教与学产生直接的影响。教学评价是英语教学的一项重要组成部分，其有助于提升教师的教学能力与学生学习的主动性。那到底什么是教学评价？本章就针对大学英语教学评价的方法与实践展开研究与分析。

第一节　相关概念与理论基础解析

一、评价、评估与测试

很多人一提到评价，就将其与评估、测试等同起来，其实三者有着一定的区别与联系。简单来说，测试为评估与评价提供依据，评估为评价提供数据，评价是对教与学效果的整体评估。三者的关系可以表示为图10-1。

从图10-1中可知，三者有着紧密的联系，又有着明显的区别。就关系层面来说，三者体现了一种包含与层级的关系。测试充当其他两者的支撑信息。在包含与层级关系的同时，三者又存在明显的区别，具体表现为如下三个层面。

（一）目的层面

三者的目标不同。就某一程度来说，测试主要是为了满足家长、学校的需要，因为他们需要知道自己的孩子或学生的情况，与其他学校是否存在差距。当今社会仍旧以应试为主，因此测试为家长、学校提供了很多信息，也是家长、学校关心的事情。评估主要是为了教师、学生提供依据，如学习效果、学习中遇到的问题等，有助于教师提高教学的质量，也有助于学生提高自身的学习效率。评价有助于行政部门制定政策，对教学进行合理配置。可见,三者的作用不同,导致开展的范围与采用的方式也有明显的不同。

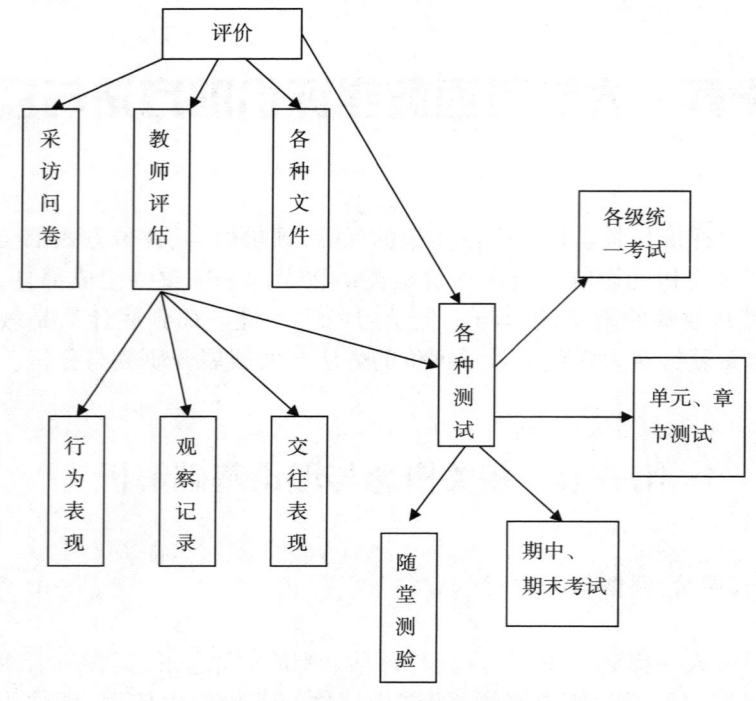

图 10-1　评价、评估与测试的关系

(资料来源:黎茂昌、潘景丽,2011)

(二)数据信息层面

测试所收集的数据一般是学生的试卷信息,反映的也是学生的语言水平。从学生的语言运用能力来说,有些部分是无法用测试来评判的。评估可以划分为终结性评估与形成性评估两大类,前者依据的是测试,后者依据的是教与学的过程,注重学生对任务的完成、概念的理解等层面。当然,其依据更多的是定性分析,而不是定量分析。评价所依据的信息多为问卷、访谈、测试、教师评估等,是定量分析与定性分析的结合,是一种综合性评估。

(三)展示方式层面

测试的展示方式往往是考试,最终结果也通过分数排序来展现。而

第十章　大学英语教学评价的方法与实践

相比之下,评估与评价往往是以鉴定描述或等级划分的方式展现出来。

二、教学评价理论基础解析

(一)教学评价的界定

评价在人们的社会活动中广泛存在。有人认为,"评价是确定课程能否达到既定目标的一种手段"[1]。也有人认为,"评价是运用不同的渠道,对学生的相关资料加以收集,并将这些收集的资料与预定的标准相比较,进而做出判断与决策的过程"[2]。还有人认为,"评价是对相关信息进行收集、综合、分析,从而用这些信息促进课程的发展,对课程的效度、参与者的态度进行评定"[3]。

但是,更多的人将评价等同于价值判断。就英语教与学来说,评价指的是学生能否达到某项能力,学生能够实现课程目标,教师的教学与学生的学习能否帮助学生实现既定目标的一种判断手段。

(二)教学评价的划分

由于评价的方式、内容等存在明显的差异,因此对评价的划分也有所不同,具体而言可以划分为如下几种。

1. 过程性评价与目标达成评价

所谓过程性评价,即在学习过程中,对学生的学习活动进行评价与判断,目的在于将学生的学习行为能否与学习目的相符解释出来,用于评判学生能否实现学习目标。评价的内容包含学习策略、阶段性成果、学习方式等。

目标达成评价既可以是对课堂教学目标达成情况的评价,也可以是对单元学习目标达成情况的评价,还可以是对学期教与学目标达成情况的评价,其包含理解类、知识类与应用类三种目标达成评价方式。理解类目标评价方式表现为解释与转化,往往会采用阅读理解、听力理解等方式,或对阅读文本、听力文本进行选择与匹配等。知识类目标评价方式主

---

[1] B. Tuckman. *Evaluating Instructional Programs*[M]. Boston: Allyn & Bason Inc., 1979: 1.
[2] K. Montgomery. *Authentic Assessment,A Guide for Elementary Teachers*[M]. Beijing: China Light Industry Press, 2004: 8.
[3] 李雁冰.课程评价论[M].上海:上海教育出版社,2002:113.

要表现为对知识掌握情况的评价,并采用再次确认的方式,一般选择填空都属于这类评价方式。应用类目标评价方式即采用输出表达的方法,要求学生根据阅读与听力材料,进行转述或表达。

2. 表现性评价与真实性评价

所谓表现性评价,是指让学生通过完成某一项或者某几项任务,将自身所掌握的知识与技能表现出来,从而对其获得的成就进行评价。[①]简单来说,表现性评价就是通过对学生完成任务的表现情况及获得的成就进行的评价。表现性评价属于一种发展性评价,其核心在于通过学生完成现实的任务,将自身所掌握的知识与技能展现出来,从而促进自身学习的进一步发展。一般来说,表现性评价具有如下几点特征。

(1)属于教学过程的一部分,其要与课程教学相互整合。

(2)其关注的是学生知识与技能的发展,而不是对知识与技能的再次确认与回忆。

(3)一般情境都是真实的,往往需要学生解决现实学习中遇到的问题。

(4)学生需要完成的任务一般较为复杂,往往需要学生将多个学科的知识与技能相融合。

(5)对于学生的发散性思维是非常鼓励的,也允许不同的学生给出不同的答案。

(6)是形成性评价与终结性评价的结合。

综合来说,表现性评价有助于对学生的学习过程与学习结果展开更真实、更直接的评价,能够将学生的文字、口头等表达能力以及想象力、应变能力等很好地展示出来,因此对于英语教学是非常适用的。

所谓真实性评价,是指基于真实的语境,对学生的表现进行评价,是一种要求学生完成真实任务之后,对自身所学知识与技能的掌握与运用情况进行的评价。与表现性评价相比,真实性评价更加强调真实,即任务的真实,一般来说其任务都是人们现实生活中遇到的问题。

真实性评价也具有表现性评价的那些特征,是表现性评价的一大目标。由于真实性评价要求评价成为教学过程的一个重要组成部分,因此真实性评价也具有形成性评价的特征。同时,真实性评价又注重任务的整体性与情境性,对终结性测试有很大的影响,因此真实性评价又具有了终结性评价的特征。可以说,真实性评价融合了多种评价手段,是多种有

[①] 魏亚琴.新课程下学生评价方式的变革——浅谈表现性评价[J].辽宁教育行政学院学报,2004(110):63-64.

效评价手段的结合。

3. 形成性评价与终结性评价

所谓形成性评价,即在教与学的过程中,通过对信息进行收集与整合,进而促进教与学的发展。简单来说,形成性评价即在教学过程中,教师与学生获得反馈信息,对教与学加以改进,让学生真正地掌握知识的系统评价手段。一般来说,形成性评价具有如下几个特点。

(1)往往作为教与学的一部分而在教与学过程中呈现。

(2)不是将等级划分作为目标,而主要将指导、诊断、促进等作为目标。

(3)学生往往充当主体的角色参与其中。

(4)评价的依据是在各个情境下学生的表现。

(5)通过有效的反馈,教师确定学生的水平是否达到预期。

所谓终结性评价,是一种对教师的教学与学生的学习结果的评价,是在教学结束之后,对教与学目标实现程度所进行的评价。[①]因此,其又可以称为"总结性评价"。从定义中可以看出,终结性评价往往出现在教与学结束之后,用于对目标达成情况进行的评价。因此,这一评价方式有时可以等同于之后要讲述的目标达成评价。

(三)英语教学评价的功能

英语教学评价能够不断促进学生在学习过程中的成功与进步,从而使学生能够真正地认识自我,促进他们综合能力的发展。另外,英语教学评价能够为教师提供反馈信息,从而不断改进自己的教学情况,提升自身的教学水平。总体而言,英语教学评价有如下几点功能。

1. 导向与促进

英语教学评价应该有助于英语教学目标的实现。我们知道,英语教学评价不仅需要评价学生对知识的掌握情况,还需要评价学生的学习态度、发展潜能等,只有通过综合性评价,学生才能在英语学习中保证积极的态度,从而形成有效的学习策略,并且具备跨文化的意识。英语教学评价应该为英语教学目标服务,这样就要求学生应该从目标出发,对自己的学习计划加以制订,并不断检验自己的学习方法与学习成果,这样才能将自身的潜力挖掘出来,提升自身的学习效率。因此,英语教学评价对于学生来说有着积极的导向作用。

英语教学评价会对学生日常学习表现、学生学习中获得的成绩、学生

[①] 鲁子问,王笃勤. 新编英语教学论[M]. 武汉:华中师范大学出版社,2006:215.

学习的情感与态度等展开评价,通过对学生学习的激励,可以帮助学生对自己的学习过程加以调度,让他们逐渐获得自信心与成就感,培养学生之间的合作精神。为了让评价与教学过程有机融合,学校与教师应该采用宽松、开放的评价氛围来评价学习活动与效果,可以建立相应的档案袋等,这样对教师与学生进行鼓励,从而实现评价的多元化。

2. 诊断与鉴定

英语教学评价对教与学的情况进行了整体评判。在教学过程中,学校往往会通过评价量表等对教师的教授情况、学生的学习情况展开检测,这样便于学校、教师、学生了解具体的教与学情况,判断学生学习过程中有无偏差,从而找出出现问题的原因,加以改进与提高。

3. 反馈与调节

师生通过问卷访谈等,发现教与学中的优点与不足,对教与学过程中的得失进行评价。通过评价,教师以科学的方式反馈给学生,促进学生建立更为全面与客观的认识,为下一阶段的教与学规划内容与策略,有效地开展教与学活动。

4. 展示与激励

英语教学评价对学生的学习过程是非常关注的,让学生认识到自身学习中的成功之处,不断鼓励自己,获得更大的成功。当然,教师还需要适当地提点学生学习中的错误,让他们产生一种焦虑感,从而更加勤奋地参与到英语学习中。这种正反鼓励方式会不断提升学生学习的主动性与积极性。

(四)英语教学评价的原则

在英语教学评价中,还需要坚持一定的原则,这样对于评价的实践有更好的指导意义。以这些评价原则为基准,教师才能更好地制订出与学生实际情况相符合的评价手段与方法。下面就对英语教学评价的基本原则进行探讨。

1. 主体性原则

所谓主体性原则,即英语教学评价主体需要考虑教学价值主体本身——学生的需求,对教学价值客体进行评价。

在学习中,学生处于主体地位,但是传统的英语教学评价仅将教师作为核心,认为教师充当的是教育主体的角色,是知识的灌输者,而学生仅

第十章　大学英语教学评价的方法与实践

是知识的被动接受者,这样导致教学评价主要是针对教师而言的,评价的内容也主要是教师的教学情况。表10-1是一个对教师评价的典型体现。

表10-1　教师课堂教学评价表

项目	内容	权重	得分
教学目标	(1)是否体现明确的教学目标、教学大纲、教材的特点,是否与教学实际相符 (2)是否落实了教学知识点,是否培养了学生的能力 (3)是否将德育教育寓于知识教育之中	15	
教学内容	(1)教材的处理是否恰当,是否突出了重难点,是否突破了重难点 (2)教学组织是否有清楚的条理,是否简明扼要,是否准确严密,是否难度适中 (3)教学训练是否定向,是否有广度,是否保证强度适中	25	
教学方法	(1)教学的设计是否得当,是否体现了教学改革的精神,是否处理好主导与主体之间的关系问题 (2)教学是否有合理的结构,是否做到教学方法的灵活性,是否将各个环节分配恰当 (3)教学是否有开阔的思路,是否采用现代化的教学手段,是否能够将学生的学习兴趣激发出来 (4)教学是否注重学习方法与学习习惯的指导	25	
教学基本功	(1)教学中是否运用了清晰、生动、规范的语言 (2)教学中是否保证书写的清晰与特色鲜明 (3)教学中是否有自如的神态且保证大方得体	15	
教学效果	(1)教学中是否保证热烈的气氛,是否给学生留下了深刻的印象 (2)教学中是否能够面向全体同学,是否完成了教学任务,是否实现了良好的教学效果	20	
综合评价		总分:	等级

(资料来源:任美琴,2012)

显然,从表10-1中可知这类评价主要是评价学生能否接受教师传授的知识以及接受的程度;评价学生的学习情况来对教师的教学内容与教学方法的合适程度进行审查;评价教师的学习策略是否得当等。简单来说,这种教学评价是为教师服务的,并没有展现出学生的主体地位。

当前的教学强调有效教学,即发挥学生的认知主体地位,因此教学评价的对象需要从以教师为主导转向以学生为主体,对学生学习情况的评价内容与手段应该从单一转向多元,如对学生学习动机、学习兴趣等都可以进行评价。基于此,教学评价的对象才能转向学生,当然这里并不是说不对教师进行评价,只是说以学生的评价为着眼点,为学生创造更多适合学生学习的环境,对教师的评定标准也是考虑学生来制订的。因此,主体性原则要求将学生作为评价主体,即评价活动以学生的发展作为目标,评价设计要有助于学生的多元化、个性化发展,发挥学生的主观能动作用,帮助学生形成积极的态度,同时不能损害学生的自尊心,要对学生予以爱护与尊重。

2. 过程性原则

英语教学评价应该坚持过程性原则,这主要体现为两点。

其一,要全程性,即评价要在学生学习的全过程得以贯穿。

其二,要动态性,即对发展过程加以鉴定、诊断、调控等,对整个过程的发展方向加以把握。

英语教学评价对于过程评价非常关注,正是这一点,有助于提升学生的学习兴趣,增强学生英语学习的动机与主动性,从而有助于他们的自主学习。

3. 多样化原则

英语教学评价应该坚持多样化原则,这主要体现为三大层面。

其一,评价主体要多样化,即不仅涉及教师,还涉及家长、学生等,通过宽松、开放的评价氛围,对教师、家长、学生的参与予以鼓励。

其二,评价形式要多样化,即对学习过程予以关注,要从不同的内容与对象出发,考虑采用自评、互评等评价方式的多元化。

其三,评价手段要多样化,即可以是教师观察,可以是学生量表等,教师从不同学生的学习差异与策略出发,采用恰当的评价手段,选择适合他们自己的评价方式,从而彰显学生自身的优势,让每一位学生都可以体会到成功的喜悦。

4. 实效性原则

英语教学评价强调实效性,即主要是从教育的现实意义与评价行为等层面考量的,其要求在具体的评价实践中,能够将评价的实用价值体现出来。

英语教学评价的实效性原则体现在评价方式上是非常方便的,即不要使用烦琐的程序,但是要保证评价的时机与质量,因此在设计评价内容与方式时,不能与英语教学的目标相脱离,要非常关注评价之后产生的实际效果。

5. 发展性原则

英语教学评价应该为学生的发展服务,注重学生信心的树立,发现学生发展过程中所出现的问题,通过反馈对这些问题进行解决,促进他们更好地向前发展。对于发展性原则,一般包含如下几点。

其一,发展性原则要求英语教学评价应该从学生主体出发,将学生的需求作为出发点与落脚点。

其二,发展性原则要求英语教学评价的目的是促进学生的发展,即只要是对学生发展有利的层面,任何手段与技术都可以运用其中。

其三,发展性原则要求英语教学评价对每一位学生的个性特点与原有基础有所把握与关注,从而为每一位学生获得最佳的发展而做出努力。

通过评价,教师才能更好地引导学生对学生的原有基础、认知水平等进行鉴定,认识自己在发展过程中的不足,从而有针对性地进行改进与调整,对自己的学习过程进行优化,使学生获得最佳的发展。除此之外,发展性原则还要求教师对学生的态度、情感等进行关注,以帮助学生形成正确的价值观。

第二节 大学英语教学评价体系的构建

形成性评价是为了实现教学目标服务的,努力促进学生的进步与发展。当学生完成了一个阶段的学习之后,要从整体效果上对他们在这一阶段的学习情况进行把握,这是形成性评价所要采取的必要步骤。而传统的终结性评价是在学习完成之后进行的,如果放弃这一评价方式,那么评价就缺乏连续性,也使得评价的很多功能丧失。因此,当前的英语教学评价需要将形成性评价与终结性评价相结合,或者说可以将终结性评价作为形成性评价中的一个特定组成部分,只有这样才能形成完整的评价。

一、终结性评价

终结性评价并不是学习的终结,而是教学与学习中的另外一个站点。终结性评价对于大学英语教学来说意义非凡,其可以对教与学的优劣进行分析与评判,对教与学中各个层面的表现进行综合评估,从而为下一环节的展开做准备。

对于教学而言,终结性评价是一个普遍的评价手段,但是其作用是不可磨灭的,具体表现为如下几点。

(一)评定学生的学习成绩

在教学中,终结性评价最常见的用途在于评价学生的学习成绩。通过平时测试、期中与期末测试,教师可以了解学生是否有所进步、是否实现既定目标,从而为学生下一步的学习提供建议。

一般来说,终结性评价的总体成绩是平时测试、期中测试、期末测试的综合体。也就是说,在进行评价时,教师应该把这些成绩综合起来评定,最终获得学生的总体成绩与平均成绩。

(二)确定学生的学习起点

终结性评价的结果可以为学生进一步的学习提供依据,同时能够反映出学生的情感与认知。但是,要想将这一评价发挥到最大作用,还需要结合学生具体的分数,以及教师对学生的评语,这样才能帮助教师做出合理的评价。

(三)对学生的学习提供反馈

终结性评价大多在某一阶段结束之后或者某一学期结束之后展开。如果其测试的是学生某一阶段的学习情况,那么所选择的试题应该能够反映学生这一阶段的学习情况,这就是说这一阶段的终结性评价可以为学生前一阶段的学习提供反馈,这种反馈具有鼓励性与积极性,同时还能对前一阶段学习中出现的问题进行纠错。

如果其测试的是学生某一学期结束之后的学习情况,那么所选择的试题应该进行合理的编制,并且对学生的学习情况进行恰当评分。同时,学生可以从自己的测试结果中获取有效信息,从而改进自己的学习情况,了解自己学习中存在的问题以及成功之处,这些信息有助于为下一学期的学习确定目标。

二、形成性评价

形成性评价是日常教学中由师生共同参与实施的评价手段,其首要目的在于促进学生的学习,核心在于通过不同的手段与形式的反馈,为师生提供具体的参考。

(一)形成性评价的作用

形成性评价集过程性评价、真实性评价为一体,因此其对大学英语教学有着广泛的意义,具体而言总结为如下几点。

1. 改进学生的学习

形成性评价可以将教材中的问题凸显出来,这便于改进学生的学习。教师在批改完了之后,会将试卷返还给学生,学生通过与答案进行比对,从而发现自己学习中存在的问题,并进行改正。

如果教师在评阅时发现很多学生都会遇到同一问题,这时候教师可以在课堂上进行讲解,以为大多数学生答疑解惑。

当然,由于面对不同的学生,教师在给出建议时要考虑符合学生的形式,单独进行讲解,这样才能让学生把握和理解。

2. 强化学生的学习

形成性评价有助于对学生的学习进行强化,因为学生通过教师的肯定,能够激发他们进一步学习的积极性,从而提升自己的认知与情感。

3. 记录学生的成长

无论学生学习什么内容,都期待自己可以获得进步。同样,在形成性评价中,教师需要根据学生平时的表现来进行评价,无论是每一堂课的表现还是每一个单元的表现,教师应该将这些表现记录下来,从而构建一个成长记录袋或者电子档案,这不仅可以为之后的评价提供依据,还可以为终结性评价提供参考。

(二)形成性评价的方式

当前的大学英语教学主要以终结性评价为主,而为了保证与当前社会发展相适应,还需要实行形成性评价,这样才能使英语教学的属性完整地体现出来。具体来说,当前的大学英语教学评价应该采用一些创新的方法。

1. 学习档案评价法

学习档案评价法是当前应用较为广泛的评价方法。所谓学习档案评价法,是指对学生个体的各种信息进行收集。一般来说,其收集的内容具有多样性与动态性。

学习档案积累的材料代表的不仅仅是结果,而是学习过程与学习活动,其包含选择学习内容、比较学习过程、进行目标设置等。[①]学习档案评价可以有效提高学生的自主学习能力。[②]

在档案建立之前,教师可以组织家长与学生阅读学习大纲,理解档案构建的必要性,并对如何构建、使用进行指导,为以后有效地使用档案袋做准备。一般来说,构建的流程如图10-2所示。

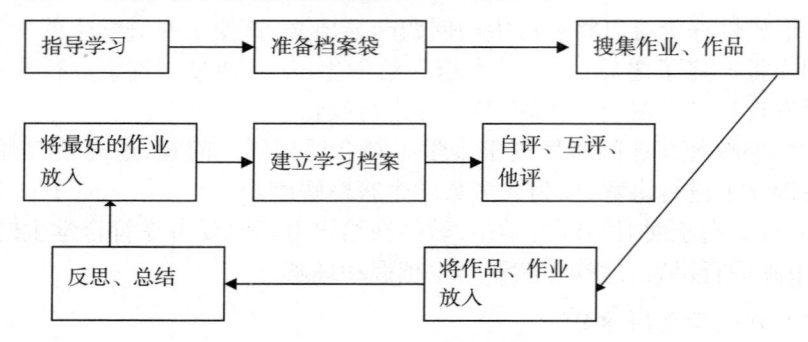

图 10-2　学习档案构建流程

(资料来源:任美琴,2012)

2. 自我评价表

自我评价表(self-evaluation questionnaire)的设计可以采用量规(rubric)方式,也可以采用问卷调查表的形式。

(1)量规

量规是一种结构化的定量评价标准,往往是从与评价目标相关的多个方面详细规定评级指标,具有操作性好、准确性高的特点。

在评价学生的学习时,运用量规可以有效降低评价的主观随意性,可以教师评,也可以让学生自评或同伴互评。如果事先公布量规,还可以对学生的学习起到导向作用。此外,让学生学习自己制订量规也是很重要的一个评价方法,如表10-2所示。

---

① 罗少茜.英语课堂教学形成性评估研究[M].北京:外语教学与研究出版社,2003:38.
② 刘梦雪.通过自我评估训练促进自主式英语学习的实证研究[J].疯狂英语(教师版),2009(4):54-57.

第十章　大学英语教学评价的方法与实践

表10-2　量规

What do you think of your English learning？ Name： Date： Unit：				
	Excellent	Good	Fair	Needs improving
Listening				
Speaking				
Reading				
Writing				

（资料来源：任美琴，2012）

（2）问卷调查

问卷调查是通过提问题，让学生通过自己的实际情况进行判断，并做出回答。问卷调查表可以帮助学生通过回答预先设计好的问题来产生某种感悟，从而促使他们对自己的学习过程和学习结果进行重新审视和修改，进而提高他们的自主学习能力。

3. 行为表现评价法

所谓行为表现评价法，即教师通过对学生在某项活动中的表现，对他们的行为进行的评价。从学生的行为来评价，有助于教师和学生发现自身的优缺点，从而制订出符合学生的学习计划。英语教学评价对行为表现评价法非常看重，并将其作为评价的一个重要手段。

一般来说，行为表现评价法具有如下特点：要求学生对学习成效加以展示，对演示过程的细节提前进行展示，对演示的过程进行直接的观察，根据标准对行为展开评价。

由于评价需要根据一定的标准，因此在制订行为表现评价法的标准时，需要考虑：从学生的实际情况出发来制订，标准不高不低；目标要细化、具体，便于学生明确；标准具有诊断性的特征，便于学生明确自身的优缺点；标准要具有连续性的特征。

制订了评价标准之后，学生的学习行为便有了方向，接着教师就需要进行评价，具体可以采用如下几种方法。

（1）观察

在行为表现评价法中，观察法是主要的手段，教师根据教学目标，对学生的的课堂表现进行观察，从而做出判断，并做出有深度的、细致的分析。有时候会运用录音、录像等手段，便于之后的分析与判断。

一般来说,教师进行观察时需要注意如下几点。

其一,观察学生是否向目标迈进。

其二,观察学生是否获得预期发展。

其三,发现学生学习中的问题,并制订计划进行辅助。

其四,观察学生是否体会到学习的乐趣。

其五,观察学生是否重复运用一些学习技巧。

其六,观察标准是否与学生实际相符。

观察的方式有很多,其中日常记录是非常重要的手段,即对学生的学习情况进行记录,如表10-3所示。

表10-3 日常记录表

Name:		
Date	Behavior Description	Note

(资料来源:任美琴,2012)

(2)量表

评价量表是对观察进行记录的工具,其使用往往以表格形式呈现,对教学的某一层面加以描述,或对某一特定行为进行描述,量表的运用有助于教师与学生了解自身的优缺点,如表10-4所示。

表10-4 口语评价量表

The following checklists are designed to assess students' receptive and productive oral language skills. Assess only those items that are pertinent to your instructional objectives or are otherwise relevant. You can include additional aspects of oral language. If you want more precise assessments, you could respond to each item using a rating scale based on criteria that are suitable for your purposes (for example, unsatisfactory, satisfactory, excellent). Receptive oral skills _____1.Understands simple directions. _____2.Understands simple sentences. _____3.Understands simple yes/no questions. _____4.Understands plurals. _____5.Uses tone correctly, stress well. _____6.Distinguishes tones and understands their meanings.

(资料来源:任美琴,2012)

第三节　大学英语教学评价方法的创新

一、互联网技术评价法

互联网技术评价法的评价过程可以划分为制订评价标准、应用评价标准进行测量、划分测量结果等级、给出评价结论四个步骤,如图10-3所示。

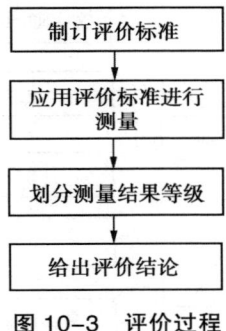

```
制订评价标准
    ↓
应用评价标准进行测量
    ↓
划分测量结果等级
    ↓
给出评价结论
```

图 10-3　评价过程

(资料来源:赵波、段崇江、张杰,2014)

（一）制订标准

制订评价标准的过程就是把评价目标的主要属性细化为一系列具体、可测量的指标的过程。划分好的指标构成一个相对完整的评价指标体系,它能反映评价目标的主要特性。在构建评价指标体系时,应该注意列举能够反映目标的那些主要特性,对于重叠、交叉的指标需要进行一定的合并。下面来看一则多媒体作品质量评价案例。

因为多媒体作品的质量难以直接观察到,因此首先需要列举能够反映多媒体作品质量的主要指标,如内容、界面、技术等。可以看出,这些指标仍然不够具体、难以测量,因此需要把这些指标进一步划分,如反映多媒体作品质量的内容特性,可以从主题是否明确、内容是否科学、文字是否通顺、有无错别字来判断。通过这样的方式直到划分出的每一个指标都能够代表评价目标的主要特性,并且每一个评价指标都是明确、可测量的。经过划分后可以得到多媒体作品质量评价的一个指标体系,如图10-4所示。

每一个指标对于反映评价目标来说，它们的重要性程度是不一样的，重要性程度用权重来表示。可以给每一个指标赋予一定的分值，这个分值反映了这个指标在整个指标体系中的权重。确定指标权重有专门的方法，比如，专家评定法、层次分析法等。在教学过程中，教师也可以依据自己的经验来划分，但是这样划分的结果其可信度往往会受到怀疑。教师可以给多媒体作品质量指标体系赋予分值，如图 10-5 所示。

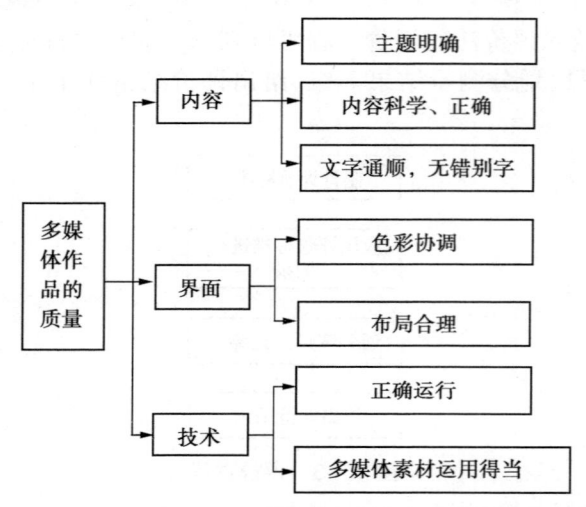

图 10-4　多媒体作品质量评价的一个指标体系
（资料来源：赵波、段崇江、张杰，2014）

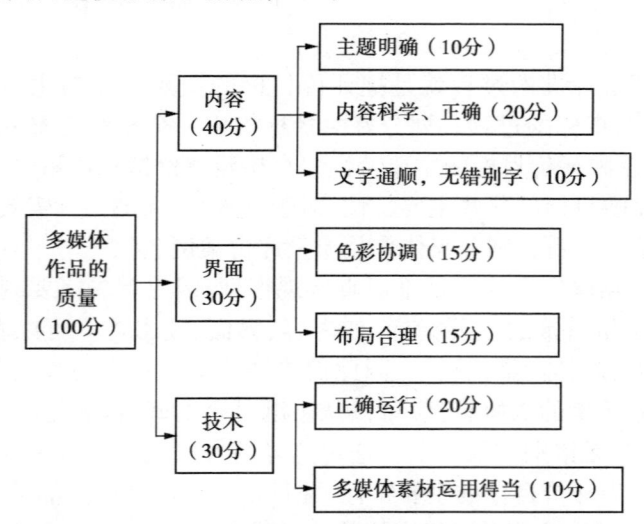

图 10-5　多媒体作品质量评价指标体系及指标权重
（资料来源：赵波、段崇江、张杰，2014）

第十章　大学英语教学评价的方法与实践

（二）进行测量

测量是依据评价指标体系，用数值来描述评价对象的属性的过程。测量是一个事实判断的过程，即测量是反映评价对象的客观状态，不对这种状况进行主观评判。凡是测量都需要有测量的标准或法则，这是测量的工具。教学中的测量工具不像测量身高用的皮尺、测量体重用的秤一样直观，需要评价者按照评价标准中的每一个指标对评价对象做出实事求是的判断。依据图 10-5，可以制作出测量多媒体作品质量评价表，如表 10-5 所示。

表 10-5　多媒体作品质量测量表

评价目标	一级指标	二级指标	得分
多媒体作品质量（100 分）	内容（40 分）	主题明确（10 分）	
		内容科学、正确（20 分）	
		文字通顺、无错别字（10 分）	
	界面（30 分）	色彩协调（15 分）	
		布局合理（15 分）	
	技术（30 分）	正确运行（20 分）	
		多媒体素材运用得当（10 分）	
总分			

（资料来源：赵波、段崇江、张杰，2014）

（三）划分等级

教师需要对评价对象实施测量以后的测量结果进行界定，界定这个结果达到了什么程度。对测量结果的界定通常采用划分等级的方法，比如，在以百分制计分的测量里，一般把 90 分以上称为优秀，80—90 分称为良好，70—80 分称为中等，60—70 分称为合格，60 分以下称为不合格。在划分测量等级时，采用了定量评价与定性评价相结合的方式，这样能充分发挥定量评价和定性评价的优势。

（四）给出结论

评价的最后一步是根据测量结果对评价对象进行价值判断，给出评价结论。评价结论包含了被评价内容能否通过评价的判定，有时候也会对评价对象达到什么水平进行界定,并且对评价对象的优势与不足做出判断。根据以上的过程来看信息技术教学评价,可以发现教学中通常采用的纸笔考试并不是评价的全部。考试是评价中的测量环节,考试成绩(即测量的结果)并不是评价要得到的唯一和最终结果,如何使用学生的考试成绩(分数)是每一位教师都应该关注的问题。

二、网络测试法

在互联网教育背景下,测试是最基本的方式。一般来说,测试分为网络随堂测试、网络期中测试、网络期末测试三种。

网络随堂测试是指在一节课中对当次课堂教学的知识和技能进行评价的方式。这种评价应该围绕教学目标,对当次课的教学重点和难点进行测验,以检测学生的学习效果。在开始上课时教师还可以组织诊断性评价,对以往学习的知识和技能进行测验,了解学生对原有知识和技能的掌握情况,为本次课的教学提供支持。课堂测验属于形成性评价,为改进教学提供了依据。

网络期中测试通常是在一个学习单元或模块学习结束以后,对整个模块涉及的主要教学目标进行测验。单元测验主要检查学生对整个单元、模块知识和技能的掌握情况。网络期中测验涉及的教学目标比课堂测验多,在进行测验时应该设置对单元、模块知识和技能综合运用的项目,涉及的教学目标类型往往为掌握、分析、综合、评价层次,以检测学生的总体把握情况和对单元知识灵活应用的能力。网络期中测验属于形成性评价,是为改进整个单元、模块的教学服务的。

网络期末测试是对课程的总结性评价,是检查学生学习成就和教师教学效果的重要方式。网络期末考试应该从课程整体目标中的重点、关键点、难点出发,检查学生对基本概念、基本技能、核心知识、主要方法等的掌握情况。网络期末考试可以采用上机测验、作品制作等相结合的方式进行。在评价时可以兼顾学习过程中学生的表现,最后对学生做出总体评价。

参考文献

[1] 蔡基刚.中国大学英语教学路在何方[M].上海：上海交通大学出版社,2012.

[2] 陈昌来.应用语言学导论[M].北京：商务印书馆,2007.

[3] 陈品.大学英语教学理论与实践[M].天津：南开大学出版社,2013.

[4] 陈仕清.英语教师专业发展新路径[M].南宁：广西教育出版社,2012.

[5] 程晓堂,孙晓慧.英语教材分析与设计[M].北京：外语教学与研究出版社,2011.

[6] 崔刚,孔宪遂.英语教学十六讲[M].北京：清华大学出版社,2009.

[7] 崔长青.英语写作技巧[M].北京：中国书籍出版社,2010.

[8] 杜秀莲.大学英语教学改革新问题新策略[M].济南：山东大学出版社,2011.

[9] 范国睿.教育生态学[M].北京：人民教育出版社,2000.

[10] 范国睿等.共生与和谐：生态学视野下的学校发展[M].北京：教育科学出版社,2011.

[11] 冯莉.大学英语语法教学理论与实践[M].长春：吉林出版集团有限责任公司,2009.

[12] 何高大.现代教育技术与现代外语教学[M].南宁：广西教育出版社,2002.

[13] 何广铿.英语教学法教程：理论与实践[M].广州：暨南大学出版社,2011.

[14] 何江波.英语翻译理论与实践教程[M].长沙：湖南大学出版社,2010.

[15] 何少庆.英语教学策略理论与实践应用[M].杭州：浙江大学出版社,2010.

[16] 胡春洞. 英语教学法 [M]. 北京：高等教育出版社，1990.

[17] 黄荣怀. 移动学习——理论·现状·趋势 [M] 北京：科学出版社，2008.

[18] 贾冠杰. 英语教学基础理论 [M]. 上海：上海外语教育出版社，2010.

[19] 教育部高等教育司. 大学英语课程教学要求 [M]. 北京：外语教学与研究出版社，2007.

[20] 金陵. 翻转课堂与微课程教学法 [M]. 北京：北京师范大学出版社，2015.

[21] 剧锦霞，倪娜，于晓红. 大学英语教学法新论 [M]. 北京：中国书籍出版社，2013.

[22] 康莉. 跨文化视角下的大学英语教学：困境与突破 [M]. 北京：中国社会科学出版社，2014.

[23] 老青，栾丽君. 慕课视角下高职英语教育教学探究与设计 [M]. 北京：高等教育出版社，2016.

[24] 黎茂昌，潘景丽. 新课程小学英语教学理论与实践 [M]. 成都：四川大学出版社，2011.

[25] 李雁冰. 课程评价论 [M]. 上海：上海教育出版社，2002.

[26] 林新事. 英语课程与教学研究 [M]. 杭州：浙江大学出版社，2008.

[27] 刘润清，韩宝成. 语言测试和它的方法（第 2 版）[M]. 北京：外语教学与研究出版社，1991.

[28] 刘长江. 信息化语境下大学英语课堂生态研究 [M]. 广州：世界图书出版广东有限公司，2014.

[29] 鲁子问，康淑敏. 英语教学方法与策略 [M]. 上海：华东师范大学出版社，2008.

[30] 鲁子问，王笃勤. 新编英语教学论 [M]. 武汉：华中师范大学出版社，2006.

[31] 鲁子问. 英语教学论 [M]. 上海：华东师范大学出版社，2009.

[32] 罗少茜. 英语课堂教学形成性评估研究 [M]. 北京：外语教学与研究出版社，2003.

[33] 罗毅，蔡慧萍. 英语课堂教学方法与研究方法 [M]. 武汉：华中科技大学出版社，2011.

[34] 孟丽华，武书敬. 网络环境下大学英语教师专业素质发展研究 [M]. 北京：外语教学与研究出版社，2015.

[35] 庞维国. 自主学习——学与教的原理和策略 [M]. 上海：华东师范大学出版社，2003.

[36] 任美琴. 中学英语有效教学的一种实践模型 [M]. 宁波：宁波出版社，2012.

[37] 束定芳，庄智象. 现代外语教学理论、实践与方法 [M]. 上海：上海外语教育出版社，1996.

[38] 王策三. 教学论稿 [M]. 北京：人民教育出版社，1985.

[39] 王翠英，孟坤，段桂湘. 大学英语生态课堂与生态教学模式构建研究 [M]. 西安：西安交通大学出版社，2017.

[40] 王笃勤. 小学英语教学策略 [M]. 北京：北京师范大学出版社，2010.

[41] 王芬. 高职高专英语词汇教学研究 [M]. 上海：上海交通大学出版社，2012.

[42] 王鸿江. 现代教育学 [M]. 上海：上海教育出版社，2001.

[43] 王琦. 信息技术环境下的外语教学研究 [M]. 北京：中国社会科学出版社，2006.

[44] 魏朝夕. 大学英语文化主题教学探索与实践 [M]. 北京：中国农业科学技术出版社，2010.

[45] 吴为善，严慧仙. 跨文化交际概论 [M]. 北京：商务印书馆，2009.

[46] 武尊民. 英语测试的理论与实践 [M]. 北京：外语教学与研究出版社，2002.

[47] 徐淑娟. 大学英语生态教学模式建构研究 [M]. 北京：科学出版社，2016.

[48] 许智坚. 多媒体外语教学理论与方法 [M]. 厦门：厦门大学出版社，2010.

[49] 严明. 大学专门用途英语（ESP）教学理论与实践研究 [M]. 哈尔滨：黑龙江大学出版社，2008.

[50] 严明. 跨文化交际理论研究 [M]. 哈尔滨：黑龙江大学出版社，2009.

[51] 于根元. 二十世纪的中国语言应用研究 [M]. 太原：书海出版社，1996.

[52] 于根元. 应用语言学概论 [M]. 北京：商务印书馆，2003.

[53] 于永昌、刘宇、王冠乔. 大数据时代的教育 [M]. 北京：北京师范大学出版社，2015.

[54] 张大均. 教育心理学 [M]. 北京：人民教育出版社，1999.

[55] 张红玲,朱晔,孙贵芳.网络外语教学理论与设计[M].上海：上海外语教育出版社,2010.

[56] 张鑫.英语教学的理论与实践[M].北京：知识产权出版社,2012.

[57] 张正东.外语立体化教学法的原理与模式[M].北京：科学出版社,1999.

[58] 郑茗元,汪莹.网络环境与大学英语课程的整合化教学模式概论[M].北京：中国水利水电出版社,2015.

[59] 周文娟.大数据时代外语教育理念与方法的探索与发现[M].上海：上海交通大学出版社,2014.

[60] 祖晓梅.跨文化交际[M]北京：外语教学与研究出版社,2015.

[61] 艾晓慧.基于新课标下的高中地理课堂学习学生自我评价研究——以深圳市西乡中学为例[D].西安：陕西师范大学,2012.

[62] 柴小莉.培训对中国大学生英语写作自我评估能力的影响[D].兰州：兰州大学,2011.

[63] 苟巧丽.多媒体教学环境下大学英语教师角色的研究[D].重庆：四川外语学院,2012.

[64] 何薇.学英语词汇教学研究——以贵阳学院为例[D].重庆：西南大学,2009.

[65] 黄慧.建构主义视角下的大学英语语法教学研究[D].上海：上海外国语大学,2007.

[66] 蒋旭霞.中学生写作自我评价的研究[D].金华：浙江师范大学,2007.

[67] 林敏.小学六年级学生自我评价影响因素的研究[D].福州：福建师范大学,2004.

[68] 卢凤龙.语境理论在高中英语词汇教学中的应用研究[D].济南：山东师范大学,2013.

[69] 毛婷婷.基于网络资源平台的翻转课堂在初中英语语法教学中的应用研究[D].江苏：苏州大学,2017.

[70] 张海倩.基于语境理论的高中英语词汇教学研究[D].重庆：重庆师范大学,2012.

[71] 张雪红.基于中国情境的大学ESP课程模式与建构[D].上海：上海外国语大学,2014.

[72] 周方源.语境理论在大学英语词汇教学中的应用研究[D].呼和浩特：内蒙古师范大学,2013.

[73] 朱君.运用网络英语教学培养高中学生创造性思维能力的实践研究 [D]. 上海：上海师范大学, 2004.

[74] 白蓝.从 EGP 到 ESP：大学英语教学改革的发展趋势 [J]. 吉首大学学报, 2019（5）.

[75] 包磊, 李艳微.专门用途英语在大学英语教学中的应用策略研究 [J]. 吉林教育学院, 2017（09）.

[76] 陈坚林.大学英语教学新模式下计算机网络与外语课程的有机整合——对计算机"辅助"外语教学概念的生态学考察 [J]. 外语电话教学, 2006（6）.

[77] 陈新汉.自我评价活动论纲 [J]. 北京师范大学学报（社会科学版）, 2007（1）.

[78] 陈杨凝.四六级改革对于大学英语教学的启示 [J]. 亚太教育, 2016（23）.

[79] 代智勇.大学英语课堂教学理论研究新视野 [J]. 教育现代化, 2019（56）.

[80] 邓道宣, 江世勇.略论中学英语语法教学的原则和方法 [J]. 外国语文论丛.2018（8）.

[81] 丁微.浅谈微课在高中英语教学中的应用 [J]. 英语教师, 2020（2）.

[82] 郭淑英, 赵琼.大学英语自主学习学生自我评估调查研究 [J]. 黄石理工学院学报, 2008（1）.

[83] 韩淑华.翻转课堂教学模式在大学英语教学中的应用探析 [J]. 新西部, 2019（36）.

[84] 何江.如何在大学英语教学中培养应用型人才 [J]. 英语广场, 2018（9）.

[85] 何乃平.大学英语阅读中的文化差异 [J]. 牡丹江师范学院学报, 2008（3）.

[86] 胡智萍.大学英语课程教学设计的性质与模式 [J]. 湖北广播电视大学学报, 2011（10）.

[87] 黄音频.文化差异与英语写作 [J]. 成功（教育）, 2010（1）.

[88] 黄元龙.浅议高职英语写作教学的循序渐进原则 [J]. 开封教育学院学报, 2017（2）.

[89] 孔维斌, 焦颖婕.大学英语课程设置的依据、原则与通识教育 [J]. 读与写（教育教学刊）, 2018（11）.

[90] 李林鸿.互联网+环境下的大学英语慕课教学模式探讨 [J]. 佳

木斯职业学院学报,2020（2）.

[91] 李西英.翻转课堂模式在大学英语教学中的应用探究[J].海外英语,2020（2）.

[92] 梁华.文化差异因素与英语写作[J].大连大学学报,2007（1）.

[93] 林志兴.信息化时代微课应用于大学英语教学的思考[J].内江科技,2019（12）.

[94] 刘卉.大学英语文化教学中阅读圈教学模式的构建与探索[J].教育现代化,2018（45）.

[95] 刘建达.学生英文写作能力的自我评估[J].现代外语,2002（3）.

[96] 刘兰福.大学英语立体化课程设置问题探究[J].临沂大学学报,2015（6）.

[97] 刘梦雪.通过自我评估训练促进自主式英语学习的实证研究[J].疯狂英语（教师版）,2009（4）.

[98] 刘颖.交际法在大学英语词汇教学中的应用[J].文教资料,2019（19）.

[99] 楼荷英.自我评估同辈评估与培养自主学习能力之间的关系[J].外语教学,2005（4）.

[100] 罗晓黎.ESP在我国发展的四个阶段［J］.湖北教育学院学报,2007（11）.

[101] 彭勤.语料库概述及在英语教学中的应用[J].科技信息,2010（16）.

[102] 任冰,朱秀芝.试析多元文化视域下大学英语教师的角色定位[J].黑龙江高教研究,2013（3）.

[103] 任丽霞,吕桂凤.翻转课堂在大学英语教学中的应用[J].吉林医药学院学报,2020（1）.

[104] 苏涛涛.互联网背景下"线上线下"大学英语混合式教学模式探索[J].中国多媒体与网络教学学报,2019（9）.

[105] 滕星.教学评价若干理论问题探究[J].民族教育研究,1991（2）.

[106] 佟晓辉,高健,傅克玲.论英汉语言文化差异对大学英语写作教学的影响[J].西南农业大学学报,2011（4）.

[107] 王利梅.试论需求分析与英语教学[J].上海工程技术大学教育研究,2008（3）.

[108] 王明明.基于慕课模式的大学英语教学改革[J].英语广场,2019（7）.

[109] 王萍.线上线下混合式教学模式在大学英语教学中的应用研

究[J].科技视界,2019(27).

[110] 魏然.基于MOOC的大学英语教学方式研究[J].外语·外文,2019(26).

[111] 魏亚琴.新课程下学生评价方式的变革——浅谈表现性评价[J].辽宁教育行政学院学报,2004(110).

[112] 肖君.英语词汇教学中文化差异现象浅析[J].四川教育学院学报,2007(5).

[113] 杨惠元.课堂教学评估的作用、原则和方法[J].汉语学习,2004(5).

[114] 张蕾.高校ESP课程现状及教学实施路径[J].张家口职业技术学院学报,2019(2).

[115] 张丽丽.浅谈传媒技术下大学英语微课实践途径[J].当代教育实践与教学研究,2019(24).

[116] 张严.文化差异与英语阅读[J].华北电力大学学报,2008(8).

[117] 赵培.大学英语线上线下混合式教学模式研究[J].教育教学论坛,2019(46).

[118] 朱春颖.生态语言学视域下大学英语教学现状调查及翻转课堂应用的可行性[J].吉林华侨外国语学院学报,2015(12).

[119] 朱艳华.通过自我评估培养非英语专业大学生自主学习能力[J].黑龙江教育学院学报,2009(8).

[120] 訾华东.合作原则对大学英语教学的启示[J].现代交际,2019(10).